Die multimediale Zukunft des Qualitätsjournalismus

Nicole Gonser (Hrsg.)

Die multimediale Zukunft des Qualitätsjournalismus

Public Value und die Aufgaben von Medien

Herausgeber
FH-Prof. Dr. Nicole Gonser
Wien, Österreich

ISBN 978-3-658-01643-2   ISBN 978-3-658-01644-9 (eBook)
DOI 10.1007/978-3-658-01644-9

Die Deutsche Nationalbibliothek verzeichnet diese Publikation in der Deutschen Nationalbibliografie;
detaillierte bibliografische Daten sind im Internet über http://dnb.d-nb.de abrufbar.

Springer VS

Gedruckt auf säurefreiem und chlorfrei gebleichtem Papier

Springer VS ist eine Marke von Springer DE. Springer DE ist Teil der Fachverlagsgruppe Springer
Science+Business Media.
www.springer-vs.de

Inhalt

Öffentliche Medien oder:
Die Infrastrukturen gesellschaftlicher
Kommunikation - ein Vorwort

Wolfgang R. Langenbucher

I

Ähnlich wie die öffentlichen Schulen und Universitäten, die staatlichen und städtischen Theater, Opernhäuser und Orchester, Bibliotheken, Museen und andere Kunst- und Kultureinrichtungen, die – eine gute, alteuropäische Tradition – alle weitgehend einem rein kommerziellen Denken entzogen sind, ist gebührenfinanzierter Rundfunk ein gesellschaftliches, ein nationales Kulturinstitut. In diese kulturpolitische Arena gehört das Programm der klassischen Rundfunkanstalten. Hier entfaltet es seine spezifisch demokratischen Qualitäten; hier sind die Wurzeln seiner Legitimation. (IÖR, 1998; vgl. weiters Hömberg, 2000, S. 91–93; Langenbucher, 2008; Charta Öffentlicher Rundfunk in Europa, 2009)

Diese Sätze wurden bereits vor einigen Jahren formuliert. Sie blieben (fast) ohne Echo; offensichtlich war sich der öffentliche Rundfunk in Europa – als schon allenthalben von seinen Legitimationsproblemen die Rede war – seiner Rolle immer noch so gewiss, dass ihn die Tieferlegung seiner theoretischen und politischen Fundamente nicht wirklich interessierte. Das hat sich inzwischen gründlich geändert. Der essentielle Begriff dafür: *Public Value*. Die zahlreicher werdenden Debatten und die Ergebnisse kontinuierlicher Forschungsarbeiten, wie sie auch dieses Buch sammelt, provozieren so die Profilierung einer von eingefahrenen Denkweisen abweichenden *herrschenden Lehre*. Diese Möglichkeiten einer Synthese, einer Makroperspektive sind das Resultat abgeschlossener und fortgesetzter Studien, die ein eindeutiges Postulat evident erscheinen lassen: Die Bedingungen der Möglichkeit für die institutionell gesicherte (demokratische) Kommunikation einer Gesellschaft sind adäquate Infrastrukturen.

Die alten Grundannahmen der Rundfunkpolitik und des Rundfunkrechts sind obsolet geworden; mit ihren gesamtgesellschaftlichen Leistungen der Schaffung von Infrastrukturen aber haben die Rundfunkanstalten, wohl alimentiert durch Gebühren, aus sich heraus neue Tatsachen ihrer Legitimation geschaffen. Die Public-Value-Forschung wird damit zum Lieferanten eines neuen, konstruktiven Leitbegriffs.

II

Genau darauf verwies ja das obige Zitat, bezogen auf viel ältere kulturelle Einrichtungen. Wie sich zeigen lässt, ist auch das „drucktechnische Kommunikationssystem" (Langenbucher, 1980) in der Moderne zu einer solchen geworden, aber eher evolutionär zustande gekommen, denn als Resultat gezielter Entscheidungen und systematischer Planungen. Die Debatte der letzten Jahre ist nun vom gründlichen Misstrauen an den Leistungsmöglichkeiten dieser kommerziellen Institutionalisierungsformen genährt. Auch das hat Tradition, denn schon am Ende des 19. Jahrhunderts gab es zahlreiche Vorschläge zur Reform – damals – der Presse (vgl. Roegele, 1965)

Das Denken in Infrastrukturen geht auf den Nationalökonomen und langjährigen Landesminister in Nordrhein-Westfalen, Reimut Jochimsen (1933-1999), und dessen einflussreiche Veröffentlichung „Theorie der Infrastruktur" (Jochimsen, 1966) zurück (vgl. van Laak, 1999). Wenige Jahre später wurde von der Bundesregierung in Bonn unter dem Kanzler Willy Brandt eine Enquetekommission mit dem Auftrag eingesetzt, die schon vorhandenen und damals absehbaren technischen Innovationen auf ihre Potentiale für einen modernen Ausbau der Infrastruktur der Telekommunikation zu prüfen (die Kommission für den Ausbau des technischen Kommunikationssystems, 1973).

Damals waren es v. a. das Kupfer als Kabelmaterial in der Erde und die Funknetze als allen Nutzungen zugrundeliegende elementare Infrastruktur, die mit dem Telefonnetz die erste globale Implementation ermöglichte. Diese technischen Voraussetzungen entstehen regelmäßig erst dank gigantischer Investitionen und waren bis vor wenigen Jahrzehnten keineswegs beliebig verfügbar. So entwickelte sich etwa der Rundfunk typischerweise unter dem Diktat des Frequenzmangels, der erst seit den 1980er Jahren langsam wegfiel und allmählich zu einem Kanalüberfluss führte. Was sich trotz dieser kommunikationstechnischen Revolutionen aber nicht änderte, war die kommunikationspolitische Ordnungsfrage nach dem *Wie* der Nutzung dieser nun überbordenden technischen Möglichkeiten. Anders gefragt: War das in einigen europäischen Ländern entstandene öffentliche Rundfunksystem mehr als nur die Antwort auf den Frequenzmangel? War es – wenn nicht beabsichtigt, so doch faktisch – auch die Garantie für eine demokratietaugliche Infrastruktur gesellschaftlicher Kommunikation?

III

Das sind bis heute durchaus strittige Fragen. Da diese Medienorganisationen unter sehr spezifischen Bedingungen entstanden sind, war es eine vordergründig durchaus plausible Idee, sie angesichts des Wandels der technischen Voraussetzungen für überlebt zu halten. Realpolitisch war das freilich nicht durchsetzbar, aber immerhin einigten sich Politik, Gesellschaft und die einschlägigen Interessenten in lange dauernden Verhandlungsprozessen auf die Etablierung einer privaten Konkurrenz; so entstand das sogenannte *duale System*. Jahrzehnte danach hat sich angesichts einer anhaltenden Medienkrise aber die Bewertung wieder eher zugunsten dieser ordnungspolitischen Innovationen aus der Nachkriegszeit gewendet. Diese Rückbesinnung findet auch statt, weil zum dringlichen Thema geworden ist, wie sich *Qualitätsjournalismus* auf Dauer jenseits ökonomischer Abhängigkeiten sicherstellen lässt.

Dass diese Neubewertung auch das Resultat von EU-Initiativen war, dürfte eher eine ungewollte Folge dieser gewesen sein, denn deren Ausgangspunkt waren ja eher Zweifel an der Legitimation des öffentlichen Rundfunks. Nachdem er seine historisch gewachsene Monopolstellung längst verloren hat und die Privaten sich langsam ihr Publikum eroberten, wurde zur kritischen Frage, wie öffentlich-rechtliche Angebote den Nachwuchs als Zielgruppe gewinnen können. Zur höchst umstrittenen kommunikationspolitischen Entscheidung steht seit längerem an, ob und in welchem Umfang der Funktionsauftrag des öffentlichen Rundfunks auch auf Teile des Internets bezogen werden muss (siehe in diesen Band dazu auch die Beiträge von Neuberger bzw. Steinmaurer). Diese Frage stellt sich gerade, weil aus dem Frequenzmangel eine grenzenlose Vermehrung geworden ist, die ohne professionelle Korrekturen und Ergänzungen bisher ungekannte kommunikative Gefahren produziert. So positionierten sich die öffentlichen Rundfunkanstalten in der Vergangenheit – wenigstens teilweise – aus guten Gründen als Gegengewicht zur medialen Kommerzwelt.

Wohl zum größeren Problem ist inzwischen geworden, dass der öffentliche (Monopol-)Rundfunk seine Wettbewerbsvorteile weitgehend verloren hat und sich seit dem Aufkommen des Internets geradezu dramatisch um seine jüngeren Zielgruppen und deren Stabilisierung sorgen muss (siehe in diesem Band den Beitrag von Troxler). So hat es auch seine guten Gründe, dass die kommunikationspolitische Auseinandersetzung um die Präsenz des öffentlichen Rundfunks im Internet weiter anhält, ja an Intensität etwa über gerichtliche Streitereien zunimmt. Solange es dabei nur um (angebliche) Wettbewerbsverzerrungen und um Marktabgrenzungen aus Sorge um die Dividende geht, ist das plausibel. Die bisher von der ja noch jungen Public-Value-Forschung gewonnenen Erkenntnisse begründen aber kräftige Zweifel an der Sinnhaftigkeit der Hoffnung auf Kostenersparnisse durch „Privatisierung". Der beschworene radikale Wandel durch das Internet garantiert jedenfalls keineswegs naturwüchsig durch Millionen von Laien kostengünstig erzielbare Qualität, sondern dürfte im Gegenteil kostenintensive institutionelle Vorkehrungen voraussetzen. Denn (noch) gibt es keine Alternative zu autonomem Journalismus.

IV

Die bisherigen Ergebnisse der Public-Value-Forschung legen heftige Zweifel nahe, dass man dem Sachverhalt der Gebührenfinanzierung mit einer *Leittheorie* Ökonomik theoretisch und kommunikationspolitisch gerecht wird (siehe dazu in diesem Band den Beitrag von Ruß-Mohl). Ganz verschoben werden die Proportionen, wenn der Begriff *Wettbewerbsverzerrung* von den einschlägigen Lobbyist/innen als Argument verwendet wird; tatsächlich sind die *Gebühren* für den öffentlichen Rundfunk bezogen auf das damit kreierte Leistungs-

spektrum – und darunter nicht zuletzt die *journalistische Hochkultur* – ausgesprochen nied-
rig. Ihr Anteil an den Medienbudgets privater Haushalte ist vergleichsweise gering – auch
bezogen auf die Milliarden, die an Werbeeinnahmen und Verkaufskosten von der privaten
Medienwirtschaft umgesetzt werden. Die Gebühren resultieren nicht nur in *Programm*,
sondern gewährleisten die Finanzierung einer vielfältigen kommunikativen Infrastruktur.

Die Finanzierung des öffentlichen Rundfunks hat über die Jahrzehnte eine interessante
Entwicklung genommen: Den *Rundfunk für alle* (historisch: das Radio) bezahlten alle Teil-
nehmer/innen einkommensunabhängig mit einer festen Gebühr. So geringfügig diese war,
reichte sie doch immer aus, die weitere technische und programmliche Entwicklung zu
finanzieren, da jeder neu hinzukommende Teilnehmer die Einnahmen erhöhte. Damit war
grundlegend garantiert, dass nicht „arm" oder „reich" über den Zugang zu Rundfunk
entschieden – und auch nicht die tatsächliche Nutzung. Intuitiv oder wissend wurde damit
ein Prinzip übernommen, das sich für die Finanzierung kultureller Infrastrukturen in einem langen historischen Prozess in vielen europäischen Staaten entwickelt hatte: Schulen,
Theater werden aus Steuermitteln grundfinanziert; wer z. B. eine Oper besucht, bezahlt
zwar einen Kartenpreis, wird aber – da dieser keineswegs kostendeckend ist – auch als
Millionär von allen Steuerzahler/innen (die überwiegend keine Operngänger/innen sind)
subventioniert. In der Debatte über die Gebühren hat sich der polemische Begriff der
Zwangsabgaben eingebürgert, gebraucht von Ideologen der Marktwirtschaft, die offensichtlich unsensibel bleiben für all die Bereiche, die seit langem – erfolgreich – funktionieren,
ohne strikt den Marktgesetzen zu folgen.

V

Die kommunikative Grundversorgung einer Gesellschaft wird realisiert durch ein qualita-
tives Gesamtpaket von einander bedingenden Programmen, Inhalten und Leistungen;
Umfang bzw. Begrenzung können nicht aus der Relation zum sonstigen Kommunikati-
onsmarkt bestimmt werden, sondern sind nur als Produkt autonomer, professioneller Pro-
grammmacher denkbar. Sicher muss es gesetzliche Vorgaben für die Grundstrukturen in
der Verwendung der Gebührengelder geben; diese sind im Laufe der Zeit eher mehr als
weniger geworden und stießen nicht selten an demokratiepolitische Grundfragen. Entscheidungen darüber, wie die Gebührengelder in Zwecke, Strukturen und *Programm* umgesetzt werden, sind jedenfalls prinzipiell ein Bereich der Autonomie. Dass dabei auch Fehl-
entscheidungen getroffen werden, ist unstrittig. Insbesondere das Öffentlichen wie Privaten
gemeinsame Erfolgskriterium der *Quote* ist für Programmdubletten verantwortlich, deren
Kosten an anderer Stelle für die Produktion von Public Value fehlen. Hier liegt einer der
beklagenswerten Schwachpunkte in der programmpolitischen Ausrichtung vor allem des
Spitzenmanagements der Häuser, die den Wettbewerb mit den Privaten allzu hoch gewich-
ten. So wird die professionelle Fernsehkritik zu recht nicht müde, die Verletzung jener
konsentierten Qualitätsmaßstäbe einzuklagen, die durch den gesetzlich fixierten Programmauftrag klar genug definiert sind. Generell geht es um den (zu hohen) Anteil an
massenattraktiver Unterhaltung v. a. in den öffentlichen Vollprogrammen und der Bele-

gung mit dieser in der *Prime Time*. Solange die Werbeeinnahmen noch eine relevante Größe waren, mochte dieses Denken hingehen; jetzt aber rechtfertigt deren Rückgang auf eine Restfinanzierung dies nicht mehr. Kritisch ist dazu in den Debatten der letzten Jahre alles gesagt worden; zur Lernbereitschaft der Intendant/innen und Direktor/innen hat dies wenig beigetragen. Vielleicht kann das ein endgültiges Verbot der Werbung erzwingen?

Derartige (Re-)Orientierungen fallen nicht leicht, denn die Mediengeschichte lehrt ernüchterndenweise, dass das Publikum seine dominierenden Unterhaltungs- und Zerstreuungswünsche gegen die ganz anderen Ideen der Eliten und der Programmmacher/innen schon zu Zeiten der Einführung des Radios und seitdem immer wieder durchsetzen konnte. Das duale Rundfunksystem führte partiell und phasenweise, etwa in der zeitlichen Programmierung, zur hilflosen Kapitulation der Verantwortlichen des öffentlichen Rundfunks gegenüber diesen Imperativen des Publikums. Den Start zu diesem notwendigen Umdenken gab zwar die BBC schon 2004 mit ihrem legendären Manifest „Building Public Value" (vgl. BBC, 2004). Andere haben diesen dramatischen Richtungswechsel der Programmpolitik noch vor sich – er wird kaum vermeidbar sein.

VI

Die Diskussion darüber, ob Preise und Märkte das ganze Spektrum gesellschafts- und demokratienotwendiger Angebote zustande bringen, datiert schon aus dem 19. Jahrhundert (vgl. Roegele, 1965) und hat seitdem mehrere Aktualisierungswellen erlebt. Die dabei gewonnenen Einsichten legen das Gedankenexperiment nahe, wie wohl eine Medienlandschaft heute aussähe, in der nach 1945 keine öffentlich-rechtlichen Rundfunkanstalten eingerichtet worden wären. Und sie inspirieren ja zunehmend zu der weiter gehenden Idee, welcher neuen *öffentlichen* Elemente es in Zukunft bedarf. Kaum bestreitbar dürfte jedenfalls sein, dass Gesellschaften, die dem öffentlichen Rundfunk eine stabile Finanzierung zugestanden und verschafft haben, dafür weit mehr bekamen als *Programm*, nämlich vielfältige und tragfähige kommunikative Infrastrukturen. Dazu ein paar – mangels einschlägiger Forschungs- und Dokumentationsarbeiten – eher zufällige Notizen:

- Ein von den Autor/innen und Filmer/innen immer wieder genanntes Beispiel ist das über die Tagesaktualität hinausgehende *Dokumentarische*, einst entstanden als Zweig des Kinofilmes, dann aber – mit wechselndem Gewicht im Verlaufe von Jahrzehnten – zum Kernbestand des Fernsehens geworden. Die Sammlungen und Forschungsarbeiten des 1991 gegründeten „Haus des Dokumentarfilms" in Stuttgart archivieren diese Traditionen, die eine vergleichslose Werkgeschichte an Public Value darstellen – ausgeprägt vor allem in den Produkten des Autoren-Dokumentarfilms, der nur hier eine berufliche Grundlage fand (vgl. Schwarzkopf, 2012). Gut dokumentiert und analysiert ist die förmliche Symbiose von Fernsehen und Kinofilm (vgl. von Heinz, 2012).

- Was alles sich hinter der für die Medien gängigen Bezeichnung *freie Mitarbeiter/innen* verbirgt, ist medienökonomisch die Bedingung der Möglichkeit einer – gerade auf einem globalisierten Markt politisch wünschenswerten – nationalen audiovisuellen Industrie. Vor dreißig Jahren veröffentlichte Ulrich Saxer einen Aufsatz über den öffentlichen Rundfunk als „Kunstmäzen" (Saxer, 1981). Das große theoretische Potenzial der Begrifflichkeit und Perspektive von Public Value war damals ungebräuchlich, ja unbekannt. Aber genau darum geht es in diesem Text, der eingangs die Dominanz staatspolitischer und die Vernachlässigung kulturpolitischer Gesichtspunkte beklagt. Daraus resultierte über Jahrzehnte ein „Nichtwissen bezüglich der Kommunikationsleistung und der institutionellen Position" (Saxer, 1981, S. 753) des öffentlichen Rundfunks. Und diese Feststellung gilt, obwohl alle Rundfunkgesetze Formulierungen zum Kulturauftrag enthalten und dabei nicht nur die Hochkultur meint, sondern jegliche Form der Massenkultur einschließt. Diese kontinuierlichen Beiträge zur Kulturproduktion und Kulturvermittlung haben infrastrukturelle Bedingungen entstehen lassen, die die Lebens- und Arbeitsbedingungen vieler Kulturschaffender (Schauspieler/innen, Musiker/innen, Autor/innen, Regisseur/innen, Dramaturg/innen, Formatentwickler/innen, Produzent/innen, Kameraleute, Tontechniker/innen, Komponist/innen) erst ermöglichten und stabilisierten. Nur in den wenigsten Fällen geht es dabei um mäzenatische Leistungen – Saxer spricht von „Rundfunkidealismus" (Saxer, 1981, S. 761) –, da diese kulturelle Infrastruktur umgekehrt auch eine vielfältige und flexible Ressource für das Programm darstellt. Am Beispiel etwa des Films oder der Musik ließe sich anhand einer im Laufe der Jahrzehnte gigantischen Empirie zeigen, wie eng und unauflösbar diese Symbiose zwischen Medienkultur und Realkultur heute ist (vgl. Saxer, 1981). In den Organigrammen jeder Rundfunkanstalt ist ablesbar, dass die redaktionelle Organisation Indiz und Ausprägung solcher infrastrukturellen Stabilitäten ist.

■ Humanitäre Leistungen: Diese Infrastrukturen unterstehen nicht dem Imperativ immer neuer gewinnbringender Geschäftsmodelle. Die Formen dieses über das klassische Programm hinausgehenden *Humanitary Broadcastings* sind zahlreich und vielfältig, fanden allerdings bisher kaum dokumentarisches oder wissenschaftliches Interesse und können deshalb nur katalogartig aufgeführt werden (als Beispiel in diesem Band siehe den Beitrag von Malli): karitative Sammelaktionen; Zusammenarbeit mit sozialen Hilfswerken; mediale Hilfen für Behinderte; journalistische Großprojekte wie Themenwochen und -aktionen – typisch etwa für das Thema *Migration*.

VII

Die kommunikationspolitische Schlüsselfrage einer Demokratie ist, welche infrastrukturellen Bedingungen für die Qualität eines autonomen Journalismus notwendig sind. *Nachrichten* und längere Formen der *Dokumentation* sind teuer und nur von wenigen großen privaten Medien finanzierbar; ihre Leistungen schwanken – je nach Konjunkturentwicklung (siehe hier im Band den Beitrag von Neumüller & Gonser). Politisch sind aber für die demokratische Öffentlichkeit gerade diese Medienleistungen essentiell. Erstaunlicherweise hat sich gerade in den USA über die zunehmende Gefährdung traditioneller journalistischer Infrastrukturen und die Suche nach neuen Finanzierungsformen des Journalismus seit Jahren eine auch von entsprechenden Forschungsergebnissen gespeiste Debatte entwickelt. Der philanthropisch finanzierte Journalismus findet zunehmend Anerkennung. Längst vergessen geglaubte Ideen von der *gestifteten* Zeitung werden wiederbelebt. Freilich muss vor der Illusion gewarnt werden, dass aus Stiftungsmitteln allein je eine vergleichbare Institution zustande kommen kann, wie sie aus dem Gebührenaufkommen auf Dauer gestellt wurde. Sollte die Rettung des Journalismus zum dramatischen Problem werden, weil Qualitätszeitungen über den Markt nicht mehr finanzierbar sind, so müssen andere kommunikationspolitische Lösungen gesucht werden wie etwa die Umwidmung der bisher dem Rundfunk vorbehaltenen Gebührenmittel – was ihre Umfirmierung in eine Haushaltsabgabe ja befördern könnte!

Theoretisch grundlegend hat zuletzt Marie Luise Kiefer die „schwierige Finanzierung des Journalismus" (Kiefer, 2010) zum Thema gemacht. Die Ergebnisse ihrer – natürlich umstrittenen – Analyse fügen sich passgenau ein in die Forschungen zu Public Value; die öffentlich-rechtliche Organisationsform ist ein bewährtes Modell der „kollektiven Finanzierung von Journalismus und journalistischen Medien" (Kiefer, 2010, S. 14). Ihre institutionenökonomisch abgeleitete und begründete Schlussfolgerung lautet deshalb: „Journalismus muss öffentlich finanziert werden, weil seine Leistungen als libertarian commons allen Gesellschaftsmitgliedern in ihrer Rolle als Bürger offenstehen und in einer Demokratie ohne finanzielle Barrieren offenstehen müssen." (Kiefer, 2010, S. 16) Sekundär ist dabei, woher die Finanzierung im Einzelnen kommt – entscheidend ist das Resultat: die auf Dauer gestellte Marktunabhängigkeit bei der Herstellung von Journalismus als zentrale, eigene Institution für die Funktion demokratischer Gesellschaften (vgl. Kiefer, 2010, S. 19).

Die Auseinandersetzung mit diesem Thema hat seit einigen Jahren an Intensität gewonnen (vgl. Novy, 2011; BMW-Stiftung, 2011; Bergmann & Novy, 2012). Schon 2007 hatte Jürgen Habermas angesichts der finanziellen Turbulenzen um die *Süddeutsche Zeitung* und der Kritik an einer staatlichen Kreditstütze für die *Frankfurter Rundschau* mit einem Beitrag in dieser Zeitung die Fachwelt alarmiert. Die „seriöse Presse" ist für ihn – international und seit Jahrhunderten – das „Rückgrat der politischen Öffentlichkeit". Diese Infrastruktur sieht er nun gefährdet und fragt: „Wenn es um Gas, Elektrizität oder Wasser geht, ist der Staat verpflichtet, die Versorgung der Bevölkerung mit Energie sicherzustellen. Sollte er dazu nicht ebenso verpflichtet sein, wenn es um jene Art von ‚Energie' geht, ohne deren Zufluss Störungen auftreten, die den demokratischen Staat selber beschädigen?" (Habermas, 2008, S. 136).

Literatur

BBC (2004). Building public value: Renewing the BBC for a digital world. London. Verfügbar unter http://downloads.bbc.co.uk/aboutthebbc/policies/pdf/bpv.pdf [25.02.2013].

Bergmann, Knut & Novy, Leonhard (2012). Chancen und Grenzen philanthropischer Finanzierung. In Aus Politik und Zeitgeschichte, 62 (29-31), S. 33–39.

BMW-Stiftung Herbert Quandt (Hrsg.). (2011). Gemeinnützig finanzierter Journalismus. Strategien, Ideen und Projekte. Berlin: o. V.

Charta Öffentlicher Rundfunk in Europa (2009). Wien. Verfügbar unter http://images.derstandard.at/ 2009/03/10/Charta%20Oeffentlicher%20Rundfunk%20in%20Europa.pdf [25.02.2013].

Habermas, Jürgen (2008). Ach, Europa. Kleine Politische Schriften XI. Frankfurt am Main: Edition Suhrkamp.

Heinz, Julia von (2012). Die freundliche Übernahme: Der Einfluss des öffentlich-rechtlichen Fernsehens auf den deutschen Kinofilm von 1950 bis 2010. Schriftenreihe zu Medienrecht, Medienproduktion und Medienökonomie, Band 24. Baden-Baden: Nomos.

Hömberg, Walter (Hrsg.). (2000). Rundfunk-Kultur und Kultur-Rundfunk. Schriftenreihe MARkierungen: Beiträge des Münchner Arbeitskreises öffentlicher Rundfunk, Band 1. Münster: LIT.

Initiative Öffentlicher Rundfunk [IÖR] (1998). Wiener Erklärung. Verfügbar unter http://www.univie. ac.at/Publizistik/InitiativeRundfunk.htm [25.02.2013].

Jochimsen, Reimut (1966). Theorie der Infrastruktur: Grundlagen der marktwirtschaftlichen Entwicklung. Tübingen: J. C. B. Mohr (Paul Siebeck).

Kiefer, Marie Luise (2010). Journalismus und Medien als Institution. Konstanz: UVK.

Laak, Dirk van (1999). Der Begriff „Infrastruktur" und was er vor seiner Erfindung besagte. In Archiv für Begriffsgeschichte (41), S. 280–299.

Langenbucher, Wolfgang R. (1980). Der Ausbau des drucktechnischen Kommunikationssystems. Skizzen zu einem „Printkommunikationsbericht". In Schreiber, Erhard; Langenbucher, Wolfgang R. & Hömberg, Walter (Hrsg.), Kommunikation im Wandel der Gesellschaft. Otto B. Roegele zum 60. Geburtstag. Journalismus, n. F. 15, Düsseldorf, S. 269–280.

Langenbucher, Wolfgang R. (2008). Münchner Erklärung: Ziele des Arbeitskreises öffentlicher Rundfunk. In Hömberg, Walter (Hrsg.), Der Rundfunk der Gesellschaft: Beiträge zu einer kommunikationspolitischen Innovation. Schriftenreihe MARkierungen: Beiträge des Münchner Arbeitskreises öffentlicher Rundfunk, Band 5 (S. 234-235). Münster: LIT.

Novy, Leonard (2011). Stiftung Journalismus. In Funkkorrespondenz, o. Jg. (41-42), S. 6–10.

Roegele, Otto B. (Hrsg.). (1965). Presse-Reform und Fernseh-Streit. Texte zur Kommunikationspolitik 1832 bis heute (unter Mitarbeit von Peter Glotz). Gütersloh: Mohn.

Saxer, Ulrich (1981). Kulturförderung durch die Rundfunkanstalten. Der öffentlich-rechtliche Rundfunk als Kunstmäzen. In Media Perspektiven, o. Jg. (11), S. 743–767.

Schwarzkopf, Dietrich (2012). Die Wertschätzung des Dokumentarischen: Eine Stellungnahme zur künftigen Rolle des Hauses des Dokumentarfilms. In Funk Korrespondenz, o. Jg. (25), S. 30–31.

Alles anders? – Unterscheidbarkeit als Kriterium für Public Value

Marlies Neumüller & Nicole Gonser

1 Ausgangspunkt

In der Debatte um die Zukunft des öffentlich-rechtlichen Rundfunks, die seit den letzten Jahren in Europa geführt wird, stand und steht die Frage nach der Rolle öffentlich finanzierter Anbieter im Mittelpunkt. Durch die voranschreitende Digitalisierung, die frühere Frequenzknappheiten aufhebt und die Infrastruktur für eine nie da gewesene Anzahl an Rundfunkangeboten liefert, erscheint Kritiker/innen die hoheitliche Organisation eines Rundfunkanbieters zunehmend als obsolet. Noch dazu wenn, so der Vorwurf, die Öffentlich-Rechtlichen ihr Programm unter dem wachsenden wirtschaftlichen Konkurrenzdruck privater Mitbewerber und dem Kampf um Werbeeinnahmen selbst kommerzialisieren (vgl. Breitenecker, 2011, S. 263).

In Reaktion darauf haben, ausgehend von der BBC, viele öffentliche Rundfunkanbieter in Europa versucht, mit dem Konzept des Public Value ihre Existenz zu legitimieren und für die Zukunft zu sichern (vgl. Christl & Süssenbacher, 2010). Unter dem Stichwort „Public Value" bzw. „öffentlich-rechtlicher (Mehr-)Wert" wird dabei in unterschiedlichen länderspezifischen Formen eine Rückbesinnung auf die öffentlichen Aufgaben diskutiert (vgl. Neumüller, 2011). Auftrieb erhielt diese Diskussion auch durch neue Regelungen der EU, die nach europaweiten Klagen privater Mitbewerber feststellte, dass Subventionen an öffentliche Rundfunksender nur dann zulässig sind, wenn diese auch zur Erfüllung des öffentlichen Auftrags und nicht für kommerzielle Zwecke verwendet werden (vgl. Europäische Kommission, 2009, Abs. 11). Als Konsequenz aus dieser Erkenntnis wurden viele Mitgliedstaaten aufgefordert, den Aufgabenkatalog ihrer öffentlich finanzierten Rundfunkstationen zu konkretisieren. Mit der genaueren Bestimmung der öffentlichen Aufgaben ging in den meisten Fällen auch eine Forderung nach einer stärkeren Unterscheidung von der privaten Konkurrenz einher, die in Gesetzen und Prüfverfahren zur Bestimmung des Public Value – etwa im Public-Value-Test der BBC (vgl. Latzl, 2011) – verankert wurde. Dies bekräftigt die besondere Stellung der Öffentlich-Rechtlichen. Durch die erzwungene Andersartigkeit soll so gleichzeitig auch eine möglichst große Programmvielfalt im gesamten Rundfunksystem gewährleistet werden.

Ziel dieses Beitrags ist es, die Rolle von Vielfalts- und Unterschiedlichkeitsgeboten in einzelnen länderspezifischen Public-Value-Konzepten zu beleuchten. In einem ersten Schritt soll daher die Ausgestaltung der Unverwechselbarkeits- und Vielfaltsgebote im EU-Recht, im BBC-Public-Value-Test, dem Drei-Stufen-Test in Deutschland sowie im österreichischen ORF-Gesetz erläutert werden. Als wissenschaftlicher Ausgangspunkt für den Vorwurf der

Selbstkommerzialisierung öffentlich-rechtlicher Rundfunkanbieter soll in einem zweiten Schritt die Diskussion um die Konvergenzhypothese umrissen und dazu vorliegende Befunde am Beispiel des Fernsehens skizziert werden. Danach soll in einem dritten Schritt anhand des Beispiels Österreich auf die Frage eingegangen werden, inwieweit sich die von den öffentlich-rechtlichen Anbietern angestrebte Unverwechselbarkeit bzw. Vielfalt empirisch darstellt. Für die Angebotsperspektive wird eine Inhaltsanalyse von österreichischen Nachrichtensendungen herangezogen, die im Mai 2011 im Zuge einer Studie über die Qualität österreichischer Hauptnachrichtenprogramme an der FHWien der WKW durchgeführt wurde (vgl. Christl et al., 2011a). Zur Einschätzung der Programmvielfalt aus Publikumsperspektive werden die Ergebnisse eines Experiments analysiert, das ebenfalls Teil der Qualitätsstudie war (vgl. Christl et al., 2011b). Die Intention war es, herauszufinden, wie sich das Senderimage auf die Beurteilung von Nachrichtenbeiträgen auswirkt und damit letztlich auch die Unterscheidbarkeit der Programmanbieter durch die Zuseherinnen und Zuseher beeinflusst.[1]

2   Unterscheidbarkeit und Public Value

Die in Europa geführte Public-Value-Debatte hängt eng mit der Frage zusammen, inwieweit öffentliche Subventionen für öffentlich-rechtliche Rundfunksender, etwa in Form von Rundfunkgebühren, den Wettbewerb im Rundfunkmarkt verzerren. Vor dem Hintergrund eines immer härteren Wettbewerbs um die Zuseher/innen zwischen kommerziellen und öffentlich-rechtlichen Rundfunkanbietern klagten in den letzten Jahren private Anbieter bzw. ihre Verbände mehrmals bei der Europäischen Kommission. Ihr Vorwurf war stets, dass die öffentliche Finanzierung der Öffentlich-Rechtlichen ein ungerechtfertigter Wettbewerbsvorteil sei. Begründet wurde dies häufig damit, dass sich das Programm der öffentlich-rechtlichen Sender zu wenig von jenem der privaten unterscheide, wie etwa bereits im Zusammenhang mit dem Urteil des EU-Gerichtshof zum dänischen öffentlich-rechtlichen Sender TV2 argumentiert wurde (vgl. EUG, 2008, Abs. 94). In Österreich etwa forderte der Verband österreichischer Privatsender für den öffentlich-rechtlichen ORF ein „Verbot, bestimmte Programme ausschließlich oder überwiegend mit kommerziell attraktiven Inhalten zu füllen" (APA, 2008).

Die EU reagierte auf diese und ähnliche Beschwerden mit einer Aufforderung an die Mitgliedstaaten, die Aufträge ihrer öffentlich-rechtlichen Anbieter zu konkretisieren. Inhaltliche Vorgaben, welche Angebote ein Auftrag umfassen darf, machte sie keine. Dem Protokoll von Amsterdam zufolge liegt diese Kompetenz bei den Mitgliedstaaten. Die Kommission stellte lediglich fest, dass Subventionen für öffentlich-rechtliche Anbieter nur dann mit dem EU-Wettbewerbsrecht vereinbar seien, wenn diese ausschließlich dazu dienen wür-

---

[1]   Die Studie erfolgte im Auftrag von ATV im Zusammenhang mit der Förderung von Qualitätsstudien für private Fernsehanbieter in Österreich durch die Aufsichtsbehörde RTR. Die Primärstudie ist abrufbar unter http://atv.at/binaries/asset/download_assets/1753655/file und http://atv.at/binaries/asset/download_assets/1753665/file; für diesen Beitrag wurde der Schwerpunkt im Rahmen einer Sekundäranalyse auf die Unterscheidbarkeit gesetzt.

den, konkrete Leistungen zu finanzieren, welche „demokratische, soziale und kulturelle Bedürfnisse" (Europäische Kommission 2009, Abs. 11) befriedigen. Die Aufträge öffentlich-rechtlicher Rundfunkanbieter müssten demnach so konkret sein, dass eine Überprüfung ihrer Einhaltung möglich sei.

Einige Länder, darunter auch Deutschland und Österreich, haben in Reaktion darauf solche Prüfungen bereits eingeführt. Der für die gesamte Debatte in der EU namensgebende Public-Value-Test der BBC diente hier vielfach als Vorbild. Für diese Verfahren sieht die EU kein explizites Gebot zur Unterscheidung von privaten Mitbewerbern vor, jedoch dürfen die Auswirkungen auf den Wettbewerb nicht unverhältnismäßig sein. Bei der Prüfung der Auswirkungen auf den Markt sind demnach etwa das Vorhandensein von ähnlichen oder substituierbaren Angeboten bzw. der publizistische Wettbewerb zu berücksichtigen, was in weiterer Folge Überlegungen zur Vielfalt und damit zur Unterscheidung zwischen den Angeboten einschließen kann (vgl. Europäische Kommission 2009, Abs. 88). Obwohl die Kommission den Mitgliedstaaten hier einen gewissen Spielraum lässt, hat man in vielen Mitgliedstaaten auf die Argumente der Privatsender reagiert und Gebote zur Unterscheidung von privaten Mitbewerbern eingeführt. Diese sollen im Folgenden an drei Länderbeispielen dargelegt werden.

2.1 Großbritannien

Zur Legitimation ihres Bestehens in der Öffentlichkeit und in Antizipation von Entscheidungen auf EU-Ebene begann die BBC bereits 2004 damit, Public Value als zentrales Instrument in ihre Unternehmenspolitik aufzunehmen. Dem Kriterium der *Unterscheidbarkeit* („distinctiveness") wird bereits im ersten programmatischen Papier eine bedeutende Rolle zugesprochen. So heißt es dort: „[A]ll our programmes will aim for an edge of ambition and originality to provide quality and distinction overall." (BBC 2004, S. 69) In weiterer Folge wurden *Qualität und Unterscheidbarkeit* („quality and distinctiveness") neben *Wirkung* („impact") und *Reichweite* („reach") sowie das *Preis-Leistungs-Verhältnis* („value for money") zu einem der vier sogenannten Driver von Public Value (vgl. BBC, 2004, S. 87).

Die *Unterscheidbarkeit* ist dabei ein wichtiges Kriterium einerseits für die Prüfung des Public Value, andererseits dient sie auch dazu, so wie von der EU gefordert, unerwünschte Marktauswirkungen kleinzuhalten (vgl. Coyle & Woolard, o. J., S. 71, S. 132). Was nun genau unter „distinctiveness" zu verstehen ist, ist auch bei der BBC nicht unumstritten. Im Bemühen um ein einheitliches Verständnis im gesamten Unternehmen hat der BBC Trust – im Rahmen der Überprüfung des Online-Angebots – folgende Definition vorgeschlagen:

> *At its most basic, distinctive means distinct from – that is, different to the alternatives. However, when the term is used as a characteristic of BBC output, it is normally taken to mean something more than this. For example, the same type of content (e.g. a news story) may be offered by other providers, but the BBC's version of that story should be distinctive by virtue of its commitment to impartial journalism, which is not widely found elsewhere on the internet.* (BBC Trust, 2008a, S. 41–42)

Diese Definition von *Unterscheidbarkeit* umfasst einerseits die Marktperspektive, indem sie auf andere am Markt angebotene Alternativen abstellt, was *externe Vielfalt* – eben die Vielfalt anderer Produkte – miteinbezieht. Gleichzeitig sollen sich ähnliche Inhalte durch ihre Machart unterscheiden. Mehrere vom BBC Trust in Auftrag gegebene Studien scheinen zu belegen, dass der Anspruch auf Unterscheidbarkeit der BBC-Angebote von anderen Programmen und Diensten mehr oder minder gut erfüllt wird. So attestiert eine Publikums-studie beispielsweise dem BBC-Online-Angebot durchaus Unterscheidbarkeit von kommer-ziellen Angeboten (vgl. BBC Trust, 2008a, S. 40). Dies wird auch durch einen von der BBC beauftragten inhaltsanalytischen Vergleich mit anderen privaten Angeboten bestätigt (vgl. BBC, 2007, S. 10–11). Private Mitbewerber sehen das erwartungsgemäß anders (vgl. BBC Trust, 2008a, S. 41).

Das Urteil der britischen Aufsichtsbehörde Office of Communication (OFCOM) wiederum fällt in Bezug auf eine Inhaltsanalyse von Nachrichtensendungen öffentlich-rechtlicher Sender geteilt aus. „News provision by PSB channels differs in style, but all the broadcast-ers offer a similar range of news stories delivered through a similar variety of methods" (OFCOM, 2007b, S. 94). Festgehalten wird in Bezug auf Nachrichten in einem Diskussions-papier aber auch das Risiko, dass gerade durch vermehrten wirtschaftlichen Druck, Vielfalt und Unterscheidbarkeit durch das bloße Vorhandensein verschiedener öffentlich-rechtlicher Anbieter nicht mehr ausreichend sichergestellt werden könne (vgl. OFCOM 2007a, S. 2).

Dies deutet in Richtung der Konvergenzhypothese, deren wissenschaftliche Diskussion im deutschen Sprachraum später noch genauer erläutert wird. Der BBC Trust hat BBC intern nun auch Anhaltspunkte vorgegeben, anhand derer Unterscheidbarkeit ermittelt und beur-teilt werden können soll:

1. *BBC editorial values (accuracy, independence, impartiality, taste and decency)*

2. *Non-commercial (in some genres, such as children's or news, there is particular value in there being no advertising, no subscriptions)*

3. *Made in, and for, the UK*

4. *Clear link to television or radio programme brands*

5. *Level of creative and editorial ambition (seriousness of intent, breadth or depth of subject matter)*

6. *Fresh and original approach*

7. *Uniqueness (no one else provides this content)* (BBC Trust, 2008a, S. 43)

In ihren Programmvorschlägen für die einzelnen Angebote müssen die Programmverant-wortlichen deskriptiv darlegen, inwieweit sich beispielsweise ein neuer Service in diesen Kriterien von bereits bestehenden abgrenzt. Wie die einzelnen Kriterien nun genau be-schrieben, gemessen und gedeutet werden, ist von Angebot zu Angebot unterschiedlich. Welche Bedeutsamkeit dem Kriterium der Unterscheidbarkeit bei der Bestimmung des Public Value zugeschrieben wird, mag ein konkretes BBC-Beispiel verdeutlichen: Das

Public-Value-Prüfverfahren für ein geplantes Web-TV mit lokalen Nachrichten ging für die BBC negativ aus, da unter anderem zu wenig Unterscheidbarkeit von privaten Mitbewerbern vorlag (vgl. BBC Trust; BBC Trust 2009, Punkt 1.2; BBC Trust, 2008b, S. 8; 35–37).

Inwieweit das Publikum derartige Zuordnungen teilt, bleibt abzuwarten. Auch die BBC gibt zu, dass bis zu ihrer Aufstellung keine Gelegenheit vorlag, sie öffentlich zu diskutieren (vgl. BBC Trust, 2008a, S. 43). Entsprechende Studien dazu stehen ebenfalls noch aus.

2.2 Deutschland

Auch im deutschen Drei-Stufen-Test spielt das Kriterium der Unterschiedlichkeit eine Rolle. Anders als bei der BBC wird dies allerdings nicht unter dem Begriff der *Unterscheidbarkeit* („distinctiveness"), sondern ähnlich wie in der deutschsprachigen Kommunikationswissenschaft unter dem Aspekt der *Vielfalt* diskutiert. So sieht der Drei-Stufen-Test für (neue) Telemedienangebote neben der Bewertung des gesellschaftlichen Nutzens und des finanziellen Aufwands vor, dass geprüft wird, inwieweit ein neues Angebot „in qualitativer Hinsicht zum publizistischen Wettbewerb" (Kops et al. 2009, S. 34) beiträgt.

Dieser „publizistische Wettbewerb" soll nach Kops et al. helfen, den „publizistischen Nutzen" (Kops et al., 2009, S. 20) für den Einzelnen und die Gesellschaft zu vergrößern. Damit gemeint ist vor allem jener Nutzen, den Medien zur freien Meinungsäußerung und damit zur „Funktions- und Leistungsfähigkeit der Gesellschaft" (Kops et al., 2009, S. 20) beitragen. Für die Bewertung des spezifischen Beitrags eines Angebots zum „publizistischen Wettbewerb" sind laut dem deutschen Rundfunkstaatsvertrag

> *Quantität und Qualität der vorhandenen frei zugänglichen Angebote, die marktlichen Auswirkungen des geplanten Angebots sowie dessen meinungsbildende Funktion angesichts bereits vorhandener vergleichbarer Angebote, auch des öffentlich-rechtlichen Rundfunks, zu berücksichtigen"* (§ 11f Abs. 4 Rundfunkstaatsvertrag [RStV])

Die Abstellung auf „bereits vorhandene, vergleichbare Angebote" kann auch dahingehend interpretiert werden, dass damit die Unterscheidung von anderen Angeboten gemeint ist. So werden beispielsweise im Telemedienkonzept des Kinderkanals (KIKA) von ARD und ZDF Unterscheidungsmerkmale von publizistischen Mitbewerbern herausgearbeitet (vgl. MDR & ZDF, 2010, S. 50–54). Allerdings geschieht dies nicht so wie bei der BBC mithilfe von festgelegten Kriterien, sondern eher indem argumentiert wird, dass die Wettbewerber keine vergleichbare Vielfalt und Breite böten (vgl. beispielsweise MDR & ZDF, 2010, S. 50).

2.3 Österreich

Gebote zur Unterschiedlichkeit finden sich auch im österreichischen ORF-Gesetz, in welchem die Rahmenbedingungen für den öffentlich-rechtlichen ORF festgelegt sind. So heißt es im „öffentlich-rechtlichen Kernauftrag": „Im Wettbewerb mit den kommerziellen Sendern ist in Inhalt und Auftritt auf die Unverwechselbarkeit des öffentlich-rechtlichen Österreichischen Rundfunks zu achten (§ 4 Abs. 3 ORF-G). In Übereinstimmung mit den Rege-

lungen der EU wird hier insbesondere auf Programme von privaten Mitbewerbern abge-
stellt. Dies gilt auch für die „Angebotskonzepte", die der Konkretisierung des öffentlich-
rechtlichen Auftrags der jeweiligen Dienste und Programme dienen, sowie für die sogenannte „Auftragsvorprüfung" (vgl. § 6 ORF-G). Durch sie soll geprüft werden, ob ein neues
oder verändertes Angebot dazu beiträgt, die „sozialen, demokratischen und kulturellen
Bedürfnisse" (§ 6b Abs. 2 ORF-G) der Bevölkerung zu befriedigen und die im „Kernauftrag" (§ 4 ORF-G) genannten Ziele, inklusive der Unverwechselbarkeit, zu erfüllen. Dabei
zu berücksichtigen sind insbesondere bereits bestehende Angebote des öffentlich-
rechtlichen Rundfunks sowie „das existierende, mit dem geplanten Angebot vergleichbare
Angebot anderer auf dem österreichischen Medienmarkt tätiger Medienunternehmen"
(§ 6b Abs. 3 ORF-G).

Neben der Berücksichtigung der Wettbewerbssituation auf den relevanten Märkten soll
zudem auf die „Angebotsvielfalt für Seher, Hörer und Nutzer" (§ 6b Abs. 2 ORF-G) geachtet werden. Insgesamt folgt die Herausarbeitung von Unterschieden wie in Deutschland
keinen festen Regeln und beschränkt sich oft auf kurze Beschreibungen. Derartige Erläute-
rungen sind beispielsweise im Angebotskonzept für den Spartenkanal für Information und
Kultur, ORF III, zu finden (vgl. ORF, 2010). Wird hier argumentiert, dass „ein vergleichbares Programmangebot von den Privatsendern bisher nicht erbracht werde" (KommAustria
2011, S. 13), stellt der Verband der privaten Anbieter in einer Stellungnahme ähnlich pau-
schal eine Übereinstimmung fest: Der Spartensender „deckt sich in beträchtlichen Teilen
mit Angeboten, die auch von privaten Veranstaltern in vergleichbarer Qualität angeboten
werden" (VÖP, 2010, S. 6).

3 Duales Rundfunksystem - Vielfalt oder „more of the same"?

Vielfalt und *Unterscheidbarkeit* sind also relevante Dimensionen, anhand derer Rundfunkan-
gebote beurteilt werden. Der Mangel an diesen lässt sich mit der Konvergenzhypothese
fassen, die im Folgenden vorgestellt wird. Einschlägige Studien hierzu finden sich im zweiten Unterkapitel.

3.1 Theorie: Konvergenzhypothese

Die Forderung nach einer Einschränkung massenattraktiver Inhalte in den öffentlich-
rechtlichen Sendern und damit zwangsläufig auch nach einer größeren Unterscheidbarkeit
ist nicht nur das alleinige Anliegen des Privatrundfunks. Sie spiegelt in gewisser Weise
auch eine kommunikationswissenschaftliche bzw. politische Debatte wider, in deren Mittelpunkt die Sinnhaftigkeit von Konkurrenz unter Medien für das Gemeinwohl steht.

Als rundfunkpolitische Motivation für die Schaffung eines dualen Rundfunksystems gilt bzw. galt denn auch die Annahme, dass sich der Wettbewerb zwischen öffentlich-rechtlichen und privaten Anbietern positiv auf die publizistische Vielfalt auswirkt (vgl. Schulz & Ihle, 2004, S. 272). Die Vielfaltssteigerung soll, so die Überlegung, durch eine Zunahme der Rundfunkanbieter, das heißt durch Außenpluralismus, bewirkt werden. Mit der Einführung des dualen Rundfunksystems in Deutschland kamen jedoch Zweifel auf, ob eine Liberalisierung dieses Sektors tatsächlich die erhoffte Erhöhung der Vielfalt bringen würde (vgl. Dussel, 2004, S. 285). Infrage gestellt wurde die vielfaltsstiftende Wirkung des Wettbewerbs vor allem durch die Konvergenzhypothese. Nach der Einführung des dualen Rundfunksystems in Deutschland wurde sie in der deutschsprachigen Kommunikationswissenschaft breit debattiert und erforscht (vgl. Maier, 2002, S. 19).

Kerngedanke der Konvergenzhypothese ist die vermutete gegenseitige Angleichung der Fernsehprogramme im Konkurrenzkampf öffentlich-rechtlicher und privater Programmanbieter um Zuschauer und Marktanteile. Der duale Charakter von Medien als Kultur- und Wirtschaftsgüter bedinge dabei, so die Theorie, Marktstrukturen bzw. eine mangelnde Funktion des Marktes („Marktmängel"), die konvergente Tendenzen noch zusätzlich begünstigen würden (vgl. für einen Überblick Kiefer, 2005; Kops, 2011; Sjurts, 2004). In der medienökonomischen Literatur genannt wird hier erstens die schlechte bzw. aufwändige Adressierung von Rezipient/innen am Publikumsmarkt, die durch die Exklusion von nicht zahlungsunwilligen Werbekund/innen wettgemacht werden soll. Dies bedeutet im Umkehrschluss eine Orientierung des Programms am zahlungsbereiten Teil des Werbemarktes und damit an der von ihnen umworbenen Zielgruppe der 14- bis 49-Jährigen (vgl. Kops et al., 2009, S. 20).

Zweitens schaffen außerordentlich niedrige subadditive Kosten in der Medienproduktion, bei der der Inhalt nur einmal produziert und dann beliebig oft verbreitet wird, reichweitenstarken Anbietern zusätzliche Größenvorteile („Economies of Scale", vgl. Kiefer, 2005, S. 8). Durch den Aufbau integrierter Wertschöpfungsketten bzw. die crossmediale Verbreitung der Inhalte haben große Anbieter zusätzlich Vorteile („Economies of Scope") (vgl. Kiefer, 2005, S. 127). Drittens wird die gesellschaftlich gewünschte größtmögliche mediale Vielfalt von den Rezipient/innen auch nicht immer nachgefragt bzw. nicht eingefordert. Medienökonomisch wird dies damit begründet, dass die Qualität eines Medienangebots im Vergleich zu anderen Produkten vor dem Konsum nicht geprüft werden kann, weshalb Konsument/innen dazu tendieren, bereits bekannte und damit häufig dieselben Medienangebote zu nutzen (vgl. Kops, 2011, S. 68). Der Umgang der Rezipient/innen mit verschiedenen Medieninhalten, deren Annahme bzw. Ablehnung, wird in der Kommunikationswissenschaft aus anderen Blickwinkeln seit Jahrzehnten untersucht. Zu nennen sind hier etwa konsistenztheoretische Ansätze (vgl. z. B. Festinger, 1976) oder Nutzen- und Belohnungsansätze (vgl. z. B. Palmgreen, 1984).

Medienpolitische Brisanz erhält die Konvergenzhypothese vor allem aufgrund der Tatsache, dass „die Konvergenz letztlich die Gebührenfinanzierung und damit die Existenz der öffentlich-rechtlichen Rundfunkanstalten in Frage stellen würde." (Wutz et al., 2004, S. 152). Die öffentlich-rechtlichen Anbieter säßen demnach in der Falle: Richteten sie sich zunehmend nach dem Massengeschmack bzw. zur Maximierung von Werbeeinnahmen nach den 14- bis 49-Jährigen Rezipient/innen und vernachlässigten sie ihre öffentlichen Aufgaben, drohte ihnen der Verlust gesellschaftspolitischer Legitimation. Würden sie sich wiederrum gemäß ihrem öffentlichen Auftrag auf die Bereitstellung demokratiepolitisch relevanter, aber weniger nachgefragter Inhalte beschränken, bestünde die Gefahr einer Marginalisierung sowohl bei den Zuschauer/innen als auch in der Folge am Werbemarkt (vgl. Wutz et al., 2004, S. 152).

In der Auseinandersetzung um die zukünftige Ausgestaltung des deutschen Rundfunksystems wurde die These zunehmend instrumentalisiert, um eigene Interessen zu befördern. Die Kritiker/innen des öffentlich-rechtlichen Rundfunks benutzten sie, um eine weitergehende Privatisierung zu fordern. Die Unterstützer/innen öffentlicher Anbieter argumentierten wiederum, dass eine Annäherung der Privaten an die Öffentlich-Rechtlichen zu einer Erhöhung der Qualität und zu einer „Konvergenz nach Oben" führe. Die Finanzierung öffentlich-rechtlicher Anstalten als Setzer von Qualitätsmaßstäben sei für das Mediensystem insgesamt wichtig (vgl. Maier, 2002, S. 76–80).

Die Diskussion um die Vereinbarkeit der Rundfunkgebühren mit dem europäischen Markt innerhalb der EU hat die Debatte um die Konvergenz wieder neu aufflammen lassen (vgl. Radoslavov & Thomaß, 2011, S. 174–175). Das Vorhandensein und das Ausmaß konvergenter Entwicklungen sind allerdings nach wie vor umstritten. Insbesondere mit regelmäßigen Programmstrukturanalysen für das Fernsehen und das Radio wird seit dem Aufkommen der Konvergenzhypothese versucht, empirische Aussagen über die Programmvielfalt der Programme und davon abgeleitet über konvergente Entwicklungen zu treffen. Da sich ein großer Teil der Konvergenzdebatte stets um das Fernsehen dreht, werden im Folgenden die zentralen Befunde von TV-Studien vorgestellt.

3.2 Praxis: bisherige Studien für Deutschland und Österreich

Jene Studien, die Programmvielfalt zu messen versuchen, kommen, was den empirischen Gehalt der Konvergenzhypothese betrifft, zu unterschiedlichen Ergebnissen. Schatz et al. fanden bei der Einführung des dualen Rundfunksystems in Deutschland bei einem inhaltsanalytischen Vergleich starke Indizien für die Konvergenzthese. Dies sei einerseits an den Nachrichten- und Informationssendungen sichtbar, wo sich die privaten Anbieter an den öffentlich-rechtlichen orientierten, anderseits aber auch im Unterhaltungssegment, da sich hier umgekehrt die öffentlich-rechtlichen an die privaten Sender anpassen würden (vgl. Schatz et al., 1989, S. 21–22).

In Bezug auf die in diesem Beitrag im Mittelpunkt stehenden Nachrichtensendungen sehen auch Donsbach und Büttner zwischen privaten und öffentlich-rechtlichen Angeboten Konvergenztendenzen. Im Zeitverlauf von 1985 bis 1998 betrachtet, stellen sie allgemein einen Rückgang der Politikberichterstattung fest und konstatieren auf inhaltlicher Ebene vor allem den öffentlich-rechtlichen ZDF-Nachrichten *heute* – und der *Tagesschau* der ARD in geringerem Maße – zunehmende Personalisierung, Emotionalisierung sowie einen Anstieg konflikthaltiger Themen. Auf der Ebene der Aufmachung stieg der Anteil der Bewegtbilder (zum Beispiel „Nachricht im Film"). Die Dynamik erhöhte sich insbesondere beim ZDF. So wurden die Schnittlängen kürzer, die O-Töne häufiger und gleichzeitig kürzer (vgl. Donsbach & Büttner, 2005, S. 28–33).

Andere Inhaltsanalysen, die allerdings meist auf das Gesamtprogramm eines Senders abstellen, verneinen Konvergenztendenzen zwischen öffentlich-rechtlichen und privaten Fernsehsendern in den regelmäßig durchgeführten Untersuchungen und unterstreichen deutliche Unterschiede zwischen den Anbietern (vgl. Krüger & Zapf-Schramm, 2003, S. 547; Krüger, 2012, S. 234; Weiß & Trebbe, 2012, S. 3–16). Diesem Befund widerspricht Maier in einer Sekundärauswertung der TV-Programmstrukturanalysen von Krüger sowie Weiß und Trebbe teilweise: Sie stellt wie die Primärstudien eine Ausdifferenzierung des Informationsangebots zwischen öffentlich-rechtlichen und privaten Sendern fest, findet aber gleichzeitig Angleichungen, das heißt Konvergenzen, im Unterhaltungsangebot (vgl. Maier, 2002, S. 324–325).

Eine Begründung für die widersprüchlichen Ergebnisse liegt sicher in den unterschiedlichen Dimensionen von Programmvielfalt. Rossmann et al. betonen hierbei die Wichtigkeit der Unterscheidung zwischen den verschiedenen Vielfaltsmaßen. In ihren inhaltsanalytischen Untersuchungen stellen sie demnach auch Unterschiede in Abhängigkeit davon fest, ob Vielfalt format- oder inhaltsspezifisch erhoben wird. Zu unterschiedlichen Ergebnissen kommt es auch je nachdem, ob Vielfalt als Vielfalt innerhalb eines Fernsehsenders („interne Vielfalt") verstanden wird, die Gesamtheit des Angebots über alle Fernsehsender hinweg gemeint ist („externe Vielfalt") oder die Inhalte aus Sicht des Publikums betrachtet werden (vgl. Rossmann et al., 2003, S. 428–429 und S. 450–452).

Im Hinblick auf die gesellschaftspolitische Legitimation des öffentlich-rechtlichen Rundfunks, die, so die Befürchtung von Forscher/innen, Politiker/innen und Praktiker/innen gleichermaßen, durch zu viel Konzentration auf die Masse gefährlich untergraben werden würde, können diese Studien allerdings nur bedingt Anhaltspunkte geben. Die Funktion, die ein Programm für das Publikum erfüllt, also die nach Rossmann et al. sogenannte „rezipientenorientierte Klassifikation", scheint relevanter zu sein (Rossmann et al., 2003, S. 429). Die Urteile und die Werthaltungen der Zuseher/innen müssen demnach in Vielfaltsbeurteilungen miteinbezogen werden, ist es doch das Publikum, das den öffentlich-rechtlichen Rundfunk durch die Bereitschaft zur Zahlung von Gebühren in erster Linie legitimiert.

Zwar liegt der Schluss nahe, dass empirisch feststellbare ein- oder beidseitige Annäherungen in der Programmstruktur über kurz oder lang auch vom Publikum wahrgenommen werden. Als einziger Faktor greift dies allerdings viel zu kurz, da die Einstellungen des Publikums zu einem Sender, wie sie sich in Images zeigen, unberücksichtigt bleiben. Images sind zu verstehen als „ein mehr oder weniger diffuses Bild von einem Medium, das kaum auf faktischem Wissen basiert, mehr oder weniger emotional geprägt ist und von bestehenden Vorurteilen, Stereotypen bzw. Schemata abhängt" (Schweiger, 2007, S. 253). Image ist dabei ein Konstrukt aus verschiedenen Bestandteilen: Meist wird zwischen affektiven Komponenten, das heißt Gefühlen wie Sympathie oder Abneigung, kognitiven Komponenten, etwa Meinungen zu Programmen oder Sendern, und konativen Komponenten, beispielsweise der tatsächlichen oder beabsichtigten Nutzung, unterschieden (vgl. Schweiger, 2007, S. 251).

Wie sehr Medienimages auch die wahrgenommene Konvergenz aus Publikumsperspektive beeinflussen, zeigen wiederum die Arbeiten von Maier (2002) und Wutz et al. (2004). In ihrem Vergleich der Nachrichtensendungen *Tagesschau* und *RTL aktuell* stellen Letztere fest, dass vom Publikum wahrgenommene Konvergenztendenzen stark mit jenem Bild zusammenhängen, welches die Zuschauer/innen vom jeweiligen Sender haben. „RTL-Fans" sehen demnach eine viel stärkere Konvergenz ihres bevorzugten Senders hin zur öffentlich-rechtlichen ARD und der *Tagesschau*. Eine Tendenz, die sich umgekehrt nicht feststellen ließ (Wutz et al., 2004, S. 165). Auch Maier kommt zum Schluss, dass die wahrgenommene Konvergenz zwischen öffentlich-rechtlichem und privatem Sektor stark von der Einstellung zum Wettbewerb im Rundfunksystem abhängt (vgl. Maier, 2002, S. 326–329).

Was die Situation in Österreich betrifft, so ist sie im Vergleich zu Deutschland knapper erforscht. Die wenigen vorhandenen Studien lassen auf konvergente Tendenzen schließen. So weisen die Programmstrukturanalysen von Woelke (2010; 2012), die dem Prinzip von Weiß & Trebbe (2012) folgen, für das österreichische Fernsehangebot eine spezifische Situation für den ORF mit seinen beiden Vollprogrammen aus: ORF 2 setzt wie die deutschen öffentlich-rechtlichen Sender mehr auf Information und unterscheidet sich damit stark von der österreichischen und deutschen Privat-Konkurrenz. ORF eins hingegen ähnelt eher den privaten Mitbewerbern im In- und Ausland, was die hohen Anteile an Unterhaltung und die niedrigen Anteile an Fernsehpublizistik betrifft (vgl. Woelke, 2010, S. 139; 2012, S. 122).

Diese Tendenz im Zusammenhang mit der Konvergenzhypothese belegt auch die Publikumsforschung in Österreich: Bei einer Studie zum Markenwert einzelner TV-Angebote ist ORF eins der Sender, der mit Abstand die höchste angenommene Substituierbarkeit durch private Mitbewerber ausweist (vgl. Förster & Grüblbauer, 2010, S. 50). Im Profil zwischen Information und Unterhaltung wird ORF eins zudem eher in die Nähe der privaten Sender ATV und PULS 4 gerückt (vgl. Förster & Grüblbauer, 2010, S. 71). Eine Befragung hinsichtlich der Eigenschaften österreichischer TV-Sender ergab zwar für den ORF und die Privaten deutlich unterschiedliche Profile. Den ORF-Sendern wurden verstärkt klassisch öffentlich-rechtliche Qualitäten mit Eigenschaftswörtern wie „informativ", „vertrauenswürdig" und „anspruchsvoll" zugesprochen, das Privatfernsehen wird generell als „moderner" und „unterhaltsamer" empfunden. Jedoch sind die Merkmale des klassisch Öffentlich-Rechtlichen bei ORF eins weniger ausgeprägt als bei ORF 2, sein Eigenschaftsportfolio entspricht somit eher dem der privaten Konkurrenz (vgl. Christl et al., 2011).

4   Österreichische Nachrichtensendungen im Vergleich

Bisherige Studien haben gezeigt, dass mit Blick auf das Gesamtprogramm öffentlich-rechtlicher und privater Angebote Konvergenz stärker im Bereich Unterhaltung als im Bereich Information zu finden ist. Im Rahmen dieser Untersuchung soll jedoch ein Kernelement des Informationsangebots genauer betrachtet werden, da diesem in der Debatte um den öffentlich-rechtlichen Rundfunk am meisten Public Value bescheinigt wird. Im Mittelpunkt stehen österreichische TV-Nachrichtensendungen. Sie wurden 2011 in einer Studie über die Qualität von Nachrichtensendungen des öffentlich-rechtlichen ORF und privater Fernsehanbieter in Österreich näher verglichen. Im Rahmen einer Sekundäranalyse werden hier die Ergebnisse in Bezug auf die Unterschiede und die Gemeinsamkeiten der Nachrichtensendungen näher beleuchtet.

4.1   Inhaltsanalyse: Unterschiede und Gemeinsamkeiten

Der erste Teil der hier vorgestellten Studie umfasst eine quantitative Inhaltsanalyse, die mittels eines umfangreichen Kategoriensystems Themen und Akteure in den täglichen Hauptnachrichtensendungen des österreichischen Fernsehens erfasste. Untersucht wurden die ORF-Nachrichtensendungen *Zeit im Bild* (ZIB), die auf ORF 2 um 19.30 Uhr ausgestrahlt wird, sowie die *ZIB 20*, die jeweils um 20.00 Uhr auf ORF eins läuft. Für die privaten Sender wurden das Nachrichtenformat *ATV aktuell*, das um 19.20 Uhr auf ATV zu sehen ist, die *Austria News*, die um 18.30 Uhr auf PULS 4 gesendet werden, und die Nachrichtensendung *Austria News*, die das deutsche SAT.1 um 20.00 Uhr in Österreich zeigt, untersucht. Als Stichprobe wurden vier natürliche Wochen aus dem Zeitraum von September bis November 2010 ausgewählt. Insgesamt wurden 139 Sendungen mit einer Gesamtlaufzeit von über 27 Stunden bzw. 1.298 Beiträge analysiert. Um vergleichende Überlegungen zu erleichtern, orientierte sich das Kategoriensystem der Inhaltsanalyse neben vielen Zusatzvariablen an den Programmstrukturanalysen von Weiß & Trebbe bzw. Woelke (vgl. Christl et al., 2011a, S. 8–9; 18).

Als grundsätzliches Ergebnis zeigt sich auch in dieser Untersuchung, dass keine klare Trennlinie zwischen öffentlich-rechtlichen und privaten Nachrichtenformaten zu erkennen ist. Vielmehr ist festzustellen, dass Gemeinsamkeiten und Differenzen gleichermaßen vorliegen, die jeweils vor einem spezifischen Sendungshintergrund zu sehen sind.

Auf der formal-gestalterischen Ebene kann sowohl den öffentlich-rechtlichen als auch den privaten Sendern ein hohes technisches und gestalterisches Niveau zugesprochen werden. Unterschiedliche Strukturen der einzelnen Sendungen bedingen gestalterische Unterschiede, wobei hier allerdings jedes Angebot für sich betrachtet werden muss und es keine klare Trennung zwischen öffentlich-rechtlichen und privaten Inhalten gibt (vgl. Christl et al., 2011a, S. 56).

Auffallend ist hier die unterschiedliche Positionierung der ORF-Nachrichtenformate: Während die *ZIB* auf ORF 2 im Durchschnitt mit rund 14 Beiträgen und einer Gesamtsendezeit von 18 Minuten die längste Sendung ist, ist die *ZIB 20* auf ORF eins mit durchschnittlich sechs Beiträgen und einer Dauer von sechseinhalb Minuten die kürzeste. *ATV Aktuell* liegt mit knapp 15,5 Minuten relativ knapp hinter der *ZIB*. Alle anderen Formate sind mit elfeinhalb bzw. knappen zehn Minuten wesentlich kürzer. Zu erwähnen ist hier, dass die zweitlängste Sendung *ATV Aktuell* als einzige Nachrichtensendung einen regelmäßigen ausführlichen Sportteil enthält; in anderen Sendungen, wie beispielsweise der *ZIB*, ist dieser in ein darauffolgendes Magazin ausgelagert. Wenn nun bei ATV der Sportteil herausgerechnet wird, um aussagekräftigere Vergleiche anstellen zu können, verkürzt sich die durchschnittliche Sendungsdauer, wodurch die Sendung in ihrer Ausführlichkeit eher an die Formate der anderen privaten Mitbewerber sowie die *ZIB 20* heranrückt. Durch die unterschiedlichen Längen kommt es auch zu Unterscheidungen bei der Gestaltung zwischen den untersuchten Sendungen sowohl zwischen den ORF-Formaten als auch zwischen öffentlich-rechtlichen und privaten Angeboten (vgl. Christl et al., 2011a, S. 19–20).

So setzt man ORF-intern im Unterschied zur *ZIB* um 19.30 Uhr bei der kürzeren *ZIB 20* vermehrt auf Sprechernachrichten. Die privaten Veranstalter weisen durch den stärkeren Einsatz offensichtlicher Fotomontagen eine boulevardeskere Gestaltung als die öffentlich-rechtlichen auf. Beim Einsatz anderer Stilmittel wie Grafiken, Interviews etc. sind keine klaren Trends ersichtlich, lediglich Schaltungen zu Korrespondent/innen kommen bei beiden ORF-Formaten weitaus häufiger vor als bei der privaten Konkurrenz. Erklärbar ist dies durch das Korrespondentennetz, auf das der ORF im Gegensatz zur privaten Konkurrenz zurückgreifen kann, sodass er weniger stark auf fertige Agenturberichte angewiesen ist. Dies wiederum bedingt auf der inhaltlichen Ebene auch einen stärkeren Fokus des ORF auf die internationale Berichterstattung. Hier scheint das Privatfernsehen aus der Not eine Tugend gemacht zu haben und konzentriert sich stattdessen mehr auf die Bundesländerberichterstattung, die beim ORF in gesonderten Vorabendprogrammen Platz findet.

Die Politikberichterstattung ist bei beiden ORF-Angeboten das bei weitem wichtigste Thema. Dies ist auch bei den Privaten der Fall, allerdings in unterschiedlichem Ausmaß. Danach folgt bei allen Sendern die Kategorie *Angstthemen*, die anlog zu den Analysen von Weiß und Trebbe Kriminalität, Verbrechen, Unfälle, Katastrophen, Terrorismus, Krieg und Krisen ins Zentrum eines Beitrags rückt. Bei den Privatsendern sind diese Inhalte ausgeprägter als bei den öffentlich-rechtlichen Programmen. Unterschiede sind aber auch zwischen den einzelnen ORF-Programmen zu erkennen; so besitzt die Kategorie Angstthemen bei der *ZIB 20* mit 20 Prozent einen größeren Stellenwert als bei der *ZIB* um 19.30 Uhr mit 16 Prozent, womit die *ZIB 20* in Richtung Privatsender rückt (vgl. Christl et al., 2011a, S. 28).

Abbildung 1   Themen der Nachrichtensendungen, Anteile in Prozent
(n=1.298 Beiträge)

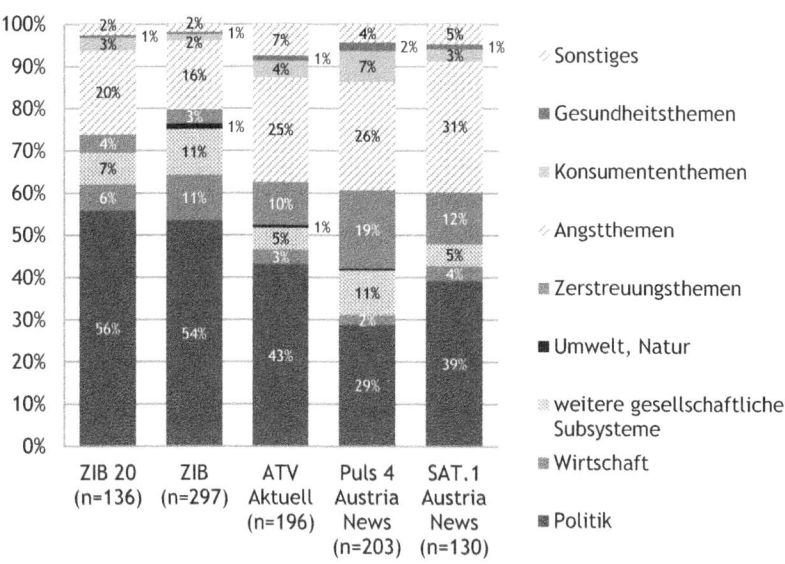

Die Ergebnisse der Inhaltsanalyse zeigen, dass der ORF versucht, mit den unterschiedlichen Formaten auf der einen Seite traditionelle Qualitätsstandards zu erfüllen, die mit öffentlich-rechtlichem Programm assoziiert werden. Auf der anderen Seite rückt er mit der *ZIB 20* im Kampf um Marktanteile in Teilbereichen näher an die Privaten heran. Die privaten Sender wiederum scheinen in handwerklichen Dingen dem ORF ebenbürtig und bringen zwar in der Tendenz weniger politische und mehr chronikale Themen, eine Fokussierung auf ausschließlich Klatsch und Tratsch gibt es aber auch hier nicht. Wenngleich die Ausprägung der Themensetzung in der Tendenz verschieden ist und auch teilweise eine andere Beitragsgestaltung vorliegt, scheint es aber auch sehr viele ähnliche oder gleiche Elemente in der Berichterstattung zu geben, die sowohl bei privaten und öffentlich-rechtlichen Veranstaltern in ähnlichem Umfang und gleicher Weise eingesetzt werden.

4.2 Experiment: der Einfluss von Image

Zu fragen ist nun, ob das Publikum in der Nachrichtenberichterstattung Unterschiede tatsächlich erkennt und inwieweit diese von Images abhängen, die mit den jeweiligen Sendern verknüpft sind. Um dies zu überprüfen, beleuchtete der zweite Teil der Studie die Qualität der Nachrichtensendungen aus Perspektive der Zuschauer/innen: Ziel war es herauszufinden, wie das Image eines Senders die Bewertung der Nachrichten beeinflusst und somit auch, welche Rolle das Image bei der Unterscheidung der einzelnen Angebote spielt.

An der experimentellen Untersuchung im Mai 2011 nahmen insgesamt 90 Studierende der FHWien der WKW teil. Studierende eines medienaffinen Studiums wie z. B. Journalismus oder Kommunikationswirtschaft, die aufgrund ihres Medienvorwissens möglicherweise Verzerrungen verursachen würden, wurden ausgeschlossen. Die Proband/innen wurden drei Gruppen zugeteilt. Die Zuteilung erfolgte nicht randomisiert; geachtet wurde, durch den Ausschluss von Extremfällen, aber auf möglichst große Homogenität möglicherweise intervenierender Variablen wie Alter, Geschlecht oder Berufstätigkeit (vgl. Koeppler, 1981, S. 192).

Die Proband/innen sahen in drei Gruppen dieselben drei Beiträge der Sendung *ATV aktuell*, der Nachrichtensendung des größten österreichischen Privatsenders ATV. Ausgewählt wurden vergleichsweise neutrale Themen: Der erste Beitrag behandelte das innenpolitische Thema Pensionsreform. Der zweite Beitrag drehte sich um eine Naturkatastrophe in Ungarn und damit um ein chronikales Thema im Ausland. Im dritten Beitrag wurde über ein neu geborenes Pandababy im Wiener Tiergarten Schönbrunn berichtet, dieser konnte daher der Kategorie „Vermischtes" zugeordnet werden (vgl. Christl et al., 2011b, S. 17).

Variiert wurde das Senderlogo, da angenommen wurde, dass die grafische Kennung eines Senders nicht nur dessen Namen, sondern auch dessen Image transportiert und dadurch bei den Rezipient/innen eine gewisse Erwartungshaltung geweckt würde. Während die erste Gruppe die Originalbeiträge mit dem Schriftzug von ATV sah, wurde bei den anderen beiden Gruppen die Senderkennung entweder durch jene des öffentlich-rechtlichen ORF getauscht oder die Proband/innen sahen die Beiträge ohne Logo. Im Anschluss an die Rezeption bewerteten die Studierenden die Beiträge anhand von Eigenschaften, die mit einem semantischen Differenzial bipolar gegliedert wurden. Der ausgeteilte Fragebogen enthielt zudem grundsätzliche Fragen zur Mediennutzung und zu Medieneinstellungen (vgl. Christl et al., 2011b, S. 16).

Dabei zeigte sich, dass das Logo und das damit verbundene Image eines Senders zum Teil großen Einfluss auf die Bewertung der Beiträge hatte: Bei der Frage, ob die gesehenen Beiträge für den jeweiligen Sender „gestalterisch" bzw. „inhaltlich" typisch oder untypisch seien, antworteten jene, die glaubten, ORF-Beiträge zu sehen, im Schnitt „eher typische" Beiträge zu sehen. Dies gilt auch für die ATV-Gruppe, bei der die Studierenden eher meinten, „typische" ATV-Beiträge gesehen zu haben. Die Kontrollgruppe, die die Beiträge ohne Logo gesehen hatte, beurteilte die Frage, ob die Beiträge „inhaltlich" bzw. „gestalterisch" typisch für einen öffentlich-rechtlichen oder für einen privaten Sender waren, folgendermaßen: Im Schnitt glaubten die Proband/innen hier, Beiträge angeschaut zu haben, die eher typisch für einen öffentlich-rechtlichen Sender waren (vgl. Christl et al., 2011b, S. 20).

Diese Ergebnisse legen nahe, dass sich die Proband/innen bei der Einordnung der Beiträge stark am Senderlogo orientieren und, so keines vorhanden ist, bei der Programmsparte „Nachrichten" eher zu öffentlich-rechtlichen Sendern tendieren. Dass die Versuchsteilnehmer/innen mit der Zuordnung zu einem gewissen Sender auch bestimmte Erwartungshaltungen verbinden, zeigen die weiteren Ergebnisse.

Abbildung 2   Zuschreibungen der TV-Beiträge nach Gruppen
Schulnotenprinzip: 1=sehr gut bis 5=nicht genügend; Mittelwerte (n=90)

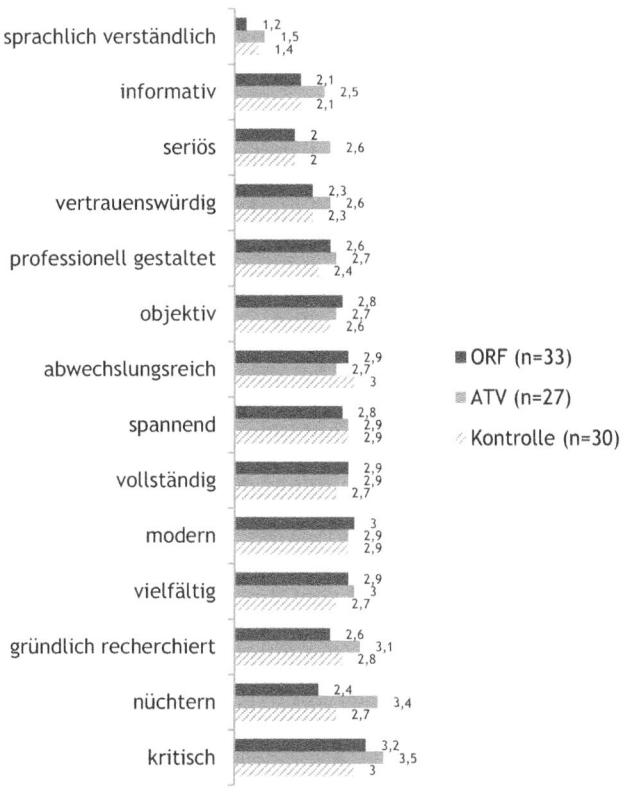

Erkennbar ist (siehe **Abbildung 2**), dass den Beiträgen je nach Logo unterschiedliche Charakteristika zugeschrieben wurden. Bei Kennzeichnung mit dem ORF-Logo wurde das Stimulusmaterial in zehn von 14 Fällen besser bewertet. Dem öffentlich-rechtlichen Fernsehen sprachen die Proband/innen demnach Eigenschaften wie „sprachlich verständlich", „spannend", „vertrauenswürdig", „vielfältig", „gründlich recherchiert", „kritisch", „informativ", „professionell gestaltet", „nüchtern" und „seriös" vermehrt zu. Studienteilnehmer/innen, die die Beiträge mit ATV-Logo sahen, bewerteten diese im Gegenzug als objektiver, moderner und abwechslungsreicher. Die Charakteristika „Vollständigkeit" bzw. „Lückenhaftigkeit" wurden in beiden Gruppen gleich bewertet. Die Kontrollgruppe lag bei den meisten Bewertungen zwischen jenen, die glaubten, ATV- bzw. ORF-Material gesehen zu haben (vgl. Christl et al., 2011b, S. 21 f.). Daraus folgt, dass die Zuschreibungen von Eigenschaften bei den mit Logos gezeigten Beiträgen stärker ausgeprägt waren als ohne. Dies kann auch mit den Erwartungshaltungen und Images begründet werden, die durch Logos bei den Rezipient/innen aufgerufen werden.

Somit spiegeln sich auch in diesem Versuch die oben genannten Ergebnisse wider, wonach öffentlich-rechtlichen und privaten Sendern unterschiedliche Leistungsprofile zugeschrieben werden.

5 Schlusspunkt

Was bedeuten diese Ergebnisse nun in Bezug auf die Frage der Unterscheidbarkeit? Zunächst einmal, so das vorherige Kapitel, dass Inhalte privater und öffentlich-rechtlicher Sender für die Seher/innen nicht so leicht zuordenbar sind. Was die Beitragsebene betrifft, dürfte es aus Sicht der Zuseher/innen tatsächlich konvergente Entwicklungen geben. Daraus folgt, dass die Unterscheidungen von Seiten des Fernsehpublikums eher über Images und Erwartungen erfolgen als über Inhalte.

Dafür spricht auch das Ergebnis der Inhaltsanalyse der Nachrichtensendungen: Hier sind Unterschiede festzustellen, diese ergeben sich jedoch weniger aus per se unterschiedlichen Inhalten und ihrer Gestaltung als aus den unterschiedlichen Ausprägungen und Schwerpunktsetzungen in der Gesamtheit der Sendungen. An einzelnen Beiträgen dürfte diese Unterscheidung für die TV-Zuseher/innen nur schwer festzumachen sein. Ob Zuseher/innen in gesamten Sendungen hier Unterschiede erkennen, konnte dieses Experiment nicht abschließend feststellen. Zu überprüfen wäre deshalb, ob sich die gewonnenen Ergebnisse des Experiments auch bei der Beurteilung ganzer Sendungen zeigen. In Zeiten riesiger Kanalauswahl und des damit einhergehenden Zappings, ist es aber wiederum auch gar nicht so unwahrscheinlich, dass Fernsehzuschauer/innen keine ganzen Sendungen mehr verfolgen, sondern mehr oder weniger zufällig einzelne Beiträge sehen. In dieser Schnelllebigkeit sind, so zeigt das Experiment, Images zur Unterscheidung wichtig. Doch jene, die von öffentlich-rechtlichen Sendern Vielfalt, Unterscheidbarkeit und Unverwechselbarkeit fordern, meinen sicher nicht nur Logo und Image.

Es stellt sich also die Frage, wie und wo das Kriterium der Unterscheidbarkeit sinnvoll anzuwenden ist. Dies betrifft insbesondere auch die in diesem Beitrag erläuterten gesetzlich verankerten Forderungen nach Unterschiedlichkeit von öffentlich-rechtlichen und privaten Angeboten. Kriterien, wie eine Unterscheidbarkeit festgemacht werden soll, gibt es in den einbezogenen Ländern nur bei der BBC in Großbritannien. Im Gegensatz zu Deutschland und Österreich hat man sich hier nicht nur auf die bloße Nennung des Begriffs beschränkt, sondern auch versucht, diesen zu definieren. Für die Einführung von neuen Angeboten innerhalb der BBC hatte dieser theoretische Definitionsversuch denn auch erste praktische Konsequenzen. Wie wirksam diese Regelung in der Praxis ist, kann aus heutiger Sicht noch nicht beurteilt werden, entsprechende empirische Studien stehen noch aus. Das Beispiel der BBC, aber auch die Daten aus der vorgestellten österreichischen Studie zeigen, dass die scheinbar einfache Forderung nach mehr Unterscheidbarkeit so einfach nicht umzusetzen ist.

Die Möglichkeiten, sich auf Beitragsebene mit nur technisch-gestalterischen Mitteln von Mitbewerbern abzuheben, scheinen der österreichischen Studie zufolge, ausgereizt. Hier haben die Privaten gegenüber den Öffentlich-Rechtlichen aufgeholt. Es scheint also nichts anderes übrigzubleiben, als die Positionierung über Inhalte zu setzen. Die Inhaltsanalyse von Nachrichtensendungen zeigt hier vor allem graduelle Unterschiede, vorhandene Ansätze sind aber noch ausbaufähig.

Dies gilt für die privaten Sender und im Zuge der Legitimation seiner Existenz ganz besonders für den öffentlich-rechtlichen Rundfunk. Denn auch Images leben langfristig von (tatsächlichen) inhaltlichen Leistungen.

Literatur

Austria Presse Agentur [APA] (2008). VÖP fordert „Präzisierung des öffentlichen Auftrags" des ORF: Privatsender haben 80-seitigen Beschwerdebrief nach Brüssel geschickt. Wien, 02.10.2008.

BBC (2004). Building public value: Renewing the BBC for a digital world. London. Verfügbar unter http://downloads.bbc.co.uk/aboutthebbc/policies/pdf/bpv.pdf [25.02.2013].

BBC (2007). A Review of bbc.co.uk's Distinctiveness: A Report by Human Capital. Verfügbar unter http://www.bbc.co.uk/bbctrust/assets/files/pdf/regulatory_framework/service_licences/service_reviews/distinctiveness_report.pdf [25.02.2013].

BBC Trust (2008a). Service review: bbc.co.uk. Verfügbar unter http://www.bbc.co.uk/bbctrust/assets/files/pdf/regulatory_framework/service_licences/service_reviews/report_bbc.co.uk_review.pdf [25.02.2013].

BBC Trust (2008b). BBC Local Video: Distinctiveness Analysis. Verfügbar unter http://www.bbc.co.uk/bbctrust/assets/files/pdf/consult/local_video_dist_analysis.pdf [25.02.2013].

BBC Trust (2009). Local Video: Provisional Conclusions Consultation Organisation Responses. Verfügbar unter http://www.bbc.co.uk/bbctrust/assets/files/pdf/consult/local_video/org_responses.pdf [25.02.2013].

Breitenecker, Markus (2011). Public Value Free TV: Die Renaissance öffentlich-rechtlicher Programminhalte. In Karmasin, Matthias; Süssenbacher, Daniela & Gonser, Nicole (Hrsg.), Public Value: Theorie und Praxis im internationalen Vergleich (S. 263–265). Wiesbaden: VS Verlag.

Christl, Reinhard & Süssenbacher, Daniela (Hrsg.). (2010). Der öffentlich-rechtliche Rundfunk in Europa: ORF, BBC, ARD & Co auf der Suche nach dem Public Value. Wien: Falter Verlag.

Christl, Reinhard; Gonser, Nicole; Neumüller, Marlies & Säckl, Gisela (2011a). Nachrichtenqualität österreichischer Vollprogramme: Nachrichtenqualität & Senderimage I. Studie im Auftrag von ATV. Wien: Institut für Journalismus & Medienmanagement, FHWien-Studiengänge der WKW. Verfügbar unter http://atv.at/binaries/asset/download_assets/1753655/file [25.02.2013].

Christl, Reinhard; Gonser, Nicole; Neumüller, Marlies & Säckl, Gisela (2011b). Nachrichten – Reputation beim Publikum. Nachrichten & Senderimage II. Studie im Auftrag von ATV. Wien: Institut für Journalismus & Medienmanagement, FHWien-Studiengänge der WKW. Verfügbar unter http://atv.at/binaries/asset/download_assets/1753665/file [25.02.2013].

Christl, Reinhard; Gonser, Nicole & Troxler, Regula (2011). Public-Value-Wertekategorien: Akzeptanz und Einschätzung seitens des Publikums. Studie im Auftrag des ORF. Wien: Institut für Journalismus & Medienmanagement, FHWien-Studiengänge der WKW.

Coyle, Diane & Woolard, Christopher (o. J.). Public Value in Practice: Restoring the ethos of public service. Verfügbar unter http://www.bbc.co.uk/bbctrust/assets/files/pdf/regulatory_framework /pvt/public_value_practice.pdf [25.02.2013].

Donsbach, Wolfgang & Büttner, Karin (2005). Boulevardisierungstrend in deutschen Fernsehnachrichten: Darstellungsmerkmale der Politikberichterstattung vor den Bundestagswahlen 1985, 1990 und 1998. In Publizistik, 50 (1), S. 21–38.

Dussel, Konrad (2004). Deutsche Rundfunkgeschichte (2. Auflage). Konstanz: UVK.

Europäische Kommission (2009). Mitteilung der Kommission über die Anwendung der Vorschriften über staatliche Beihilfen auf den öffentlich-rechtlichen Rundfunk (Text von Bedeutung für den EWR). Verfügbar unter http://ec.europa.eu/competition/state_aid/legislation/broadcasting_ communication_de.pdf [25.02.2013].

Festinger, Leon (1976). A theory of cognitive dissonance (reproduzierte Auflage). Stanford: Stanford University Press

Förster, Kati & Grüblbauer, Johanna (2010). TV-Marken in Österreich: Eine Erhebung des ökonomischen und psychologischen Markenwertes. Schriftenreihe der Rundfunk und Telekom Regulierungs-GmbH, Band 3/10. Wien: RTR. Verfügbar unter http://www.rtr.at/de/komp/Publika tionen/Band3-2010.pdf [25.02.2013].

Gericht erster Instanz der Europäischen Gemeinschaften [EUG] (2008). Urteil des Gerichts erster Instanz (Fünfte Kammer) vom 22. Oktober 2008: TV 2/Danmark A/S und andere gegen Kommission der Europäischen Gemeinschaften. Verfügbar unter http://eur-lex.europa.eu/LexUriServ/ LexUriServ.do?uri=CELEX:62004A0309:DE:NOT [25.02.2013].

Kiefer, Marie-Luise (2005). Medienökonomik: Einführung in eine ökonomische Theorie der Medien (2. Auflage) München, Wien: Oldenbourg.

Kops, Manfred (2011). Publizistische Vielfalt als Public Value? In Gundlach, Hardy (Hrsg.), Public Value in der Digital- und Internetökonomie (S. 46–78). Köln: von Halem.

Kops, Manfred; Sokoll, Karen & Bensinger, Viola (2009). Rahmenbedingungen für die Durchführung des Drei-Stufen-Tests: Gutachten erstellt für den Rundfunkrat des Westdeutschen Rundfunks. Arbeitspapiere des Instituts für Rundfunkökonomie an der Universität zu Köln, Heft 252. Köln/Berlin: o. V. Verfügbar unter http://rundfunkoek.uni-koeln.de/institut/pdfs/25209.pdf [25.02.2013].

Koeppler, Karlfritz (1981). Teil 3: Versuchspläne. In Schulz, Thomas; Muthig, Klaus-Peter & Koeppler, Karlfritz (Hrsg.), Theorie, Experiment und Versuchsplanung in der Psychologie (S. 181–236). Stuttgart: Kohlhammer.

KommAustria (2011). Bescheid KOA 11.240/11-024. Verfügbar unter http://www.rtr.at/de/m/ KOA1124011024/KOA_11.240-11-024_Bescheid_%C3%BCber_das_Informations-_und_Kultur-Spartenprogramm_samt_Online-Angebot_des_ORF.pdf [25.02.2013].

Krüger, Udo Michael (2012). Profile deutscher Fernsehprogramme – Tendenzen der Angebotsentwicklung. Programmanalyse 2011 – Teil 1: Sparten und Formen. In Media Perspektiven, o. Jg. (4), S. 215–236.

Krüger, Udo Michael & Zapf-Schramm, Thomas (2003). Inhalte und Gestaltung öffentlich-rechtlicher und privater Informationsangebote im Fernsehen. Programmanalyse 2002/II von ARD/Das Erste, ZDF, RTL, SAT.1 und ProSieben. In Media Perspektiven, o. Jg. (12), S. 534–548.

Latzl, Daniela Kathrin (2011). Chance oder Schikane? Europäische Bestandsaufnahme und Experten-sicht. In Karmasin, Matthias; Süssenbacher, Daniela & Gonser, Nicole (Hrsg.), Public Value: Theorie und Praxis im internationalen Vergleich (S. 189–207). Wiesbaden: VS Verlag.

Maier, Michaela (2002). Zur Konvergenz des Fernsehens in Deutschland: Ergebnisse qualitativer und quantitativer Zuschauerberfragungen. Konstanz: UVK.

MDR & ZDF (2010). Der Kinderkanal von ARD und ZDF: Telemedienkonzepte für kika.de und KI.KA-Text. Leipzig/Mainz. Verfügbar unter http://www.ard.de/intern/onlineangebote/dreistufentest /-/id=1543266/property=download/nid=1086834/1y25th/telemedienkonzepte_KI.KA-Text_juni 2010.pdf [25.02.2013].

Neumüller, Marlies (2011). Von der Bürokratie zur BBC – Zur Entwicklung des Begriffs Public Value. In Karmasin, Matthias; Süssenbacher, Daniela & Gonser, Nicole (Hrsg.), Public Value. Theorie und Praxis im internationalen Vergleich. (S. 27–44). Wiesbaden: VS Verlag.

Office of Communications [OFCOM] (2007a). New News, Future News: The challenges for television news after Digital Switch-over. An Ofcom discussion document. Verfügbar unter http://stake holders.ofcom.org.uk/binaries/research/tv-research/newnews.pdf [25.02.2012].

Office of Communications [OFCOM] (2007b). Annexes to New News, Future News. Research and Evidence Base. Verfügbar unter http://stakeholders.ofcom.org.uk/binaries/research/tv-research/ newnewsannexes.pdf [25.02.2013].

ORF (2010). Vorschlag für ein Informations- und Kultursparten program sowie ein Online-Angebot. Verfügbar unter http://zukunft.orf.at/rte/upload/download/orf_vorschlag_informations-_und_ kultursparten programm.pdf [25.02.2013]

ORF-G (Bundesgesetz über den Österreichischen Rundfunk) idF BGBl. I Nr. 15/2012. Verfügbar unter http://www.rtr.at/de/m/ORFG [25.02.2013].

Palmgreen, Philip (1984). Der „Uses-and-Gratifications Approach". Theoretische Perspektiven und praktische Relevanz. In Rundfunk und Fernsehen, 32 (1), S. 51–62.

Radoslavov, Stoyan & Thomaß, Barbara (2011). Public Value – Die europäische Dimension. In Karmasin, Matthias; Süssenbacher, Daniela & Gonser, Nicole (Hrsg.). Public Value: Theorie und Praxis im internationalen Vergleich. (S. 173–188). Wiesbaden: VS Verlag.

Rossmann Constanze; Brandl, Anette & Brosius, Hans-Bernd (2003). Der Vielfalt eine zweite Chance? Eine Analyse der Angebotsstruktur öffentlich-rechtlicher und privater Fernsehsender in den Jahren 1995, 1998 und 2001. In Publizistik, 48 (4), S. 427–453.

Schatz Heribert; Immer, Nikolaus & Macinkowski, Frank (1989). Die Vielfalt als Chance? Empirische Befunde zu einem zentralen Argument der „Dualisierung" des Rundfunks in der Bundesre-publik Deutschland. In Rundfunk und Fernsehen, 37 (1), S. 5–24.

Schulz, Winfried & Ihle, Christian (2004). Wettbewerb und Vielfalt im deutschen Fernsehmarkt: Eine Analyse der Entwicklungen von 1992 bis 2001. In Ridder, Christa Maria; Langenbucher, Wolf-gang, R.; Saxer, Ulrich & Steininger, Christian (Hrsg.), Bausteine einer Theorie des öffentlich-rechtlichen Rundfunks: Festschrift für Marie-Luise Kiefer (S. 272–292). Wiesbaden: VS Verlag.

Schweiger, Wolfgang. (2007). Theorien der Mediennutzung: Eine Einführung. Wiesbaden: VS Verlag.

Sjurts, Insa (2004). Einheit trotz Vielfalt in den Medienmärkten: Eine ökonomische Erklärung. In Fried-richsen, Mike & Seufert, Wolfgang (Hrsg.), Effiziente Medienregulierung. Marktdefizite oder Regulierungsdefizite? (S. 71–87). Baden-Baden: Nomos.

Staatsvertrag für Rundfunk und Telemedien [Rundfunkstaatsvertrag RStV] (nicht amtliche Fassung) vom 31.08.1991, idF des Fünfzehnten Staatsvertrages zur Änderung rundfunkrechtlicher Staatsverträge vom 15./21. Dezember 2010 (vgl. GVBl. Berlin 2011 S. 2011), in Kraft getreten am 01.01.2013. Berlin. Verfügbar unter http://www.die-medienanstalten.de/fileadmin/Download/ Rechtsgrundlagen/Gesetze_aktuell/15_RStV_01-01-2013.pdf [25.02.2013].

Verband Österreichischer Privatsender [VÖP] (2010). Stellungnahme zum Vorschlag des Österreichischen Rundfunks für ein Informations- und Kultursparteprogramm (sowie ein Online-Angebot). Verfügbar unter http://zukunft.orf.at/rte/upload/texte/veroeffentlichungen/2010/ stellungnahmen/orf_info_plus_stellungnahme_v_p.pdf [22.05.2012].

Weiß, Hans-Jürgen & Trebbe, Joachim (2012). Fernsehprogrammanalyse der Medienanstalten: Stichprobenbericht Herbst 2011. Verfügbar unter http://www.die-medienanstalten.de/fileadmin/ Download/Publikationen/Programmbericht/2011/Stichprobenbericht_Herbst_2011_Druck version.pdf [22.05.2012].

Woelke, Jens (2010). TV-Programmanalyse: Fernsehvollprogramme in Österreich 2010. Schriftenreihe der Rundfunk und Telekom Regulierungs-GmbH, Band 2/10. Wien: RTR. Verfügbar unter http://www.rtr.at/de/komp/Publikationen/Band2-2010.pdf [13.05.2012].

Woelke, Jens (2012). TV-Programmanalyse: Fernsehvollprogramme in Österreich 2011. Schriftenreihe der Rundfunk und Telekom Regulierungs-GmbH, Band 1/12. Wien: RTR. Verfügbar unter http://www.rtr.at/de/komp/SchriftenreiheNr12012/Band1-2012.pdf [13.05.2012].

Wutz, Gertraud; Brosius, Hans-Bernd & Fahr, Andreas (2004). Konvergenz von Nachrichtensendungen aus Zuschauerperspektive. In Publizistik 49 (2), S. 152–170.

Politische Kommunikation zwischen Information und Unterhaltung: eine Analysematrix

Katharina Kleinen-von Königslöw

1 Unterhaltung als Herausforderung für die politische Kommunikationsforschung

Schon lange hallt der Ruf nach einer stärkeren Berücksichtigung unterhaltender Medienangebote durch die politische Kommunikationsforschung (vgl. Holtz-Bacha, 1989; Delli Carpini & Williams, 2001; Mutz, 2001; van Zoonen, 2005; Bosshart, 2007). Getrieben vom Bedeutungsverlust der Qualitätsmedien, von deren wahrgenommenem oder gar messbarem Qualitätsverlust und einem durch Digitalisierung beschleunigten Trend der Informationsmedienvermeidung unter den Bürger/innen sieht sich die politische Kommunikationsforschung mit der Herausforderung einer grundlegenden Ausweitung ihres Forschungsfeldes konfrontiert, so sie nicht mitsamt ihrem ursprünglichen Forschungsgegenstand an Bedeutung verlieren will. Mitgetragen von einer neuen Forscher/innengeneration, für die die heutige Vielfalt der Unterhaltungsmedien selbstverständlicher Teil der eigenen Medienbiografie ist, hat sich der Blick von den noch in den frühen 1990ern dominierenden kulturpessimistischen Betrachtungen gelöst hin zu einer offeneren Perspektive auf den möglichen Beitrag unterhaltender Medienangebote zur politischen Kommunikation.

Aus dieser grundsätzlichen Öffnung sind bisher allerdings nur einzelne theoretische bis spekulative Abhandlungen und ein Flickenteppich an vereinzelten empirischen Ergebnissen hervorgegangen. Umso grundlegender erscheint es daher, eine Systematik zur Analyse des Beitrags verschiedener Medienangebote zur politischen Kommunikation zu entwickeln, die Formate aus Information und Unterhaltung gleichermaßen berücksichtigt.

Zu diesem Zweck wird im Folgenden eine Analysematrix vorgeschlagen, deren Ziel es ist, als forschungsleitende Heuristik das zuweilen uferlos anmutende Forschungsfeld zu strukturieren, Forschungslücken aufzudecken und Impulse für Analysevorhaben zu setzen. Ihr Anspruch ist es dagegen nicht, einen umfassenden theoretischen Erklärungsrahmen für mögliche Wirkungen von Medienangeboten innerhalb der politischen Kommunikation zu bieten. Im Rahmen dieses Aufsatzes konzentriert sich die Darstellung der Analysematrix auf audiovisuelle Medienangebote (die überwiegend über das Fernsehen vermittelt werden), grundsätzlich kann und soll sie jedoch auf andere Mediengattungen ausgeweitet werden.

2   Zentrale Ebenen der Analyse politischer Kommunikation zwischen Information und Unterhaltung

Wenn wir den möglichen Beitrag eines Medienangebots zur politischen Kommunikation einschätzen wollen, so sind die folgenden vier Ebenen zu berücksichtigen: Produktion, Inhalt, Rezeption und Wirkung. **Abbildung 1** verdeutlicht den Zusammenhang.

Auf Produktionsebene sind die direkt an der Produktion beteiligten oder von außen auf sie Einfluss nehmenden Akteure ebenso von Bedeutung wie die Produktionsstrukturen. Während diese Ebene für die klassischen politischen Informationsangebote sehr gut theoretisch und empirisch beleuchtet ist (insbesondere im Rahmen der Journalismusforschung), wird sie für unterhaltende Medienangebote allenfalls aus medienökonomischer Perspektive intensiver betrachtet. In Analysen zu deren Rolle in der politischen Kommunikation fließen Informationen zur Produktionsebene nur als Randnotizen mit ein.

Die Inhaltsebene bildet dagegen das Kernstück des Forschungszweigs; insbesondere Inhalt und Form der expliziten Politikbezüge in klassischen Informationsmedien sind gründlich erforscht (vgl. den Überblick bei Schulz, 2008). In prognostischen Inhaltsanalysen wird den ermittelten Inhalten häufig eine unmittelbare Wirkung unterstellt – und dies obwohl sich längst theoretische Ansätze durchgesetzt haben, denen zufolge Medienwirkungen erst in der Interaktion zwischen Inhalt und Rezeption entstehen (vgl. Früh & Schönbach, 1982; Brosius, 1995). Eine Bewertung politischer Medieninhalte kommt demnach nicht ohne die Berücksichtigung der Rezeptionsebene aus.

Das Eingehen auf die Wirkungsebene erhöht die Komplexität der Bewertung exponentiell durch die Vielzahl der von der Medienwirkungsforschung aufgedeckten Wirkungsphänomene, die in unterschiedlichen Phasen (präkommunikativ, kommunikativ oder postkommunikativ) und Intervallen (kurz-, mittel- und langfristig) ebenso wie auf verschiedenen Wirkungsebenen (Mikro, Meso und Makro) auftreten können.

Angesichts dieser Komplexität scheint es geboten, sich zunächst auf die zwei Kernebenen Inhalt und Rezeption zu beschränken. Die Zusatzebenen Produktion und insbesondere Wirkung werden zwar mitreflektiert, bestimmen aber nicht die Gliederung des Untersuchungsfelds.

Abbildung 1   Analyseebenen in der Bewertung der politischen Kommunikation zwischen Information und Unterhaltung

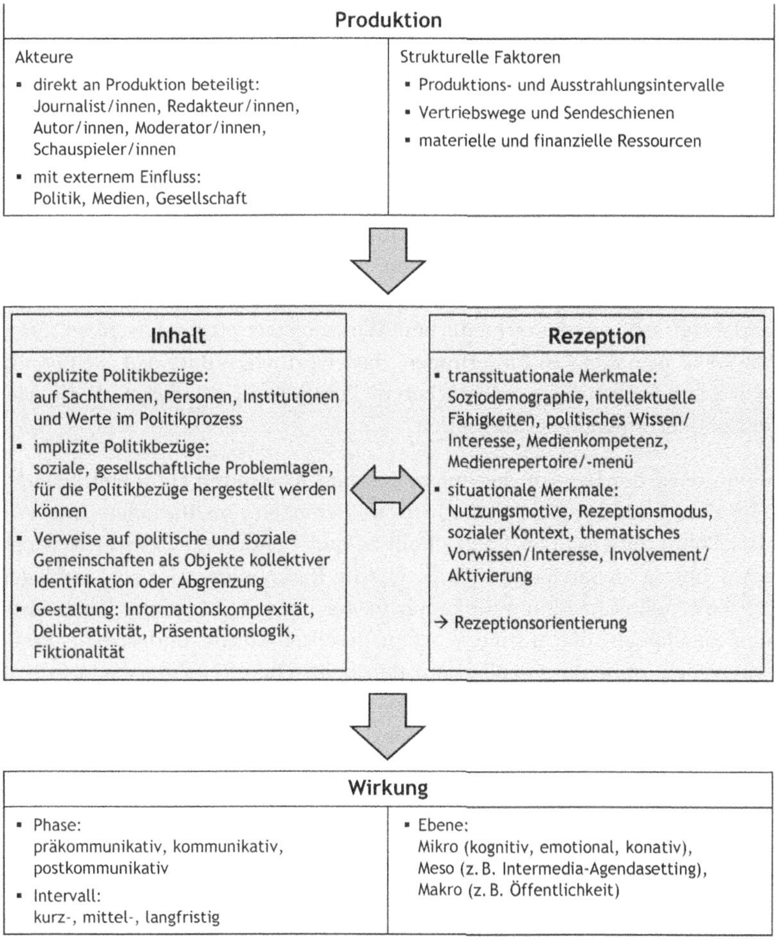

Produktion

Akteure	Strukturelle Faktoren
• direkt an Produktion beteiligt: Journalist/innen, Redakteur/innen, Autor/innen, Moderator/innen, Schauspieler/innen • mit externem Einfluss: Politik, Medien, Gesellschaft	• Produktions- und Ausstrahlungsintervalle • Vertriebswege und Sendeschienen • materielle und finanzielle Ressourcen

⬇

Inhalt	Rezeption
• explizite Politikbezüge: auf Sachthemen, Personen, Institutionen und Werte im Politikprozess • implizite Politikbezüge: soziale, gesellschaftliche Problemlagen, für die Politikbezüge hergestellt werden können • Verweise auf politische und soziale Gemeinschaften als Objekte kollektiver Identifikation oder Abgrenzung • Gestaltung: Informationskomplexität, Deliberativität, Präsentationslogik, Fiktionalität	• transsituationale Merkmale: Soziodemographie, intellektuelle Fähigkeiten, politisches Wissen/ Interesse, Medienkompetenz, Medienrepertoire/-menü • situationale Merkmale: Nutzungsmotive, Rezeptionsmodus, sozialer Kontext, thematisches Vorwissen/Interesse, Involvement/ Aktivierung → Rezeptionsorientierung

⬇

Wirkung

• Phase: präkommunikativ, kommunikativ, postkommunikativ • Intervall: kurz-, mittel-, langfristig	• Ebene: Mikro (kognitiv, emotional, konativ), Meso (z. B. Intermedia-Agendasetting), Makro (z. B. Öffentlichkeit)

Die vorgeschlagene Analysematrix nimmt die Typologie zur Untersuchung von Unterhaltungsfernsehen und Politik von Holbert (2005, sowie deren Adaption durch Schwer & Brosius [2008]) als Ausgangspunkt und erweitert diese durch eine systematischere Reflexion der Klassifizierungskriterien und deren Bedeutung für die Analyse einzelner Medienangebote. Die Matrix beruht auf zwei Achsen, von denen sich die erste auf die Inhalts- und die zweite auf die Rezeptionsebene bezieht: 1. Intensität des Politischen und 2. Rezeptionsorientierung.

2.1 Inhaltsebene: Intensität des Politischen

Die Bedeutung eines Medienangebots für die politische Kommunikation hängt selbstredend mit den darin transportierten Inhalten zusammen. Dass die Schwierigkeiten bei der Bestimmung der Intensität des Politischen in Medienangeboten schon bei der Definition von „Politik" beginnen, ist bereits vielerorts im Kontext der Analyse klassischer Informationsmedien diskutiert worden (vgl. Kepplinger, 2000, S. 80 ff.; McLeod, 2001, S. 215 ff., Marcinkowski, 2001, S. 244 ff.).

Holbert gliedert die Medienangebote in seiner Typologie in Bezug auf den in ihnen vorhandenen Anteil expliziter vs. impliziter Politikbezüge, wobei er mit „implizit" Bezugnahmen auf das politische System meint, die durch Fiktionalisierung oder Ironie gebrochen sind. Diese Unterteilung überzeugt aus mehreren Gründen nicht: Zum einen wird nicht klar, inwieweit seine Unterscheidung von explizit vs. implizit von den Rezipient/innen geteilt wird bzw. sich in unterschiedlichen Wirkungsweisen niederschlägt. So wäre beispielsweise seine Annahme zu hinterfragen, dass wörtliche Zitate real existierender Politiker/innen in Satire-Shows einen „schwächeren" Politikbezug darstellen als die Äußerungen fiktionaler Politiker/innen in Fernsehserien.

Zum anderen wird der Bereich der zur politischen Kommunikation beitragenden Inhalte unnötig eingeschränkt, er umfasst so nur Sach-, Personen-, Institutionen- und Wertbezüge auf die drei Politikdimensionen Polity, Politics und Policy (vgl. Schwer & Brosius, 2008, S. 199, in Anlehnung an Sarcinelli, 1990, S. 39).[1] Im Rahmen der hier vorgeschlagenen Analysematrix wird politische Kommunikation weiter gefasst, es werden auch implizite Bezugnahmen zugelassen, die auftreten, wenn gesellschaftliche und soziale Problemlagen dargestellt werden, ohne dass explizit auf den politischen Regelungsbedarf des Problems oder an der Regelung beteiligte politische Institutionen verwiesen wird. Der implizite Bezug zur Politik entsteht aus dem Wissen oder der Einstellung der Rezipient/innen, dass die beschriebenen Problemlagen nicht allein individuelle Schicksale darstellen, sondern eine Bedeutung für die politische Gemeinschaft haben und im Rahmen dieser kollektiv zu bearbeiten sind.

Als ebenso relevant für die politische Kommunikation erscheinen zudem Inhalte, die auf politische oder kulturelle Gemeinschaften als Objekte kollektiver Identifikation oder Abgrenzung verweisen (vgl. Kleinen-von Königslöw, 2010). Inwieweit der/die Einzelne diese impliziten Politikbezüge bei der Rezeption entsprechender Inhalte herstellt, lässt sich nur im Kontext von Aneignungsstudien klären. Für die Einordnung der Medienangebote auf Inhaltsebene ist entscheidend, in welcher Intensität sie Inhalte enthalten, die einen solchen impliziten Politikbezug erlauben.

---

[1] Diese in der Politikwissenschaft gängige analytische Unterscheidung findet zunehmend Eingang in die Forschung zur politischen Kommunikation. Ihr zufolge umfasst *Polity* die institutionale Dimension von Politik, *Policy* bezieht sich auf die Inhalte von Politik, wie etwa die verschiedenen Politikfelder, und *Politics* beschreibt den politischen Prozess, also Entscheidungsfindungsprozesse wie etwa Abstimmungen und Wahlen, und die daran beteiligten Akteure (vgl. Rohe, 1994).

2.2 Rezeptionsebene: Informations- oder Unterhaltungs-orientierung[2]

Die zweite Achse beschreibt die Rezipientenperspektive auf die Medienangebote. Hier werden mehrere Aspekte des Rezeptionsprozesses unter dem Dachbegriff der Rezeptionsorientierung zusammengefasst, um die Strukturierung der Medienangebote auf zwei Achsen handhabbar zu halten.

Die Rezeptionsorientierung umfasst die mit einem Medienangebot verknüpften Erwartungen – basierend auf Vorerfahrungen mit diesem spezifischen Medienangebot oder dem Genre – ebenso wie die diese Erwartungen mitberücksichtigende spezifische Rezeptionsmotivation, die in ihrem Schwerpunkt durch situationale Faktoren verschoben werden kann, aber doch eine typische Ausprägung für dieses Genre oder Format besitzt. Die Rezeptionsmotivation wiederum steht im Zusammenhang mit dem Rezeptionsmodus und dem Rezeptionserleben (für einen Überblick über die Forschung zum Rezeptionsprozess siehe Schweiger, 2007). Die einzelnen Aspekte können sich zwar unterschiedlich ausformen, dennoch ist anzunehmen, dass es für die meisten Medienangebote „typische", dominante Muster gibt, die sich in einer bestimmten Rezeptionsorientierung zusammenfassen lassen.

Die Bedeutung der Rezeptionsorientierung für die politische Kommunikation ergibt sich daraus, dass die Intensität des Politischen in einem Medienangebot nur zum Teil auf intersubjektiv nachvollziehbaren, messbaren Merkmalen beruht. Insbesondere in Bezug auf implizite Politikbezüge entsteht der Politikgehalt erst in der Auseinandersetzung der Rezipient/innen mit den Inhalten, was in der Tradition des Encoding-/Decoding-Ansatzes als Aneignungsprozess beschrieben wird (vgl. Hall, 1973) oder im Rahmen des dynamisch-transaktionalen Ansatzes als Intratransaktion (vgl. Früh & Schönbach, 1982). Des Weiteren entscheidet die Rezeptionsorientierung mit über die psychologischen Prozesse, mit denen die präsentierten Inhalte verarbeitet werden, und hat somit Einfluss auf die zu vermutende Wirkung.

Es werden hier die Extrempole Informations- und Unterhaltungsorientierung unterschieden. Zwar ist Klaus (2008) zuzustimmen, dass Information nicht das Gegenteil von Unterhaltung ist, die beiden Begriffe eignen sich aber als schlüssige Kategorien, unter denen bestimmte Muster in Bezug auf die zentralen Elemente des Rezeptionsprozesses zusammengefasst werden können. Beide Orientierungsformen schließen sich keineswegs gegenseitig aus, in der Regel jedoch dominiert im Erleben der Rezipient/innen eine der beiden Orientierungen.

---

[2] Holbert (2005) lässt die Rezipientinnen und Rezipienten auf der zweiten Achse zwischen der Wahrnehmung von Politik als primäre oder sekundäre Funktion des Medienangebots unterscheiden. Leider diskutiert er nicht, welche Bedeutung diese Unterscheidung für die Politikvermittlung haben kann. Schwer & Brosius (2008) sprechen bei dieser Achse auch von Rezeptionsorientierung, betrachten diese jedoch nur als eine Zuschreibung an das Medienangebot von Rezipientenseite.

Im Falle einer Informationsorientierung gegenüber einem Medienangebot dürften kognitive Erwartungen, kognitive Nutzungsmotive überwiegen, sodass beispielsweise der Kognitionspsychologie zufolge eine systematische, umfassende Informationsverarbeitung wahrscheinlicher ist (vgl. Elaboration-Likelihood-Modell [Petty & Cacioppo, 1986]). In der Unterhaltungsorientierung treten wiederum eher affektive Nutzungserwartungen und -motive auf, eine heuristische oberflächliche Informationsverarbeitung ist wahrscheinlicher. Die Rezeptionsorientierung dürfte zudem einen Einfluss haben auf emotionale Identifikations- und Sozialisationsprozesse. Dass sie auch die möglichen Effekte auf Meso- und Makroebene mitformt, ist weniger erforscht, aber wahrscheinlich. So kann die Rezeptionsorientierung Zuschreibungen von Qualität und Relevanz im Mediensystem mitumfassen, die sich auf den Beitrag der jeweiligen Medienangebote zu Intermedia-Agendasetting oder zur Kritikfunktion der Gesamtöffentlichkeit niederschlagen.

3   Die Matrix zur Analyse politischer Kommunikation zwischen Information und Unterhaltung

Die beiden Achsen werden hier nicht als gegenläufig betrachtet (anders als bei Schwer & Brosius, 2008), das heißt, eine höhere Intensität des Politischen wird nicht gleichgesetzt mit einer Verschiebung von der Unterhaltungs- zur Informationsorientierung. Die Matrix, dargestellt in **Abbildung 2**, spannt so einen zweidimensionalen Raum auf, in dem vier Felder der politischen Kommunikation zwischen Information und Unterhaltung unterschieden werden können.

3.1   Feld 1: Hohe Politikintensität bei hoher Informationsorientierung

Selbst für Feld 1, das mit Nachrichtensendungen, politischen Magazinen und Diskussionssendungen dem Kernbereich der politischen Kommunikationsforschung entspricht, fallen größere Forschungslücken auf. Auf Inhaltsebene konzentriert sich das Interesse auf explizite Politikbezüge in Nachrichtensendungen, deren Rezeption und Wirkung stehen ebenfalls im Fokus einer Vielzahl von Studien (vgl. den Überblick bei Schaap et al., 1998). Bereits politische Magazine und Diskussionssendungen werden dagegen deutlich seltener beleuchtet (vgl. Wegener, 2001; Schultz, 2006; Fahr, 2008). Noch zentraler erscheint aber, dass sich die Forschung vom engen Fokus auf mögliche Effekte der Nachrichtensendungen auf politisches Wissen und Einstellungen löst und die emotionale Ebene stärker mitberücksichtigt. Damit ginge einher, auf Inhaltsebene nicht allein Sachthemen, Akteure und deren Bewertungen zu erfassen, sondern implizite Bezüge stärker in den Blick zu nehmen: Inwieweit machen auch klassische Informationsformate politische und gesellschaftliche Problemlagen für die Zuschauer so erlebbar, dass eine belastbare, solidarische kollektive Identifikation mit der politischen Gemeinschaft unterstützt wird? Faktenwissen ist zwar zentral für rationale Entscheidungsprozesse, aber das Gefühl, Teil der politischen Gemeinschaft zu sein und sich mit einer politischen Entscheidung innerhalb dieser engagieren zu wollen, entsteht auf anderen Wegen.

Abbildung 2   Matrix zur Analyse der politischen Kommunikation
zwischen Information und Unterhaltung

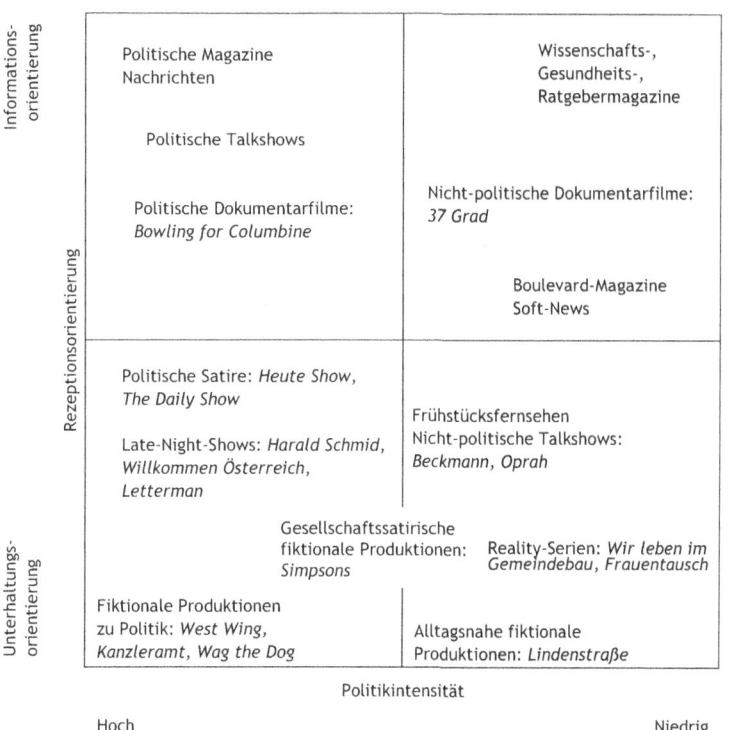

Insgesamt gilt es, die zwar schwerer messbaren, aber dafür umso bedeutsameren Effekte auf Meso- und Makroebene – also innerhalb des Mediensystems (z. B. Intermedia-Agenda-setting) oder aber auf die politische Öffentlichkeit (z. B. durch einen Beitrag zu deren Kritik- und Kontrollfunktion) – stärker mit den bisherigen Erkenntnissen zur Mikroebene zu verknüpfen (siehe auch die Beiträge in Quandt & Scheufele, 2011).

Vernachlässigt werden auch Dokumentarfilme zu politischen Themen, in denen längere und tiefergehende Problemanalysen möglich sind. Zwar wird ihnen seitens der Rezipient/innen eine hohe Informationsorientierung entgegengebracht. Gleichzeitig können sie durch die besondere Rezeptionssituation, mögliche Identifikationsfiguren, musikalische Untermalung und vieles mehr eine intensivere Auseinandersetzung der Rezipient/innen mit den präsentierten Themen auslösen (vgl. LaMarre & Landreville, 2009; Nisbet & Auf-derheide, 2009).

3.2 Feld 2: Geringe Politikintensität bei hoher Informationsorientierung

Über die politische Kommunikation in Feld 2 wissen wir bisher noch am wenigsten, da sich nicht einmal die Kultivierungsforschung ernsthafter mit diesen Medienangeboten auseinandergesetzt hat. Gesundheits-, Ratgeber- und Wissensmagazine (vgl. Lücke, 2007; Milde, 2009) werden allenfalls mit Blick auf die vermittelten Sachthemen analysiert.

Den Boulevardmagazinen und Soft-News-Formaten wird in der US-amerikanischen Forschung mehr Aufmerksamkeit gewidmet, insbesondere seit sich gezeigt hat, dass zumindest für politisch desinteressierte Rezipient/innen Soft-News-Formate größere Effekte auf politische Einstellungen als Hard-News haben (vgl. Baum, 2003). Zentral für die gesamtgesellschaftliche Bedeutung dieser Formate ist aber, dass über sie Publikumssegmente erreicht werden, die keine klassischen Informationsmedien rezipieren. Die politische Kommunikationsforschung sollte sich daher mehr dafür interessieren, mit welcher Form expliziter und vor allem impliziter Politikbezüge die Rezipient/innen in diesen Angeboten konfrontiert werden (vgl. Jandura & Friedrich, 2011).

Auch Dokumentarfilme zu primär nicht-politischen Themen können in diesem Feld von Bedeutung sein, so z. B. kann ein Film zum Thema „Stalking" neben den persönlichen Erzählungen der Stalking-Opfer Informationen zur Gesetzgebung sowie zur gesellschaftlichen Bedeutung des Phänomens enthalten. Hier bieten sich themenbezogene Untersuchungen an, eine Einschätzung des Potenzials für die politische Kommunikation des Formats an sich wird durch dessen extreme Vielseitigkeit erschwert.[3]

3.3 Feld 3: Geringe Politikintensität bei hoher Unterhaltungsorientierung

Auch für die Formate in Feld 3 gilt, dass über sie politische Informationen an Informationsmedienvermeider/innen herangetragen werden können. Aufgrund der starken Unterhaltungsorientierung ist davon auszugehen, dass die expliziten und impliziten Politikbezüge anders verarbeitet werden als bei der Rezeption klassischer Informationsmedien – bisher wissen wir nur viel zu wenig darüber, welche Auswirkungen diese andere Form der Informationsverarbeitung hat, insbesondere auf die emotionale Bindung an die politische Gemeinschaft.

Während in den USA die bedeutsame Rolle nicht-politischer Talkshows in der politischen Meinungsbildung der politisch Desinteressierten über das Phänomen *Oprah* intensiv diskutiert wird (vgl. Moy et al., 2005; Baum & Jamison, 2006; Glynn et al., 2007), fehlt es im deutschsprachigen Raum an Formaten vergleichbarer Reichweite. Das wissenschaftliche Interesse hat sich hier eher an deren Rolle in der Sozialisation von Jugendlichen abgearbei-

---

3   Allein die Untersuchung von Dokumentarfilmreihen mit Stammpublikum wie etwa *37 Grad* (ZDF) ließe eventuell themenübergreifende Schlüsse zu.

tet (vgl. Rössler & Brosius, 2001). Eine große Forschungslücke besteht auf beiden Seiten des Atlantiks in Bezug auf das Frühstücksfernsehen, in dem Politik durchaus regelmäßig thematisiert wird, dessen besondere Rezeptionssituation wahrscheinlich aber sehr spezifische Effekte nach sich zieht.

Zu der Einsicht, dass fiktionale Produktionen zu lebensweltlichen Themen das Welt- und Politikbild der Rezipient/innen prägen können, kommt eine Vielzahl von Studien aus sehr unterschiedlichen Forschungstraditionen, von den Cultural Studies (vgl. Fiske, 1987) über die Kultivierungsforschung (für einen Überblick: vgl. Morgan, 2009) bis hin zu Persuasions- und Agenda-Setting-Studien (vgl. Holbrook & Hill, 2005), meist mit einem klaren Genre- und Themenfokus. Über das allgemeine Politikbild im fiktionalen Programmangebot (oder den semifiktionalen „Reality"-Serien) liegen nur wenige Analysen vor (für alle US-amerikanischen Prime-Time-Serien: vgl. Lichter et al., 2000; für die *Lindenstraße:* vgl. Eilders & Nitsch, 2010). Doch auch hier gibt es Hinweise, dass fiktionale Serien sich auf allgemeinere politikrelevante Vorstellungen und Verhaltensabsichten auswirken (Krimiserien: vgl. Holbrook & Hill, 2005; *Lindenstraße*: vgl. Wünsch et al., 2012).

3.4 Feld 4: Hohe Politikintensität bei hoher Unterhaltungsorientierung

Die Medienangebote in Feld 4 sind zwar im US-amerikanischen Kontext intensiv erforscht, in der deutschsprachigen politischen Kommunikationsforschung scheinen jedoch deutliche Vorbehalte gegenüber diesen Formen der Mischung von Politik und Unterhaltung zu bestehen. Dabei weisen auch Medienangebote, denen die Rezipient/innen eine hohe Unterhaltungsorientierung zuschreiben, mitunter eine hohe Intensität an politischer Bezugnahme auf. Dies gilt sowohl für fiktionale Produktionen zu politischen Themen (zu *West Wing*: vgl. Holbert et al., 2003; Holbert et al., 2005; zu *West Wing* und *Kanzleramt*: vgl. Nitsch & Eilders, 2011) als auch für Gesellschaftssatiren (wie etwa die *Simpsons*: vgl. Guehlstorf et al., 2008).

Eine besondere Rolle spielen in diesem Feld politische Satire-Shows wie *The Daily Show with Jon Stewart* oder die *Heute Show*, in denen nicht nur explizite Politikbezüge sehr häufig vorkommen (vgl. Fox et al., 2007; Kleinen-von Königslöw & Keel, 2012), sondern die sich auch durch ihren Beitrag zur Kritik- und Kontrollfunktion der politischen Öffentlichkeit auszeichnen, indem sie die Leistungen des Politik- und Mediensystems kontinuierlich kritisch hinterfragen (vgl. Baym, 2005).

In Late-Night-Shows wie *Letterman* schwankt zwar die Intensität der satirischen Bezüge auf Politiker/innen (und ihrer Präsenz auf der Gästecouch) je nach Format und Ereignislage. Im Kontext wichtiger politischer Ereignisse wie etwa Wahlen steigt jedoch die Intensität in der Regel, so dass genau dann, wenn politische Informationen für Rezipient/innen eine größere Bedeutung haben, sie diese in Late-Night-Shows präsentiert bekommen (vgl. Hollander, 2005). Auch die zahlreichen Wirkungsstudien liefern keine durchweg konsistenten Befunde, aber z. B. zeigt sich bei den politisch weniger Interessierten unter den Late-Night-Seher/innen ein Mobilisierungseffekt in Form einer höheren Wahlabsicht sowie mehr interpersonaler politischer Diskussion (vgl. Moy et al., 2005). Insgesamt werden diese Formate überwiegend in Ergänzung zu regulären Nachrichtensendungen genutzt, sodass sie keine ergänzenden Publikumssegmente für die politische Öffentlichkeit erschließen (vgl. Young & Tisinger, 2006).

In Bezug auf die wenigen Late-Night-Shows im deutschsprachigen Fernsehen überwiegen punktuelle, subjektivistische Bewertungen des Formats und seiner Bedeutung für die deutsche Fernsehöffentlichkeit (z. B. zur täglichen Wahlumfrage bei *Harald Schmidt* [vgl. Nieland & Lovric, 2004], zu den Wahlsondersendungen bei *TV Total* [vgl. Nieland, 2010]). Knop (2007) analysiert den in der *Harald-Schmidt-Show* und *TV Total* verwendeten Humor im Detail, ohne die Bedeutung des Politischen mitzuberücksichtigen. In Bezug auf die Rezeption kann Hartmann (2006) aufzeigen, dass die *Harald-Schmidt-Show* als partnerschaftliche Kompromisslösung wahrgenommen wird, auf diese Weise erreicht die Sendung auch politisch Desinteressierte. Für die Late-Night-Formate im österreichischen Fernsehen (wie *Dorfers Donnerstalk, Wir sind Kaiser, Willkommen Österreich*) liegen keine empirischen Befunde zu Inhalt, Rezeption oder Wirkung vor. Als erster Schritt wird daher nun eine explorative Studie zu den Inhalten der Late-Night-Show *Willkommen Österreich* vorgestellt.

4   Zum Public Value von *Willkommen Österreich*

Ziel der Studie war es aufzuzeigen, in welcher Form die Late-Night-Show *Willkommen Österreich* durch ihre Inhalte zur politischen Kommunikation in Österreich beitragen kann. Als Teil der Comedy-Schiene auf ORF eins wird die Sendung seit 2007 wöchentlich ausgestrahlt. Moderiert wird sie vom deutsch-österreichischen Komiker-Duo Dirk Stermann und Christoph Grissemann.[4] Sie erzielt eine Reichweite von über 300.000 Zuschauern, mit Marktanteilen von bis zu 28 Prozent der Bevölkerung ab zwölf Jahren (vgl. AGTT/GfK Teletest, 2011).

Jede Sendung beginnt mit einem Eröffnungsdialog der beiden Moderatoren, gefolgt von Sketch-Einspielungen sowie einer Reihe von Gags am Moderatorentisch, abschließend werden zwei Gäste interviewt. Mittels einer standardisierten Inhaltsanalyse wurden für die Sendungen zwischen dem 27.01. und dem 19.05.2011 (n=16 Sendungen, 211 Beiträge) alle bis zum Eintreffen der Gäste angesprochenen Themen erhoben (siehe **Tabelle 1**).

In den 16 Sendungen werden insgesamt 211 Themen innerhalb der Eröffnungsdialoge und Tischgespräche angesprochen, im Schnitt 13 pro Sendung. Der Politikanteil ist sehr hoch (43 Prozent), neben Verweisen auf internationale Politik (8,1 Prozent) stehen insbesondere politische Normen und damit die Politiker/innen, die gegen diese verstoßen (12 Prozent), sowie generell Persönliches zu Politiker/innen (6,6 Prozent) im Fokus der Eröffnungsdialoge. Das einzige mehrfach angesprochene Policy-Thema ist die Bundesheerreform. Dies

---

4   Einzelne Ausschnitte der Sendung wie z. B. Ausgaben der „deutschen Kochschau" sind als Youtube-Erfolge (mit über drei Millionen Views) über die Grenzen Österreichs hinaus bekannt.

hängt zwar teilweise mit der Ereignislage im Untersuchungszeitraum zusammen, dennoch hätten sich für diese vier Monate noch andere in der Öffentlichkeit intensiv diskutierte politische Sachthemen, wie etwa Einsparungen im Bildungssektor, angeboten.

Tabelle 1   Angesprochene Themenbereiche

Thema	n	%
Politics: Wahlen, Besetzungen	9	4,3
Politics: PR	10	4,7
Politics: Persönliches	14	6,6
Polity: Normen	25	11,8
Polity: Sonstiges	1	0,5
Policy: Innenpolitik	4	1,9
Policy: Verteidigung	7	3,3
Policy: Sonstige	4	1,9
Internationale Politik	17	8,1
Gesellschaft/Soziales	20	9,5
Kultur	17	8,1
Medien	31	14,7
Sport	6	2,8
Lifestyle/Service	6	2,8
Unterhaltung/Kurioses	24	11,4
Unglück/Katastrophen	8	3,8
Sonstiges	8	3,8
Gesamt	211	100

Basis: Alle in *Willkommen Österreich* zwischen dem 27.01. und 19.05.2011 angesprochenen Themen (n=211).

Auch wenn sich der satirische Spott gleichmäßig auf äußere wie charakterliche Merkmale der Politiker/innen bezieht, den Kern der Kritik bilden ohne Frage Korruptheit als charakterliche Schwäche und Korruption als Normverstoß. Auch dies erklärt sich durch die Ereignislage: Im Frühjahr 2011 wurden (erneute) Amtsmissbrauchsvorwürfe gegen den ehemaligen Finanzminister Karl-Heinz Grasser (ÖVP/FPÖ/parteilos) öffentlich, und der EU-Parlamentarier Ernst Strasser (ÖVP) musste wegen Korruptionsvorwürfen zurücktreten. Dementsprechend richtet sich der Spott mit deutlicher Mehrheit gegen die ÖVP (16 Prozent der Witze), gefolgt von FPÖ/BZÖ (6,6 Prozent) und SPÖ (3,8 Prozent).

Tabelle 2   Nachrichtenfaktoren in politischen und nicht-politischen Witzen

Mittelwerte	Politische Witze (n=91)	Nicht-politische Witze (n=120)	t-Wert
Etablierung (1=keine bis 4=langfristig)	2,41	1,88	-3,24**
Räumliche Nähe (1=lokal, 2=national, 3=international)	2,15	1,96	n.s.
Reichweite (1=geringe bis 3=hohe)	1,82	1,67	n.s.
Personalisierung (1=keine bis 4=höchste)	3,26	2,73	-3,10**
Prominenz (1=gering bis 3=hoch)	2,63	2,29	-2,86*
Negativismus (1=positiv, 2=neutral, 3=negativ)	2,65	2,32	-4,29***

t-Test für unabhängige Stichproben mit df=209 (Prominenz: df=134) und *p<0,05, **p<0,01, ***p<0,001; Basis: Alle in *Willkommen Österreich* zwischen dem 27.01. und 19.05.2011 angesprochenen Themen (n=211).

Im Vergleich zu den unpolitischen Witzen beziehen sich Witze mit Politikbezug eher auf etablierte Themen, weisen eine stärkere Personalisierung auf, beziehen sich auf prominentere Personen und fallen deutlich negativer aus (siehe **Tabelle 2**).[5] Politische Witze enthalten etwas mehr Sachinformationen als nicht-politische Witze, in 32 Prozent der Fälle überwiegen Sachinformationen gegenüber satirischen Elementen. Bei nicht-politischen Witzen gilt dies nur für 16 Prozent (χ^2=7,572; df=1; p<0,01).

---

[5] Damit fällt der politische Humor in *Willkommen Österreich* negativer aus als in der im Rahmen des Seminars ebenfalls analysierten *Harald-Schmidt-Show* (MW: 2,08 mit n=124).

Die Analyse zeigt somit, dass die Late-Night-Show *Willkommen Österreich* durchaus einen intensiven Politikbezug aufweist. Inwieweit dieser jedoch einen positiven Beitrag zur politischen Kommunikation in Österreich leistet, ist aus mehreren Gründen fraglich: Bei der überwiegend negativen Ausrichtung des Humors und dem Fokus auf Korruption als Politikersünde ist zu befürchten, dass die Sendung bei den Rezipient/innen eher ein negatives Politikbild fördert, was wiederum zur mehr Politikverdrossenheit führen könnte.

Zwar konnte die Rezeptionsebene in dieser Studie nicht miterfasst werden, dennoch erscheint es unwahrscheinlich, dass diese Sendung vermehrt politisch Desinteressierten einen Zugang zur politischen Öffentlichkeit bietet. Analysen für vergleichbare Formate in den USA haben gezeigt, dass deren Rezipient/innen eher politisch interessiert sind und die klassischen Informationsmedien überdurchschnittlich stark nutzen, Late-Night-Satire ist also kein Ersatz, sondern eine Ergänzung (vgl. Young & Tisinger, 2006). Da der Humor in *Willkommen Österreich* sehr viel politisches Vorwissen voraussetzt, erscheint eine ähnliche Nutzer/innenstruktur wahrscheinlich. Ein möglicher positiver Beitrag der Sendung könnte darin liegen, dass sie wie vergleichbare US-Formate Anlass für persönliche Gespräche über Politik bietet (vgl. Landreville et al., 2010), die zum einen die persönliche Bindung an die politische Gemeinschaft stärken und zum anderen auch weniger politisch interessierte Personen erreichen können. Ohne die Durchführung von Aneignungsstudien und Wirkungsexperimenten können wir momentan jedoch nur darüber spekulieren.

Zumindest auf Ebene der österreichischen politischen Öffentlichkeit spielt das Format durchaus eine spannende Rolle, da seine satirischen Beiträge immer wieder öffentliche Kontroversen auslösen, die von klassischen Informationsmedien aufgegriffen werden.[6] Insbesondere in Bezug auf den Umgang mit der nationalsozialistischen Vergangenheit und den rechtsextremistischen Politiker/innen der heutigen Zeit, aber auch insgesamt für die kritische Auseinandersetzung mit der eigenen nationalen Identität (vor allem in Abgrenzung von der [bundes-]deutschen) liefert das Format Impulse für die öffentliche Debatte, für die zurzeit noch eine ausführlichere kommunikationswissenschaftliche Betrachtung aussteht.

5   Ausblick

Die Berücksichtigung unterhaltender Medienangebote stellt die politische Kommunikationsforschung zweifelsohne vor große theoretische und methodische Herausforderungen. Gleichzeitig bietet sie aber in mehrerlei Hinsicht bedeutende Chancen:

Erstens ist sie Anlass, theoretische und methodische Grundannahmen sowie empirische Selbstverständlichkeiten neu zu überdenken. Der Forschungszweig ist wie kein anderer durch seine normative Ausrichtung geprägt. Diese normative Ausrichtung ist zwar seine

---

[6]   Das bekannteste Beispiel sind die Reaktionen auf eine Persiflage auf die Geschehnisse rund um den Tod des kurz zuvor verstorbenen Kärntner Landeshauptmannes Jörg Haider in der Sendung vom 24.10.2008.

große Stärke – in den Augen von Politik und Gesellschaft rechtfertigt sie letztlich seine Existenz und die des gesamten Fachs –, aber sie führt immer wieder zu einer unnötig eingeengten Perspektive auf die weite bunte Welt der Medienkommunikation und zu diversen blinden Flecken (vgl. hierzu insbesondere Friedrich, 2011).

Zweitens erhöht sie die Reichweite der theoretischen und empirischen Aussagen des Forschungszweigs grundlegend. Politische Kommunikationsforschung zu klassischen Informationsmedien ist zunehmend zur Elitenforschung geworden. Eine solche systematische Ausblendung größerer Bevölkerungsgruppen widerspricht aber gerade ihrem normativen Anspruch. Es sei denn, sie verschreibt sich einem elitenzentrierten Demokratieverständnis, sollte sie es als ihre Aufgabe sehen, gerade die (wenigen) medial vermittelten Kontakte zwischen den politisch Desinteressierten und Informationsmedienvermeider/innen und ihrer politischen Gemeinschaft in den Blick zu nehmen – und damit auch die unterhaltenden Medienangebote.

Literatur

Baum, Matthew A. (2003). Soft News and Political Knowledge: Evidence of Absence or Absence of Evidence? In Political Communication, o. Jg. (20), S. 173–190.

Baum, Matthew A. & Jamison, Angela S. (2006). The Oprah Effect: How Soft News Helps Inattentive Citizens Vote Consistently. In The Journal of Politics, 68 (4), S. 946–959.

Baym, Geoffrey (2005). The Daily Show: Discursive Integration and the Reinvention of Political Journalism. In Political Communication, o. Jg. (22), S. 259–276.

Bosshart, Louis (2007). Information und/oder Unterhaltung? In Scholl, Armin; Renger, Rudi & Blöbaum, Bernd (Hrsg.), Journalismus und Unterhaltung. Theoretische Ansätze und empirische Befunde (S. 17–30). Wiesbaden: VS Verlag.

Brosius, Hans Bernd (1995). Alltagsrationalität in der Nachrichtenrezeption: Ein Modell zur Wahrnehmung und Verarbeitung von Nachrichteninhalten. Opladen: Westdeutscher Verlag.

Delli Carpini, Michael X. & Williams, Bruce A. (2001). Let Us Infotain You: Politics in the New Media Environment. In Bennett, W. Lance & Entman, Robert M. (Hrsg.), Mediated Politics: Communications in the Future of Democracy (S. 160–181). New York: Cambridge University.

Eilders, Christiane & Nitsch, Cordula (2010). „Du glaubst auch alles, was die Dir vor der Wahl so verzapfen ...". Die Bundestagswahlen 1987 bis 2005 in der „Lindenstraße". In Felsmann, Klaus-Dieter (Hrsg.), Die Bedeutung der Unterhaltungsmedien für die Konstruktion des Politikbildes (S. 137–147). München: kopaed.

Fahr, Annette (2008). Politische Talkshows aus Zuschauersicht. Informiertheit und Unterhaltung im Kontext der Politikvermittlung. München: Fischer.

Fiske, John (1987). Television Culture. London: Routledge.

Fox, Julia R.; Koloen, Glory & Sahin, Volkan (2007). No Joke. A Comparison of Substance in The Daily Show with Jon Stewart and Broadcast Network Television Coverage of the 2004 Presidential Election Campaign. In Journal of Broadcasting & Electronic Media, 51 (2), S. 213–227.

Friedrich, Katja (2011). Publikumskonzeptionen und Medienwirkungsmodelle politischer Kommunikationsforschung. Zum Einfluss theoretischer Grundannahmen auf die empirische Forschungspraxis. Wiesbaden: VS Verlag.

Früh, Werner & Schönbach, Klaus (1982). Der dynamisch-transaktionale Ansatz. Ein neues Paradigma der Medienwirkungen. In Publizistik, o. Jg. (27), S. 74–88.

Glynn, Carroll J.; Hardy, Bruce W.; Huge, Michael; Reineke, Jason B. & Shanahan, James (2007). When Oprah Intervenes: Political Correlates of Daytime Talk Show Viewing. In Journal of Broadcasting & Electronic Media, 51 (2), S. 228–244.

Guehlstorf, Nicholas; Hallstrom, Lars & Morris, Jonathan S. (2008). The ABCs of The Simpsons and Politics. Apathy of Citizens, Basic Government Leaders, and Collective Interests. In Baumgartner, Jody C. & Morris, Jonathan S. (Hrsg.), Laughing Matters: Humor and American Politics in the Media Age (S. 211–228). New York: Routledge.

Hall, Stuart (1973). Encoding and Decoding in the Television Discourse. In Stencilled Paper, o. Jg. (7). Birmingham: CCCS.

Hartmann, Philip (2006). Was ist dran an Harald Schmidt? Eine qualitative Studie zu den Nutzungsmotiven der Zuschauer von Harald Schmidt. Berlin: LIT.

Holbert, R. Lance (2005). A Typology for the Study of Entertainment Television and Politics. In American Behavioral Scientist, 49 (3), S. 436–453.

Holbert, R. Lance; Pillion, Owen; Tschida, David A.; Armfield, Greg G.; Kinder, Kelly; Cherry, Kristin L. & Daulton, Amy R. (2003). The West Wing as Endorsement of the American Presidency: Expanding the Bounds of Priming in Political Communication. In Journal of Communication, 53 (3), S. 427–443.

Holbert, R. Lance; Tschida, David A.; Dixon, Maria; Cherry, Kristin; Steuber, Kelly & Airne, David (2005). The West Wing and Depictions of the American Presidency: Expanding the Theoretical and Empirical Domains of Framing in Political Communication. In Communication Quarterly, 53 (4), S. 505–522.

Holbrook, R. & Hill, Timothy (2005). Agenda-Setting and Priming in Prime Time Television: Crime Dramas as Political Cues. In Political Communication, 22 (3), S. 277–295.

Hollander, Barry A. (2005). Late-Night Learning: Do Entertainment Programs Increase Political Campaign Knowledge for Young Viewers. In Journal of Broadcasting & Electronic Media, 49 (4), S. 402–415.

Holtz-Bacha, Christina (1989). Unterhaltung ernst nehmen. Warum sich die Kommunikationswissenschaft um den Unterhaltungsjournalismus kümmern muss. In Media Perspektiven, o. Jg. (4), S. 200–206.

Jandura, Olaf & Friedrich, Katja (2011). Die Politikberichterstattung von Nachrichten und Boulevardformaten im Vergleich. Vortrag auf dem Dreiländerkongress Soziologie (01.10.2011), Innsbruck.

Kepplinger, Hans Mathias (2000). Die Demontage der Politik in der Informationsgesellschaft. Freiburg, München: Karl Alber.

Klaus, Elisabeth (2008). Der Gegensatz von Information ist Desinformation, der Gegensatz von Unterhaltung ist Langeweile. In Dorer, Johanna; Geiger, Brigitte & Köpl, Regina (Hrsg.), Medien — Politik — Geschlecht (S. 51–64). Wiesbaden: VS Verlag.

Kleinen-von Königslöw, Katharina (2010). Die Arenen-Integration nationaler Öffentlichkeiten: Der Fall der wiedervereinten deutschen Öffentlichkeit. Wiesbaden: VS Verlag.

Kleinen-von Königslöw, Katharina & Keel, Guido (2012). Localizing The Daily Show: The heute show in Germany. In Popular Communication, 10 (2–3), S. 66–79.

Knop, Karin (2007). Comedy in Serie: Medienwissenschaftliche Perspektiven auf ein TV-Format. Bielefeld: transcript.

LaMarre, Heather L. & Landreville, Kristen D. (2009). When is Fiction as Good as Fact? Comparing the Influence of Documentary and Historical Reenactment Films on Engagement, Affect, Issue Interest, and Learning. In Mass Communication and Society, 12 (4), S. 537–555.

Landreville, Kristen D.; Holbert, Lance R. & LaMarre, Heather L. (2010). The Influence of Late-Night TV Comedy Viewing on Political Talk. A Moderated Mediation Model. In The International Journal of Press/Politics, 15 (4), S. 482–498.

Lücke, Stephanie (2007). Ernährung im Fernsehen. Eine Kultivierungsstudie zur Darstellung und Wirkung. Wiesbaden: VS Verlag.

Marcinkowski, Frank (2001). Politische Kommunikation und politische Öffentlichkeit: Überlegungen zur Systematik einer politikwissenschaftlichen Kommunikationsforschung. In Marcinkowski, Frank (Hrsg.), Die Politik der Massenmedien. Heribert Schatz zum 65. Geburtstag (S. 237–256). Köln: von Halem.

McLeod, Jack M. (2001). Steven Chaffee and the Future of Political Communication Research. In Political Communication, 18 (2), S. 215–224.

Milde, Jutta (2009). Vermitteln und Verstehen. Zur Verständlichkeit von Wissenschaftsfilmen im Fernsehen. Wiesbaden: VS Verlag.

Morgan, Michael (2009). Cultivation Analysis and Media Effects. In Nabi, Robin & Oliver, Mary Beth (Hrsg.), The SAGE Handbook of Media Processes and Effect (S. 69–82). Thousand Oaks, CA: Sage.

Moy, Patricia; Xenos, Michael A. & Hess, Verena K. (2005). Communication and Citizenship: Mapping the Political Effects of Infotainment. In Mass Communication and Society, 8 (2), S. 111–131.

Mutz, Diana C. (2001). The Future of Political Communication Research: Reflections on the Occasion of Steve Chaffee's Retirement from Stanford University. In Political Communication, 18 (2), S. 231–236.

Nieland, Jörg-Uwe (2010). „Unterhaltend, nicht repräsentativ" – die Bundestagswahl 2009 als Politshow auf Pro7. In Holtz-Bacha, Christina (Hrsg.), Die Massenmedien im Wahlkampf (S. 258–282). Wiesbaden: VS Verlag.

Nieland, Jörg-Uwe & Lovric, Ingrid (2004). Auf dem Weg zur Stimmungsdemokratie? Wahlumfragen und Politikerauftritte in der Harald Schmidt Show. In Nieland, Jörg-Uwe & Kamps, Klaus (Hrsg.), Politikdarstellung und Unterhaltungskultur. Zum Wandel der politischen Kommunikation (S. 193–214). Köln: von Halem.

Nisbet, Matthew C. & Aufderheide, Patricia (2009). Documentary Film: Towards a Research Agenda on Forms, Functions, and Impacts. In Mass Communication and Society, 12 (4), S. 450–456.

Nitsch, Cordula & Eilders, Christiane (2011). „As-if" politics: The Picture of Politics in the Fictional West Wing and Kanzleramt. Vortrag auf der 6th ECPR General Conference (25.08.2011), Reykjavik.

Petty, Richard E. & Cacioppo, John T. (1986). Communication and Persuasion. New York: Springer.

Quandt, Thorsten & Scheufele, Bertram (2011, Hrsg.). Ebenen der Kommunikation. Mikro-Meso-Makro-Links in der Kommunikationswissenschaft. Wiesbaden: VS Verlag.

Rohe, Karl (1994). Politik – Begriffe und Wirklichkeiten. Eine Einführung in das politische Denken. Stuttgart: Kohlhammer.

Rössler, Patrick & Brosius, Hans-Bernd (2001). Prägen Daily Talks die Vorstellungen Jugendlicher von der Wirklichkeit? Ein Intensiv-Experiment zur Kultivierungshypothese. In Schneiderbauer, Christian (Hrsg.), Daily Talkshows unter der Lupe. Wissenschaftliche Beiträge aus Forschung und Praxis (S. 119–151). München: Fischer.

Sarcinelli, Ulrich (Hrsg.). (1990). Politikvermittlung und Politische Bildung. Herausforderungen für die außerschulische politische Bildung. Bad Heilbrunn: Klinkhardt.

Schaap, Gabi; Renckstorf, Karsten & Wester, Fred (1998). Three Decades of Television News Research: An Action Theoretical Inventory of Issues and Problems. In Communications, 23 (3), S. 351–382.

Schultz, Tanjev (2006). Geschwätz oder Diskurs? Die Rationalität politischer Talkshows im Fernsehen. Köln: von Halem.

Schulz, Winfried (2008). Politische Kommunikation. Theoretische Ansätze und Ergebnisse empirischer Forschung. Wiesbaden: VS Verlag.

Schweiger, Wolfgang (2007). Theorien der Mediennutzung. Eine Einführung. Wiesbaden: VS Verlag.

Schwer, Katja & Brosius, Hans-Bernd (2008). Sphären des (Un-)Politischen. Ein Modell zur Analyse von Politikdarstellung und -rezeption. In Bonfadelli, Heinz; Blum, Roger; Imhof, Kurt & Jarren, Otfried (Hrsg.), Seismographische Funktion von öffentlicher Kommunikation im Wandel (S. 191-209). Wiesbaden: VS Verlag.

van Zoonen, Liesbet (2005). Entertaining the citizen: when politics and popular culture converge. Denham: Rowman & Littlefield.

Wegener, Claudia (2001). Informationsvermittlung im Zeitalter der Unterhaltung. Eine Langzeitanalyse politischer Fernsehmagazine. Wiesbaden: Westdeutscher Verlag.

Wünsch, Carsten; Nitsch, Cordula & Eilders, Christiane (2012). Politische Kultivierung am Vorabend. Ein prolonged exposure Experiment zur Wirkung der Fernsehserie „Lindenstraße". In Medien & Kommunikationswissenschaft, 60 (1), S. 176–196.

Young, Dannagal G & Tisinger, Russel M. (2006). Dispelling Late-Night Myths: News Consumption among Late-Night Comedy viewers and the predictors of exposure to various Late-Night Shows. In The Harvard International Journal of Press/Politics, o. Jg. (11), S. 113–134.

Qualitätsmedien und ihr Publikum in Zeiten des Medienwandels - das Fallbeispiel ORF

Birgit Stark

1 Einführung

Qualitätsmedien sind gegenwärtig in aller Munde. Dies lässt sich beispielsweise anschaulich anhand des „Jahrbuchs Qualität der Medien 2011" in der Schweiz verdeutlichen. Die vom Forschungsbereich „Öffentlichkeit und Gesellschaft" der Universität Zürich (fög) vorgelegte zweite Ausgabe des Jahrbuchs hat zu kontroversen Diskussionen geführt. Auf Seiten der Medienmacher kann einer der Hauptbefunde im Kontext der ökonomischen Krise der Branche – der Qualitätsverlust der Informationsmedien – nur schwerlich akzeptiert werden. Dies ist nicht weiter verwunderlich. Gleichwohl zeigt es, wie wesentlich der Diskurs um publizistische Leistungen von Medien für die Gesellschaft und damit die eigentliche Zielsetzung des Jahrbuches ist: die Stärkung des Qualitätsbewusstseins gegenüber den Medien auf Seiten des Publikums wie auf Seiten der Medienmacher (vgl. Imhof, 2011, S. 13).

Denn der durch die Digitalisierung forcierte Veränderungsprozess verlangt eine Neupositionierung qualitätsorientierter Medienmarken. In Zeiten eines schier endlosen (Gratis-) Überangebots sowie vielfältiger Nutzungs- und Beteiligungsformen wandelt sich das Qualitätsverständnis seitens des Publikums. Es sind gerade jüngere Nutzergruppen, die zunehmend traditionellen Angebotsformen wie Zeitung und Fernsehen in den klassischen Kanälen den Rücken kehren und Gratiszeitungen oder neuen Online-Angeboten vermehrt ihre Aufmerksamkeit schenken.

Auch der öffentlich-rechtliche Rundfunk in Österreich, dem bislang ein sehr hohes Qualitäts- und Kompetenzprofil zugeordnet wird, ist von diesen Entwicklungen massiv betroffen. Allerdings behauptet das öffentlich-rechtliche Segment in Österreich im internationalen Vergleich weiterhin beachtliche Marktanteile und präsentiert sich als marktbeherrschender Content-Produzent für politische Informationen. Grund dafür ist die relativ spät vollzogene Dualisierung des Fernsehens in Österreich,[1] die zu einer ganz spezifischen Konkurrenzkonstellation geführt hat und erst im Laufe der Zeit durch den erheblichen Einfluss von (privaten) TV-Programmangeboten aus den deutschsprachigen Nachbarländern verändert wurde. Nach Jahren der Alleinstellung treffen den ORF die aktuellen Ver-

---

[1] Landesweit private Vollprogramme existieren in Österreich erst seit 2003 (vgl. ausführlicher Woelke & Trebbe, 2010, S. 78 ff.).

änderungsprozesse im digitalen Medienumfeld aber mittlerweile umso heftiger. Zu nennen sind hier der verschärfte Marktdruck unter dem Einfluss europäischer Regulierungsvorgaben, damit verknüpft die programmliche Entwicklung im Kontext der Public-Value-Debatte und die zunehmenden Akzeptanzverluste als Folge einer veränderten Mediennutzung seitens des Publikums. Verstärkt durch den schon immer vorhandenen politischen Druck, der in veränderten Wettbewerbssituationen noch weiter steigt, sieht sich der ORF in einer ganz neuen Ausgangslage. Er muss sich die Frage stellen, wie er sich als Qualitätsmedium im öffentlich-rechtlichen Segment erfolgreich positionieren kann, nicht zuletzt um dem steigenden Legitimationsdruck begegnen zu können.

Der vorliegende Beitrag widmet sich diesem Thema aus der Perspektive der Zuschauer/innen. Er analysiert die Marktposition des ORF mithilfe von Sekundärdaten, um die Nutzungsakzeptanz in Zeiten des Medienwandels zu beschreiben: Welche Publikumsverschiebungen lassen sich im Zeitverlauf beobachten? Inwieweit kann man aus Nutzer/innensicht von einer Akzeptanzkrise sprechen? Welche veränderten Qualitätswahrnehmungen sind auf funktionaler Ebene sichtbar? Welche Perspektiven ergeben sich für die publizistische Leistungsfähigkeit der Medienmarke „ORF"? Eingebunden ist diese Analyse in eine kurze Darstellung der Debatte um den Qualitätsdiskurs im Rundfunkbereich. Ausgangspunkt der Überlegungen sind der Wandel der Mediennutzung und seine Auswirkungen auf die Marktchancen von Qualitätsmedien.

2 Was macht Qualitätsmedien überhaupt zu Qualitätsmedien?

Trotz einer mittlerweile fast unüberschaubaren Menge an theoretischen und empirischen Arbeiten gibt es bislang noch immer keine begriffliche und konzeptionelle Einigung darüber, was unter „Qualität im Journalismus" und „Medienqualität" zu verstehen ist. Ob es eine solche Einigung jemals geben kann, erscheint aufgrund der normativen Bestimmtheit des Begriffs „Qualität" fraglich.[2] Was als qualitativ hochwertig gilt, ist in hohem Maße zeit- und gesellschaftsabhängig und unterliegt einem ständigen inhaltlichen Wandel (vgl. Weischenberg, 2006).

Wann und aufgrund welcher Kriterien ein Medium als qualitativ hochwertig gilt, hängt somit von verschiedenen Rahmenbedingungen wie der Art des Mediums, dem Genre oder der Zielgruppe ab und muss differenziert betrachtet werden. Entscheidend ist, aus welcher Sicht die Bewertung vorgenommen wird, denn dasselbe Medienprodukt mag bei Expert/innen beispielsweise als hochwertig gelten, beim Publikum aber aufgrund des fehlenden Unterhaltungswertes durchfallen. Die Beantwortung der Frage, was Medien wirklich zu Qualitätsmedien macht, hängt also erheblich von der Perspektive des Beurteilenden ab.

---

[2]   An dieser Stelle kann die Debatte nicht im Detail aufgearbeitet werden (vgl. exemplarisch Weischenberg et al., 2006, oder Arnold, 2009).

Auch im Rundfunkbereich gibt es unterschiedliche Referenzsysteme, in denen verschiedene Qualitätsindikatoren zum Tragen kommen. Publikumsbezogene Maßstäbe waren lange Zeit in der Diskussion nur am Rande verankert, insbesondere in der öffentlichen Debatte um Qualität von Medien spielten sie bislang eher eine untergeordnete Rolle. Erst in den 1990er-Jahren setzte sich in der Kommunikationswissenschaft eine Sichtweise durch, die das Publikum stärker in die Bewertung miteinbezieht (vgl. unter anderen Schenk & Gralla, 1993, oder Oehmichen, 1993). Insbesondere in der Praxis der Medienevaluation der deutschen öffentlich-rechtlichen Sender hat sich mittlerweile ein kontinuierliches Qualitätsmonitoring im Sinne eines Programm-Controllings entwickelt (vgl. z. B. Blumers et al., 2010, oder Bretschneider & Hawlik, 2001).

Allerdings war und ist dieser Diskurs stark geprägt durch das Spannungsfeld „Qualität und Quote". Denn die häufig zitierte Diskrepanz zwischen der Qualität eines Medienangebotes und dessen Nutzungsakzeptanz bei den Zuschauer/innen wurde nach Hasebrink einfach „dadurch aufgelöst, dass Qualität als das definiert wird, was viele Zuschauer erreicht" (Hasebrink, 2000, S. 6), oder sie wird schlichtweg – vorzugsweise aus Sicht der privaten Anbieter – als nebensächlich erachtet. Hasebrink (1997; 2000) plädiert allerdings dafür, Qualität nicht nur als Eigenschaft eines Angebots zu definieren, sondern viel stärker als Eigenschaft der Beziehung zwischen Angebot und Rezipient/innen. In diesem Verständnis wird geprüft, inwieweit die spezifischen Bedürfnisse und Erwartungen seitens der Zuschauer/innen von bestimmten Medienangeboten tatsächlich erfüllt werden.

Aus Nutzerperspektive wird damit die Bestimmung von Qualitätsmedien über kommunikative Funktionen ergänzt. Knüpft man an die Leitmediendebatte an, spielt hier die Orientierungsleistung von Medienmarken eine entscheidende Rolle. Demnach sind diejenigen Medien Qualitätsmedien, welche den Orientierungsbedarf der Nutzer/innen am besten erfüllen können. Dies können in den verschiedenen Nischen mediatisierter Gesellschaft unterschiedliche Medien sein, wobei Vertrauen und Glaubwürdigkeit in einzelne Mediengattungen bzw. Medienmarken eine zentrale Rolle spielen (vgl. Rinsdorf, 2009, S. 177). Denn gerade diese Erwartungen schlagen sich in einem besonderen subjektiven Bindungsverhältnis nieder, das oft auch mit einem ganz bestimmten Medienimage bzw. mit dem Markenkern von Qualitätsmedien in Verbindung gebracht wird.

Diese speziellen Wirkungspotenziale spricht man Qualitätsmedien nicht nur auf der Mikroebene, sondern auch auf der Makroebene zu. Auf gesamtgesellschaftlicher Ebene tragen Qualitätsmedien also in der Regel auch eine gewisse soziale Verantwortung. Daher wird ein Teil der Qualitätsmedien meist als Leitmedien definiert, denn sie haben eine besondere Stellung in Gesellschaft und Kultur und spielen auch in Prozessen des Inter-Media-Agendasettings eine zentrale Rolle (vgl. Jarren & Vogel 2011). Genau diese wichtige gesamtgesellschaftliche Funktion ist es, die in letzter Zeit in der aktuellen Debatte an Bedeutung gewinnt, denn die Positionierung von Qualitätsmedien verändert sich im Zuge des Medienwandels.

Vor allem das Medium Fernsehen und insbesondere die öffentlich-rechtlichen Anbieter geraten durch den tiefgreifenden Einfluss des Internets auf die Mediensozialisation Jugendlicher vehement unter Druck (vgl. Stark, 2009). Die zunehmend ausgeprägte Altersgebundenheit der Nutzung zeigt sich im Fernsehen insbesondere bei den Senderpräferenzen. Die zum Teil bereits als Generationenkluft bezeichneten Nutzungsunterschiede machen sich nicht nur bei Funktionsverschiebungen zwischen den Medien bemerkbar, sondern auch bei möglichen Substitutionsprozessen. Verändern sich die Funktionsprofile der einzelnen Medien, schlagen sich diese angepassten Funktionszuweisungen in einer neu gestalteten Mediennutzung nieder.

Was bedeutet das nun für das öffentlich-rechtliche Fernsehen in Österreich? Welche Auswirkungen zeigen diese Wandlungsprozesse auf eine fest etablierte Medienmarke wie den ORF? In der folgenden Analyse werden sowohl quantitative (Marktanteil und Reichweite) als auch qualitativ orientierte Indikatoren (Vertrauen, Glaubwürdigkeit, Funktionen und Image) als Bezugsgrößen herangezogen. Eine Bestandsaufnahme mithilfe dieser Kriterien soll helfen, die Frage zu beantworten, ob sich der ORF in einer Akzeptanzkrise befindet.

3   Die Ausgangssituation: der österreichische Fernsehmarkt

In Österreich ist 2010 die Digitalisierung weiter vorangeschritten. Mittlerweile empfangen rund zwei Drittel der österreichischen TV-Bevölkerung ab zwölf Jahren ihr Fernsehprogramm digital, ein Jahr zuvor waren es noch 63 Prozent. Mit der zunehmenden Digitalisierung hat sich die Zahl der empfangbaren Programme permanent erweitert. Ende des Jahres 2010 konnten die österreichischen Fernsehzuschauer/innen durchschnittlich auf 87 Fernsehprogramme zurückgreifen, davon 64 in deutscher Sprache. Je nach Empfangsweg vergrößert sich dieses Angebot, beispielsweise in Satellitenhaushalten auf über 130 Kanäle (auch hier die meisten deutschsprachig), sodass Österreich europaweit über eines der größten Programmangebote in eigener Landessprache verfügt. Generell stellen in Österreich die Satellitenhaushalte mit 50 Prozent der TV-Haushalte die größte Empfangsplattform. Sie empfangen mittlerweile nahezu ausnahmslos digitales Fernsehen (vgl. ORF Mediaresearch; RTR, 2011, S. 73).

Darüber hinaus haben sich neue Nutzungsplattformen entwickelt: So erweitert der (zeitversetzte) Abruf von Sendungen im Netz, beispielsweise über die ORF-TVthek oder über andere On-Demand-Anbieter (IPTV-Anbieter), die Programmauswahl der Zuschauer/innen zusätzlich. Der ORF bietet seit 2009 seinen Zuschauer/innen die Möglichkeit, ausgewählte Sendungen zeitversetzt über die TVthek abzurufen. Mittlerweile sind rund 100 Sendungen, abrufbar bis eine Woche lang nach der Ausstrahlung, auch direkt auf Fernsehgeräten oder mobil (z. B. über das iPhone oder das iPad) zugänglich. Zudem erweitern zahlreiche Live-Streams etc. aus dem Informations- und Sportbereich das Angebot (vgl. ORF, 2011, S. 164 f.).

3.1 ORF-Marktanteils- und Reichweitenentwicklung

Betrachtet man die Entwicklung der Marktanteile des ORF seit 2002, zeigt sich anschaulich, wie die Anteile der gesamten ORF-Programme in den letzten Jahren gesunken sind, während die Anteile der Auslandsprogramme kontinuierlich anwuchsen (vgl. **Abbildung 1**). 2010 erreichte der ORF nur noch einen Marktanteil von 38 Prozent, während die Auslands-programme inzwischen 54 Prozent auf sich vereinen konnten. Die Anteile in Kabel- und Satellitenhaushalten lagen für das Jahr 2010 mit 36 bzw. 35 Prozent noch leicht darunter und waren die mit Abstand niedrigsten Werte in der Geschichte des ORF. Im Langzeitver-gleich wird der Übergang der Monopolsituation zu einem verschärften Konkurrenzumfeld in digitalen Fernsehumgebungen noch viel deutlicher: Denn bis Mitte der 1980er-Jahre verfügte der ORF über einen Marktanteil von 96 Prozent, bis Mitte der 1990er-Jahre sank dieser Anteil auf 63 Prozent, und Mitte der Nullerjahre sank der Wert erstmalig unter die 50-Prozent-Marke.

Abbildung 1   Entwicklung der Marktanteile (2002–2010, Angaben in Prozent)

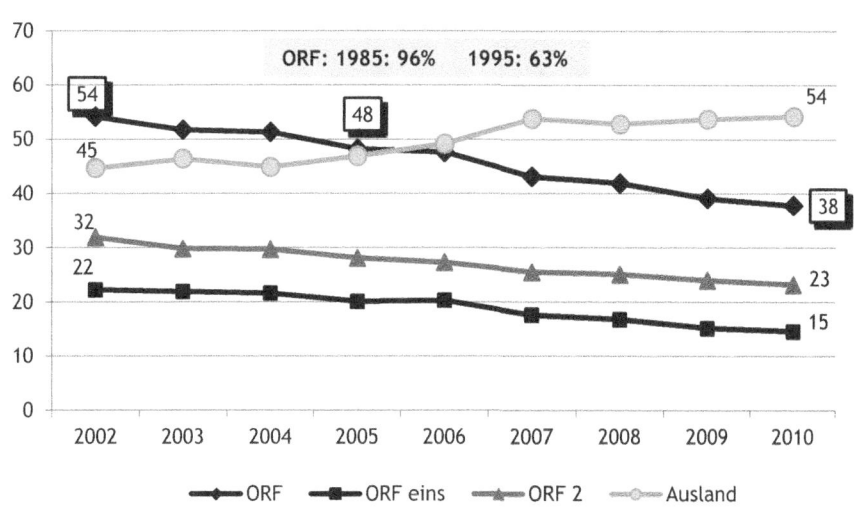

Quelle: Teletest, österreichische Bevölkerung in TV-Haushalten ab zwölf Jahren, alle Empfangsebenen.

Im Vergleich zu anderen öffentlich-rechtlichen Sendern in Europa bewegen sich diese Wer-te allerdings immer noch auf einem sehr hohen Niveau. Dies zeigt sich vor allem im direk-ten Sendervergleich des Gesamtfernsehmarktes: ORF 2 (23,2%) und ORF eins (14,6%) plat-zierten sich mit Marktanteilen im zweistelligen Bereich auf den ersten Plätzen im Jahr 2010. Es folgten mit einem gewissen Abstand auf Rang 3 SAT.1 (6,8%), auf Rang 4 RTL (6,3%) und auf Rang 5 Pro7 (4,9%). ZDF, VOX und die Ersten Programme der ARD lagen mit jeweils rund vier Prozent nur knapp vor der privaten österreichischen Konkurrenz bzw.

mit ihr gleichauf. Die privaten Konkurrenzsender ATV (3,5%) und PULS 4 (2,5%) positionierten sich auf Platz 8 bzw. 11 im Mittelfeld, das heißt, sie konnten von den Verlusten des ORF nur geringfügig profitieren. ATV musste 2010 zum ersten Mal in seiner Geschichte einen geringen Verlust seines Marktanteils hinnehmen, während sich PULS 4 leicht verbessern konnte (vgl. RTR, 2011, S. 174 ff.).

Ein vergleichbares Bild zeichnet sich bei der Reichweitenentwicklung für den ORF ab (vgl. **Abbildung 2**). Beide ORF-Programme mussten in den letzten Jahren kontinuierliche Verluste hinnehmen. Ein Blick auf die Tagesreichweite des Mediums Fernsehen zeigt Parallelen zu der Entwicklung des Gesamt-ORF. Sie konnte 2010 erstmalig seit langem wieder einen kleinen Anstieg verbuchen, langfristig gesehen verliert das Medium jedoch an Zuspruch. Die deutlichsten Verluste beim ORF sind seit dem sprunghaften Anstieg digitaler Satellitenempfänger im Jahr 2005 zu verzeichnen. Oftmals werden die jüngsten Verluste auch in Verbindung mit der Programmreform im Jahr 2007 gebracht. Aber auch hier gilt: Trotz der Verluste liegen ORF eins und ORF 2 mit Tagesreichweiten von 31 bzw. 39 Prozent nach wie vor weit vor ihren Konkurrenten und dominieren die TV-Nutzung.

Abbildung 2   Reichweitenentwicklung (1991-2010, Angaben in Prozent)

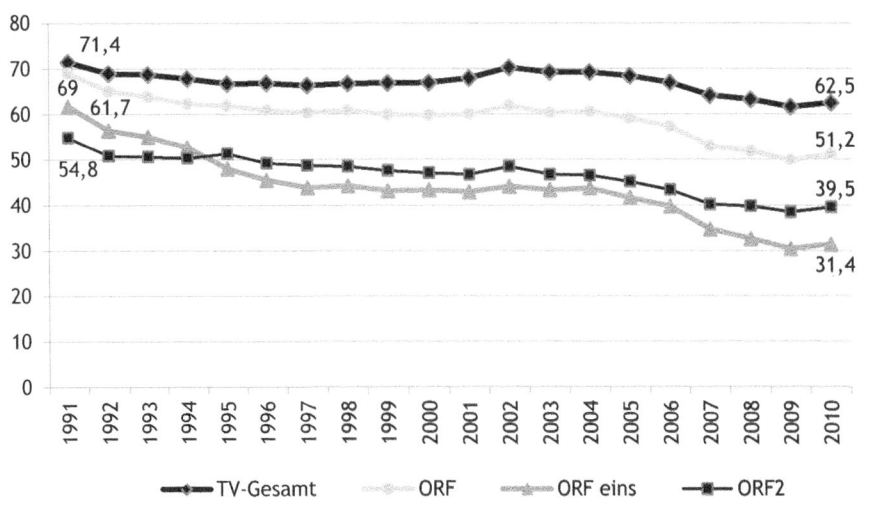

Quelle: Teletest, österreichische Bevölkerung in TV-Haushalten ab zwölf Jahren, alle Empfangsebenen.

In der Gegenüberstellung zeigt sich, dass nicht alle Sender so stark unter Druck geraten sind wie der ORF. Insbesondere ATV kann seit seinem Start im Jahr 2002 kontinuierliche Zuwächse verzeichnen und liegt mittlerweile bei rund 15 Prozent Tagesreichweite. Daneben verbleiben sowohl die deutschsprachigen Sender als auch alle ausländischen Sendergruppen insgesamt auf einem sehr hohen Niveau (vgl. RTR 2011, S. 173 f.).

Zusammengefasst lässt sich festhalten, dass der ORF mit fortschreitender Digitalisierung des Fernsehmarktes und damit zunehmender Programmvielfalt kontinuierlich Marktantei-le eingebüßt sowie an Reichweite verloren hat.[3] Gegenüber den 1990er-Jahren sind den ORF-Programmen beinahe 20 Prozent Reichweite abhandengekommen, wobei die Verluste von ORF eins noch größer sind als die von ORF 2. Letzterer erreicht durch seine Pro-grammgestaltung die etwas günstigere Konkurrenzsituation, denn die ausgeprägte Positi-onierung eines öffentlich-rechtlichen Angebots geht in seinem Fall einher mit einer stärke-ren Alleinstellung im Fernsehmarkt. Dagegen steht ORF eins mit seinem unterhaltungsori-entierten Programm in starker Konkurrenz zu den privaten deutschen Programmen (vgl. Woelke & Trebbe, 2010, S. 82 ff.).

Die sukzessiven Verluste sind auf mehrere Einflussfaktoren zurückzuführen. Erste deutli-che Verluste sind einerseits die Folge der zunehmenden Verbreitung von Kabel- und Satel-litenanschlüssen und damit einhergehend ausländischer Programme (insbesondere priva-ter deutscher TV-Sender). Andererseits wird diese Konkurrenz seit 2003 durch die Markteintritte inländischer privater TV-Programme verstärkt. Darüber hinaus spielt der äußerst erfolgreiche Digitalisierungsverlauf in den letzten Jahren eine zentrale Rolle. Die nahezu abgeschlossene Digitalisierung des Satellitenempfangs wurde seit 2006 nicht zuletzt auch durch die beginnende Umstellung des analogen Antennenfernsehens forciert und erweitert für mehr als die Hälfte der österreichischen TV-Haushalte die Programmauswahl enorm (vgl. RTR, 2011, S. 72 f.).

3.2 Altersgebundene Reichweitenverteilung

Erwartungsgemäß finden sich die niedrigsten Tagesreichweiten des ORF in den jüngsten Zielgruppen, das heißt unter den 14- bis 29-Jährigen. Im Zehn-Jahres-Vergleich hat sich an dieser Verteilung nichts verändert, lediglich das Reichweitenniveau hat sich auf einem weitaus geringeren Level eingependelt. Interessant ist allerdings, dass sich die Reich-weitenverluste für alle ORF-Programme nicht auf die jüngste Altersgruppe beschränken, sondern sich ein Rückgang in allen Altersgruppen beobachten lässt. Der höchste ist in der Altersgruppe der 30- bis 39-Jährigen feststellbar.

In der Gegenüberstellung der ORF-Programme zeigen sich unterschiedliche, zum Teil ge-genläufige Entwicklungen (vgl. **Abbildung 3**): ORF eins verliert in allen Altersgruppen an Reichweite, das heißt, sowohl jüngere als auch ältere Zuschauer/innen wenden sich ab. Tendenziell muss dieser Sender aber bei den älteren Zuschauergruppen stärkere Verluste hinnehmen als bei den jüngeren. Auch bei ORF 2 zeigen sich in allen Altersgruppen Rück-gänge, allerdings fallen diese in der Gruppe der 14- bis 19-Jährigen am geringsten aus, während sie in den anderen Altersgruppierungen jeweils knapp zehn Prozentpunkte be-tragen. Lediglich in der Altersgruppe der 30-bis 39-Jährigen liegen sie mit 14 Prozent dar-

---

[3]   Auch die Nutzungszeit der ORF-Angebote sinkt kontinuierlich. Betrug sie 1991 noch 98 Minuten, sahen die Zuschauer/innen 2009 durchschnittlich nur noch 60 Minuten österreichische öffentlich-rechtliche Sender (vgl. Dürager & Steininger, 2010, S. 70).

über. Diese Differenzen müssen sicherlich im Kontext der Programmausrichtung von
ORF eins und ORF 2 interpretiert werden. ORF 2 positioniert sich mit seinem fernsehpublizistischen Angebot in erster Linie als Sender zur Meinungsbildung, Bildung und/oder Beratung und damit ganz klar als öffentlich-rechtlicher Sender. Seine Informationskompetenz
steht nicht in unmittelbarer Konkurrenz zu anderen ausländischen, vor allem deutschsprachigen privaten Sendern. Dagegen konkurriert ORF eins aufgrund seines Programmprofils
– der Schwerpunktsetzung auf fiktionale Unterhaltungssendungen – viel stärker mit den
privaten deutschen Programmen (vgl. Woelke & Trebbe, 2010, S. 82 ff.).

Abbildung 3   Altersgebundene Reichweitenverluste (2001-2010, Angaben in Prozent)

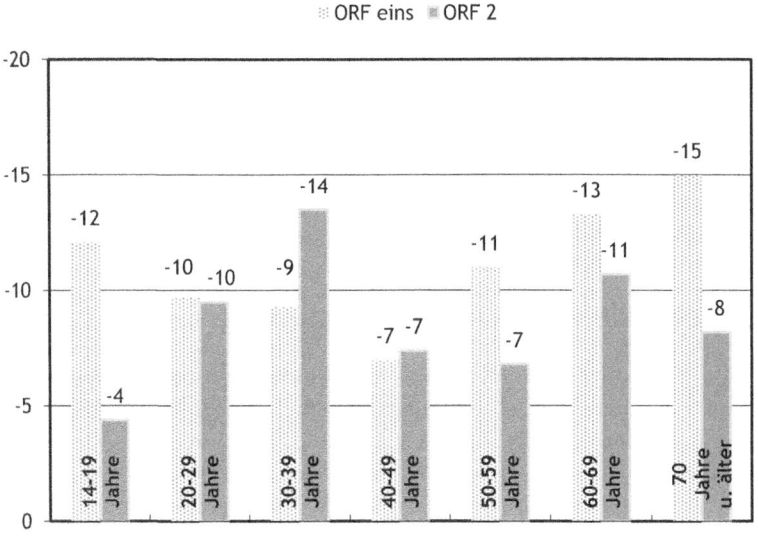

Quelle: Teletest, österreichische Bevölkerung in TV-Haushalten ab zwölf Jahren, alle Empfangsebenen.

Generell erfährt das Medium Fernsehen hohe Reichweitenverluste (circa zehn Prozent) in
den jüngeren und mittleren Altersgruppen (bis unter 40 Jahre), während diese Rückgänge
in den anderen Altersgruppen nur bei fünf Prozent oder darunter liegen. Alles in allem
zeigen sich auf der quantitativen Betrachtungsebene sowohl Bedeutungsverluste für das
Medium Fernsehen insgesamt als auch für die öffentlich-rechtlichen Sender. Es bleibt die
Frage, ob sich dieses Bild auch auf einer qualitativen Bewertungsebene bestätigt.

3.3 Vertrauen und Glaubwürdigkeit

Betrachten wir zunächst die Nutzungsgewohnheiten im Hinblick auf politische Nach-richten- und Informationsangebote.[4] Fernsehen ist in Österreich nach wie vor die primäre politische Informationsquelle; jede/r zweite Österreicher/in bezeichnete es im Jahr 2009 als die wichtigste politische Informationsquelle. Gleichzeitig ist das Fernsehen auch das Medi-um, dem die größte Glaubwürdigkeit als politische Informationsquelle zugesprochen wird, wobei im Zeitverlauf tendenziell ein Rückgang feststellbar ist.

Interessant ist zudem, dass die Österreicher/innen im europäischen Vergleich den Medien ihres Landes ein überdurchschnittlich hohes Vertrauen entgegenbringen. Österreich liegt hier über dem europäischen Durchschnitt (auch klar über den Nachbarstaaten Deutschland und Italien). Darüber hinaus wird den klassischen Medien (TV, Radio und Print) stärker vertraut als den wichtigsten europäischen und nationalen politischen Institutionen. Dabei sind Fernsehen und Radio grundsätzlich die Medien mit dem größten Vertrauensbonus in der Bevölkerung, im gesamten EU-Gesamtvergleich liegt das österreichische Fernsehen an dritter Stelle (vgl. Plasser & Lengauer, 2010, S. 25 ff.).

Im direkten Sendervergleich waren es bislang auch ORF 2 und ORF eins, die am glaub-würdigsten beurteilt wurden. Allerdings zeigt eine aktuelle Studie, in der sowohl der öko-nomische als auch der psychologische Markenwert der wichtigsten TV-Sender in Öster-reich in der Zielgruppe der 14- bis 49-Jährigen erhoben wurde, bereits Veränderungen.[5] Neben der allgemeinen Fernsehnutzung und Senderbekanntheit bzw. -präferenz wurde auch die wahrgenommene Qualität der Programmmarken gestützt auf die erhaltenen Gra-tifikationen in den Bereichen Information, Unterhaltung und Kommunikation erhoben. Die Ergebnisse der Untersuchung dokumentieren einerseits, dass die öffentlich-rechtlichen Sender bezüglich des ökonomischen Gesamtmarkenwertes[6] unangefochten an der Spitze liegen, andererseits aber im psychologischen Markenbild in einigen Bewertungskategorien im Sendervergleich schlechtere Positionen einnehmen (vgl. Förster & Grüblbauer, 2010, S. 75 ff.). So zeigen sich in den Profilen der beiden ORF-Programme zwar weiterhin hohe Qualitätskompetenzen, überraschenderweise werden im Gesamtvergleich aber RTL und Pro7 bezüglich ihrer Informationskompetenzen besser bewertet als ORF eins und ORF 2. Dabei stehen die öffentlich-rechtlichen Programme vor allem für Glaubwürdigkeit, gut ausgebildete, kompetente Journalist/innen und die Erfüllung der Kritik- und Kontrollfunk-tion (vgl. Förster & Grüblbauer, 2010, S. 56 ff.).

---

[4] Exemplarisch sollen im Folgenden einige Key-Facts vorgestellt werden, eine detaillierte Darstel-lung findet sich in Plasser & Lengauer, 2010. Die hier vorgestellten Daten stammen aus unter-schiedlichen Befragungen.

[5] Die repräsentative Online-Befragung von Personen im Alter von 14 bis 49 Jahren (N=2000) wurde im September 2009 durchgeführt.

[6] Als Indikatoren sind in diese Berechnung der Marktanteil, die Entwicklung des Marktanteils, die Durchschnittsreichweite und die Bruttowerbeerlöse eingeflossen.

Alles in allem deuten die Befunde nach wie vor auf eine dominante und klare Marken-
positionierung des ORF als politischer Informationslieferant für glaubwürdige Nachrichten
hin. Erste Anzeichen, dass diese inhaltliche Positionierung für den ORF nicht mehr unein-
geschränkt für alle Zuschauergruppen gilt, finden sich in der Wahrnehmung des Publikums vor allem bezüglich des psychologischen Markenwertes. Wie stark diese Umbrüche
auch die funktionalen Erwartungen und damit das Image des öffentlich-rechtlichen Rundfunks in Österreich in der Gesamtbevölkerung tangieren, verdeutlicht das nachfolgende
Kapitel.[7]

3.4 Bewertung des ORF auf funktionaler Ebene

Über alle Nutzungsmotive hinweg zeigt sich auf den ersten Blick die universelle Überle-
genheit sowohl des Mediums Fernsehens als auch der TV-Programme des ORF (vgl. **Tabelle 1**). Auch wenn man die Betrachtung ausschließlich auf die informationsorientierten Nutzungsmotive fokussiert, verändert sich dieses Bild nicht, denn in der direkten Gegenüberstellung der einzelnen Medien bestätigt sich die Dominanz des ORF. In der Gesamtbevölkerung erfüllen die Fernsehprogramme des ORF die informationsorientierten Nutzungsmotive am stärksten, sei es als Quelle für aktuelle Information und Hintergrund-
informationen, „um mitreden zu können" oder „um zu wissen, was in der Welt vorgeht".

Tabelle 1   Nutzungsmotive im Altersvergleich (2008, Angaben in Prozent)

| Rang | Gesamt | | 14 bis 29 Jahre | | 30 bis 49 Jahre | | 50 Jahre + | |
	Medium	%	Medium	%	Medium	%	Medium	%
Aktuelle Infos								
1	ORF TV	76	ORF TV	66	ORF TV	72	ORF TV	86
2	TZ	54	Privat TV	39	TZ	54	TZ	65
3	Privat TV	30	Internet	38	Internet	37	ORF Hörfunk	35
Hintergrundinformationen								
1	ORF TV	59	ORF TV	48	ORF TV	53	ORF TV	70
2	TZ	43	Internet	42	TZ	42	TZ	57
3	Internet	31	Privat TV	41	Internet	42	ORF Hörfunk	30

---

[7]   Die folgenden Daten beziehen sich auf eine repräsentative Umfrage, die im Oktober 2008 bei Per-
      sonen ab 14 Jahren (n=550) von der Karmasin Marktforschung (Österreichisches Gallup Institut)
      durchgeführt wurde und unter anderem die Nutzungsmotive für einzelne Medien erfasst hat. Die
      Funktionsabfrage wurde wie folgt erhoben: „Wozu verwenden Sie persönlich folgende Medien?"

Rang	Gesamt Medium	%	14 bis 29 Jahre Medium	%	30 bis 49 Jahre Medium	%	50 Jahre + Medium	%
Mitreden können								
1	ORF TV	50	Internet	54	ORF TV	44	ORF TV	60
2	TZ	42	ORF TV	42	TZ	44	TZ	52
3	Privat TV	36	Privat TV	41	Internet	44	ORF Hörfunk	32
Wissen, was in der Welt vorgeht								
1	ORF TV	73	ORF TV	63	ORF TV	70	ORF TV	82
2	TZ	60	Privat TV	55	TZ	61	TZ	69
3	Privat TV	48	Internet	48	Privat TV	51	ORF Hörfunk	43
Meinung bilden								
1	ORF TV	63	ORF TV	54	ORF TV	60	ORF TV	72
2	TZ	55	Privat TV	48	TZ	53	TZ	67
3	Privat TV	38	Internet	45	Internet	44	ORF Hörfunk	37
Immer auf dem neuesten Stand sein								
1	ORF TV	67	ORF TV	55	ORF TV	65	ORF TV	76
2	TZ	55	Internet	55	TZ	56	TZ	65
3	Internet	39	Privat TV	42	Internet	49	ORF Hörfunk	35
Unterhaltung								
1	ORF TV	70	Privat TV	70	ORF TV	66	ORF TV	79
2	Privat TV	60	ORF TV	59	Privat TV	63	Privat TV	53
3	Mag./Intern.	30	Internet	45	Internet	41	ORF Hörfunk	36
Entspannung								
1	ORF TV	63	Privat TV	57	ORF TV	60	ORF TV	70
2	Privat TV	52	ORF TV	54	Privat TV	57	Privat TV	44
3	Magazine	32	Internet	40	Magazine	34	ORF Hörfunk	38

Quelle: Karmasin Marktforschung (repräsentative Befragung 2008, n=550).

Vergleicht man die Funktionalität der Medien in den einzelnen Altersgruppen, zeigen sich jedoch Veränderungen in der Nennungshäufigkeit und in der Rangreihe, die bereits auf Funktionsverschiebungen und einen Bedeutungsverlust des öffentlich-rechtlichen Fernsehens hindeuten: Für Personen ab 50 Jahren stehen die öffentlich-rechtlichen Fernsehprogramme unangefochten an erster Stelle, es folgen auf Rang 2 Tageszeitungen und auf Rang 3 die Hörfunkprogramme des ORF. In der mittleren Altersgruppe bleiben die ersten Rangplätze gleich, aber auf Platz 3 schiebt sich – je nach Nutzungsmotiv – das Internet oder das Privatfernsehen. Bei den Personen unter 30 Jahren löst sich dieses Bewertungsmuster noch viel stärker auf: So schiebt sich je nach Nutzungsmotiv bei den Personen ab 30 Jahren entweder das private Fernsehen oder das Internet auf Rang 2 bzw. 3. Das heißt, der ORF (sei es TV oder Radio) ist im informationsorientierten Medienmenü der jüngeren Altersgruppe nicht mehr so stark verankert wie bei älteren Personengruppen. Vergleichbare Trends zeigen sich auch bei der Einschätzung der Unterhaltungs- und Entspannungsfunktion. Erwartungsgemäß spielen bei der Befriedigung derartiger Bedürfnisse die privaten Programme eine weitaus größere Rolle als die öffentlich-rechtlichen.

Diese Entwicklungen werden auch in der altersabhängigen Betrachtung einzelner Imageattribute bestätigt (vgl. **Abbildung 4**). Jüngere Zuschauer/innen finden die Fernsehprogramme des ORF in der Regel altmodischer, konservativer, unzuverlässiger, unkritischer, unseriöser und unglaubwürdiger als ältere Zuschauer/innen. Bis auf wenige Ausnahmen (Zuverlässigkeit und Wichtigkeit) decken sich sogar die Aussagen der unter 30-Jährigen mit denen der 30- bis unter 50-Jährigen in dieser Einschätzung. Davon heben sich die Zuschauer/innen ab 50 Jahren wieder deutlich ab. In ihrer Wahrnehmung ist der ORF nach wie vor kritischer, seriöser und glaubwürdiger und damit ein wichtiges Medium. Darüber hinaus attestieren ältere Rezipient/innen den Programmen des ORF auch in höherem Maße Zuverlässigkeit und Unterhaltsamkeit.

Abbildung 4   Imageprofil des ORF im Altersvergleich

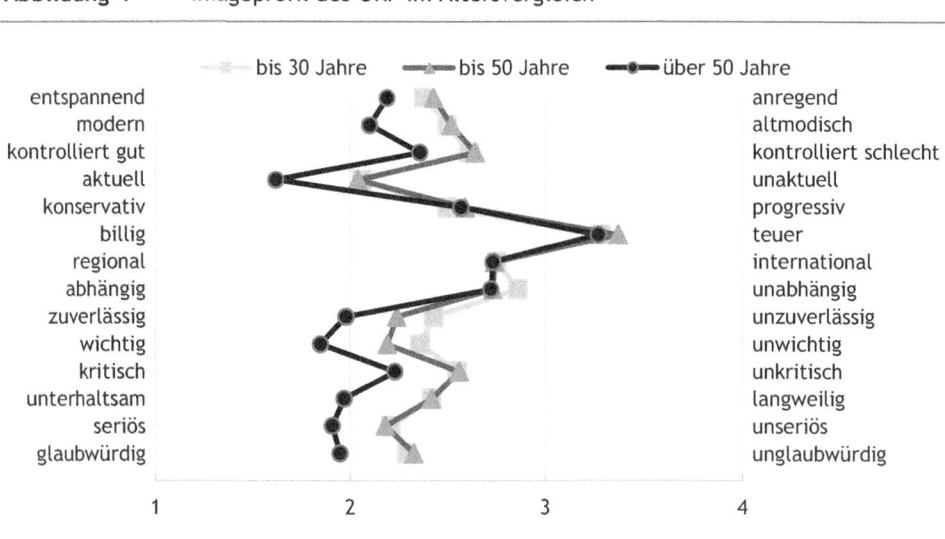

Quelle: Karmasin Marktforschung (repräsentative Befragung 2008, n=550); Mittelwerte.
Frage: Sagen Sie mir bitte, wie sehr die folgenden Eigenschaften auf die jeweiligen Medien zutreffen.

Alles in allem lassen sich aus der Sicht des Publikums also gravierend veränderte Qualitätsbeurteilungen des ORF auf funktionaler Ebene feststellen. Diese kommen erwartungsgemäß in den einzelnen Altersgruppen unterschiedlich stark zum Tragen, betreffen aber alle den Markenkern des ORF.

4 Fazit und Ausblick

Die Analyse zeigt, dass am österreichischen Fernsehmarkt die Fragmentierung des Publikums spät, aber damit umso intensiver mit der fortschreitenden Digitalisierung eingesetzt hat. In einer Vielkanalumgebung sieht sich der ORF mittlerweile einem harten Wettbewerb um Marktanteile bzw. Werbeeinnahmen ausgesetzt. Dieser Konkurrenz- und Veränderungsdruck wird in den nächsten Jahren noch anhalten, wenn nicht sogar steigen. Doch drohen mit den Reichweitenverlusten auch der Reputationsverlust und der Verlust der Breitenwirkung? Und was heißt das in einem Land wie Österreich mit einer sehr spezifischen Konstellation im Medienmarkt?

Denn sinkende Akzeptanzwerte werden nicht nur auf der quantitativen Ebene, sondern auch auf der funktionalen Ebene sichtbar. Die Beantwortung der Frage, ob der ORF im Fernsehbereich seine bislang dominierende Informations- und Orientierungsfunktion weiterhin aufrechterhalten kann, ist somit von zentraler Relevanz. Allerdings konnte anhand der vorliegenden Daten nicht gezeigt werden, ob es sich bei den Verlusten in den jüngeren Zielgruppen lediglich um Alters- oder auch um Kohorteneffekte handelt. Fakt ist, dass die enormen strategischen Wettbewerbsvorteile aufgrund der jahrzehntelangen Monopolsituation am Fernsehmarkt langsam, aber sicher verlorengehen. Noch sind die ORF-Programme zwar die reichweitenstärksten, aber im direkten Vergleich von Erwartung und subjektiv wahrgenommener Leistung nimmt die Zufriedenheit der Fernsehzuschauer/innen mit der Programmqualität ab. Die ehemals klar definierte Positionierung des ORF verliert nicht zuletzt auch erheblich durch die programmliche Anpassung an privat-kommerzielle Anbieter und massentaugliche Inhalte. Vor dem Hintergrund des österreichischen Medienmarktes ist diese Entwicklung umso kritischer zu beurteilen.

Aufgabe des ORF sollte es somit sein, sich innerhalb einer klaren Markenstrategie auf seine Kernkompetenzen zu besinnen, denn nur diese gewährleisten seine Unverwechselbarkeit und eine abgrenzbare Positionierung. Zweifelsohne ist der Markenkern von Qualitätsmedien ihre Glaubwürdigkeit. Dies gilt sowohl für die klassischen Verbreitungswege als auch für die Online-Auftritte (vgl. Elitz, 2010). Bislang hat sich gezeigt, dass das Publikum sehr wohl zwischen einzelnen Anbietern unterscheiden kann. Allerdings verschwinden diese Grenzziehungen mit der Flut an Online-Informationen und der zunehmenden Gratiskultur immer stärker. Das heißt, Qualität ist auch aus Publikumssicht durchaus ein dynamischer Begriff, der dem Wandel der Zeit unterliegt und dessen Bewertung sich verändert.

Zentral für etablierte Medienmarken ist es, ihren Glaubwürdigkeitsvorsprung auch in Online-Welten überzuführen. Denn nur dann bleiben etablierte Medienmarken in sich weiter fragmentierenden Märkten für die Nutzer/innen relevant. Eine Überführung eines breit akzeptierten Programmportfolios auf mehrere Ausspielkanäle ist somit Voraussetzung dafür, auch in medienkonvergenten Welten zu bestehen. Der Erfolg des ORF-Online-Angebots bestätigt dies eindrucksvoll. Vielleicht gelingt in Zukunft auch eine stärkere Rückbesinnung auf die Wettbewerbsvorteile der Medienmarke ORF im traditionellen Fernsehprogramm, sodass die gesuchten Gratifikationen aus Publikumssicht wieder vermehrt erfüllt werden. Unabdingbar dafür ist ein transparenter und breiter Diskurs über die Ziele und die Zukunft des ORF, in dem Programmqualität im Kontext der Public-Value-Debatte nicht nur zu Selbstlegitimierung und Marketingzwecken genutzt wird. Selbstverständlich sollte in diesem Qualitätsdiskurs das Urteil der Zuschauer/innen eine zentrale Rolle spielen und ernstgenommen werden.

Literatur

Arnold, Klaus (2009). Qualitätsjournalismus: Die Zeitung und ihr Publikum. Konstanz: UVK.

Blumers, Marianne; Gerstner, Oliver & Tebert, Miriam (2010). Wie Zuschauer die Qualität von Fernsehen beurteilen. In Media Perspektiven, o. Jg. (3), S. 131–142.

Bretschneider, Rudolf & Hawlik, Johannes (2001). Programm und Auftrag zwischen Qualität und Quote. Wien. Verfügbar unter http://mediaresearch.orf.at/c_studien/qualitaetsmonitoring.pdf [25.02.2013].

Dürager, Andrea & Steininger, Christian (2010). Fernsehnutzung in Österreich. Befunde zu deren Wandel und dem Verhältnis zwischen Fernsehen und Internet. In Steininger, Christian & Woelke, Jens (Hrsg.), Fernsehen in Österreich 2009/2010 (S. 65–89). Konstanz: UVK.

Elitz, Ernst (2010). Glaubwürdigkeit als Markenkern. In Schröder, Michael & Schwanbeck, Axel (Hrsg), Qualität unter Druck: Journalismus im Internet-Zeitalter (S. 79–83). Baden-Baden: Nomos.

Förster, Kati & Grüblbauer, Johanna (2010). TV-Marken in Österreich: Eine Erhebung des ökonomischen und psychologischen Markenwertes. Schriftenreihe der Rundfunk und Telekom Regulierungs-GmbH, Band 3/2010. Wien: RTR. Verfügbar unter http://www.rtr.at/de/komp/Publikationen/Band3-2010.pdf [25.02.2013].

Hasebrink, Uwe (1997). Die Zuschauer als Fernsehkritiker? Anmerkungen zum vermeintlichen Missverhältnis zwischen „Qualität" und „Quote". In Weßler, Hartmut; Matzen, Christiane; Jarren, Otfried & Hasebrink, Uwe (Hrsg.), Perspektiven der Medienkritik (S. 201–215). Opladen: Westdeutscher Verlag.

Hasebrink, Uwe (2000). Journalistische Qualität aus der Perspektive des Publikums. In Medienwissenschaft Schweiz, o. Jg. (1), S. 6–9.

Imhof, Kurt (2011). Einleitung. Die Medien und die Demokratie. In Forschungsbereich Öffentlichkeit und Gesellschaft/Universität Zürich [fög] (Hrsg.), Jahrbuch 2011 Qualität der Medien (S. 9–24). Basel: Schwabe Verlag.

Jarren, Otfried & Vogel, Martina (2011). „Leitmedien" als Qualitätsmedien: Theoretisches Konzept und Indikatoren. In Blum, Roger; Imhof, Kurt & Bonfadelli, Heinz (Hrsg.), Krise der Leuchttürme öffentlicher Kommunikation: Vergangenheit und Zukunft der Qualitätsmedien. Reihe Mediensymposium Luzern: Bd. 11 (S. 17–29). Wiesbaden: VS Verlag.

Oehmichen, Ekkehardt (1993). Qualität im Fernsehen aus Zuschauerperspektive. In Media Perspektiven, o. Jg. (1), S. 16–20.

ORF Mediaresearch (2010). Fernsehen (Technischer Empfang und Haushaltsausstattung). Verfügbar unter http://mediaresearch.orf.at/index2.htm?fernsehen/fernsehen_heimel.htm [25.02.2013]

ORF (2011): Wert über Gebühr. Public Value Bericht 2010/2011. Wien. Verfügbar unter http://zukunft.orf.at/show_content.php?sid=93&pvi_id=967 [25.02.2013].

Plasser, Fritz & Lengauer, Günther (2010). Die österreichische Medienarena. Besonderheiten des politischen Kommunikationssystems. In Plasser, Fritz (Hrsg.), Politik in der Medienarena. Praxis politischer Kommunikation in Österreich (S. 19–52). Wien: Facultas.

Rinsdorf, Lars (2009). Alte und neue Medien aus Publikumssicht. In Müller, Daniel; Ligensa, Annemone & Gondolla, Peter (Hrsg.), Leitmedien. Konzepte – Relevanz – Geschichte: Band 1 (S. 171–198). Bielefeld: transcript.

Rundfunk und Telekom Regulierungs-GmbH [RTR] (2011). Kommunikationsbericht 2010.

Schenk, Michael & Gralla, Susanne (1993). Qualitätsfernsehen aus der Sicht des Publikums. In Media Perspektiven, o. Jg. (1), S. 33–40.

Stark, Birgit (2009). Konstanten und Veränderungen der Mediennutzung in Österreich. Empirische Befunde aus den Media-Analyse-Daten (1996-2007). In SWS-Rundschau, 49 (2), S. 130–153.

Weischenberg, Siegfried (2006). Medienqualitäten: Zur Einführung in den kommunikationswissenschaftlichen Diskurs über Maßstäbe und Methoden zur Bewertung öffentlicher Kommunikation. In Weischenberg, Siegfried; Loosen, Wiebke & Beuthner, Michael (Hrsg.), Medien-Qualitäten. Öffentliche Kommunikation zwischen ökonomischen Kalkül und Sozialverantwortung (S. 9–34). Konstanz: UVK.

Weischenberg, Siegfried; Loosen, Wiebke & Beuthner, Michael (Hrsg.). (2006). Medien-Qualitäten. Öffentliche Kommunikation zwischen ökonomischen Kalkül und Sozialverantwortung. Konstanz: UVK.

Woelke, Jens & Trebbe, Joachim (2010). Diffusion oder Dependenz? Entwicklungen des Fernsehens in Österreich und in der Schweiz in der Prime Time. In Arbeitsgemeinschaft der Landesmedienanstalten [ALM] (Hrsg.), ALM Programmbericht 2009 (S. 76–93). Berlin: Vistas.

Was Jugendliche vom ORF erwarten: eine Exploration

Regula Troxler

1 Einleitung

Wo ich will, wann ich will und was ich will: Diese drei Maximen beschreiben das Medienverhalten Jugendlicher. Insbesondere das Internet nimmt einen zentralen Stellenwert in ihrem Alltag ein (vgl. Feierabend & Rathgeb, 2011, S. 300–301), weil es zeit- und ortsunabhängig genutzt werden kann und eine Vielzahl an Angeboten zugänglich macht. So verbrachten deutsche Jugendliche und junge Erwachsene zwischen 14 und 29 Jahren 2012 durchschnittlich zweieinhalb Stunden (150 Minuten) pro Tag im Internet. Statistisch gesehen liegt die tägliche Fernsehnutzungsdauer in dieser Altersgruppe zwölf Minuten (138 Minuten), beim Hörfunk um vier Minuten niedriger (146 Minuten; vgl. ARD/ZDF-Onlinestudie, 2012, o. S.). Die 30- bis 49-Jährigen verbringen hingegen jeweils mehr als doppelt so viel Zeit vor dem Fernseher (226 Minuten) und Radio (207 Minuten) als im Internet (99 Minuten; vgl. ARD/ZDF-Onlinestudie, 2012, o. S.).

Der öffentlich-rechtliche Rundfunk, der zwar auch im Internet vertreten ist, aber traditionell eher über Fernseh- und Radioprogramme definiert wird, gerät dadurch unter Druck. Zwar steigt generell die Fernseh- und Radionutzung im Altersverlauf und wird das teilweise auch bei der heute jungen Generation tun. Dennoch ist anzuzweifeln, „[...] dass die jüngeren, verstärkt mit den privaten Angeboten sozialisierten Zuschauer quasi automatisch wieder zu den öffentlich-rechtlichen Programmen kommen, wenn sie älter werden." (Simon et al., 2011, S. 146).

Abseits von Nutzungsdaten stellt sich daher für den öffentlich-rechtlichen Rundfunk die Frage, welchen Stellenwert er in der Gesellschaft hat und künftig haben wird: Für Public-Value-orientierte Medienunternehmen sind hohe Reichweiten und Marktanteile nicht alleiniger Erfolgsfaktor. Vielmehr zählt ihre gesellschaftliche Legitimation, mittels derer sie ausgestattet werden, um gesellschaftlich wertvolle Angebote bereitzustellen (vgl. Troxler et al., 2011, S. 139; Karmasin, 2011, S. 18). Im vorliegenden Beitrag wird folglich die Ausgangsthese vertreten, dass die Erwartungshaltungen von Jugendlichen an den öffentlich-rechtlichen Rundfunk relevant sind, auch wenn diese ihn möglicherweise kaum nutzen (vgl. Latzl & Troxler, 2010, S. 23). Dabei geht es nicht um individuelle Bedürfnisse, die durch Medienkonsum gestillt werden, sondern um gesellschaftliche Aufgaben. Wenn der öffentlich-rechtliche Rundfunk bei der Erfüllung dieser Aufgaben als relevant wahrgenommen wird, so wird auch seine gesellschaftliche Legitimation gesichert.

Die Forschungslage dazu ist – im Gegensatz zu individuellen Funktionen der Mediennutzung (vgl. Überblick bei Schweiger, 2007) – noch unterentwickelt. Eine Vorstudie zur Relevanz des öffentlich-rechtlichen Rundfunks für Jugendliche kam zu dem Ergebnis, dass der ORF bei der jungen Zielgruppe in Österreich nicht schlechter abschneidet als bei den Erwachsenen (vgl. Latzl & Troxler, 2010, S. 23). Offen blieb jedoch, welche Faktoren diese Relevanzzuschreibung ausmachen, das heißt, welche Aufgaben das Publikum als besonders wichtig wahrnimmt. Die zentrale Frage, die in diesem Beitrag daher empirisch am Beispiel des ORF untersucht werden soll, lautet: Welche gesellschaftlichen Aufgaben soll der öffentlich-rechtliche Rundfunk aus Sicht der Jugendlichen erfüllen? Um ein differenziertes Ergebnis zu erhalten, soll hierbei betrachtet werden, welche Unterschiede es bei den Erwartungshaltungen innerhalb der Gruppe der Jugendlichen bzw. jungen Erwachsenen sowie zwischen diesen und Erwachsenen gibt. Ziel ist es somit aufzuzeigen, welche Potenziale und Grenzen der öffentlich-rechtliche Rundfunk hinsichtlich seiner gesellschaftlichen Aufgaben aus Sicht des jungen Publikums aufweist.

2 Hintergrund: Legitimation durch Integration

Aus dem ORF-Gesetz lässt sich für Jugendliche ein rechtlicher Anspruch auf eine breite Berücksichtigung ihrer Interessen im Programmangebot des ORF ableiten: Im Programmauftrag ist festgelegt, dass der ORF durch die Gesamtheit seiner Programme für „die angemessene Berücksichtigung aller Altersgruppen" (§ 4 Abs. 1 ORF-G) zu sorgen hat. Weiters „hat der Österreichische Rundfunk ein differenziertes Gesamtprogramm von Information, Kultur, Unterhaltung und Sport für alle anzubieten. Das Angebot hat sich an der Vielfalt der Interessen aller Hörer und Seher zu orientieren und sie ausgewogen zu berücksichtigen" (§ 4 Abs. 2 ORF-G). Der öffentlich-rechtliche Rundfunk soll also ein vielfältiges Programm für alle bieten – und das mit hoher Qualität (vgl. § 4 Abs. 4 ORF-G).

Wenn Public Value als Mehrwert *für alle* verstanden wird, muss das auch für die jungen Mitglieder der Gesellschaft gelten. „Unser Auftrag: Communities matter. Gesellschaft zählt", formuliert der ORF (2008, S. 80) selbst in seinem ersten Public-Value-Bericht „Wert über Gebühr" zur Dimension des Gesellschaftswerts.[1] Ausführlicher dazu die BBC in ihrem Manifest „Building Public Value":

> *Broadcasting is a civic art. It is intrinsically public in ambition and effect. We may experience it individually, but it is never a purely private transaction. To turn on a TV or radio is to enter a communal space and to be constantly aware of and influenced by that fact. This shared experience may itself represent a significant public value – the communal glue which some call social capital.*
> (BBC, 2004, S. 6)

---

[1] Der ORF identifiziert in seinem Bericht fünf Dimensionen für Public Value: individueller Wert, Gesellschaftswert, Österreichwert, internationaler Wert und Unternehmenswert (vgl. ORF 2008, S. 8–9).

In der Kommunikationswissenschaft wird dieser „communal glue", der „Kleister" für gesellschaftlichen Zusammenhalt, als eine soziale Integrationsfunktion beschrieben, die Massenmedien normativ erfüllen sollen: Indem sie es den einzelnen Mitgliedern der Gesellschaft über eine gemeinsame Informationsbasis ermöglichen, am öffentlichen Diskurs teilzunehmen und dadurch öffentliche Meinung und gemeinsame Wertvorstellungen entstehen können, tragen Medien auf verschiedene Weise zur Integration der Individuen in die Gesellschaft bei. Gerade öffentlich-rechtliche Rundfunkanstalten verfolgen nach Maletzke (vgl. 1980/2002, S. 71) bewusst Integrationsziele, da sie ein ausgewogenes Programm anbieten sollen, das darum bemüht ist, auf alle unterschiedlichen Gruppen innerhalb der Gesellschaft einzugehen und sie darauf aufmerksam zu machen, dass sie aufeinander angewiesen sind.

Demgegenüber steht in der medienwissenschaftlichen Diskussion die Fragmentierungsthese, die davon ausgeht, dass mit dem zunehmenden Medienangebot – auf den Rundfunk bezogen mit der Einführung des dualen Systems verknüpft – eine Zersplitterung der Gesellschaft in voneinander abgeschottete Teilgruppen einhergeht und durch die unterschiedlichen konsumierten Inhalte die Anschlusskommunikation zwischen den Bürgerinnen und Bürgern erschwert wird. Lucht kommt nach Abwägen der medien- und sozialwissenschaftlichen Erkenntnisse zum Schluss, dass „die Annahme gerechtfertigt [scheint], dass der öffentlich-rechtliche Rundfunk in seiner momentanen Ausprägung und mit seinem momentanen Programmangebot die Integrationsfunktion erfüllt" (Lucht, 2006, S. 271). Denn auch wenn nur ein Teil der Gesellschaft von öffentlich-rechtlichen Programmen erreicht wird: Entscheidend ist, dass die gebotenen Inhalte hohe Qualität haben und umfassend informieren, damit sie den gesellschaftlichen Diskurs in der Bevölkerung auch zwischen Teilgruppen anregen (vgl. Lucht, 2006, S. 250–252).

Junge Menschen haben also nicht nur einen rechtlichen Anspruch auf Teilhabe und auf eine Stimme in der Definition von Public-Value-Zielen; der öffentlich-rechtliche Rundfunk hat darüber hinaus auch die soziale Funktion, den gesellschaftlichen Zusammenhalt generationenübergreifend zu fördern. Dies kann nur gelingen, wenn unterschiedliche gesellschaftliche Gruppen in ihren Erwartungen übereinstimmen bzw. jeweils gegenseitig die spezifischen Bedürfnisse anerkennen. Für Jugendliche sind in diesem Zusammenhang besonders Entwicklungsaufgaben, wie die Ablösung vom Elternhaus, die eigene Identitätsentwicklung und die Übernahme von (politischer) Verantwortung zentral (vgl. Bonfadelli, 2006, S. 25–26), wie im nächsten Kapitel erläutert wird.

3 Hintergrund: Legitimation als Sozialisationsagenten

Dass Medien heutzutage eine wichtige Rolle im Heranwachsen von jungen Menschen spielen, gilt als unbestritten. So konstatierten Baacke et al. bereits 1990, dass Medien einen zentralen Stellenwert im Leben von Jugendlichen einnehmen würden, sodass Lebenswelten gleichzeitig Medienwelten seien (vgl. Baacke et al., 1990). Im „Generationenbarometer 2009" zeigte sich, dass diese Einschätzung mittlerweile auch von der deutschen Bevölkerung geteilt wird: So nennen 56 Prozent der Befragten Medien als wichtigste Sozialisatoren, noch vor Freunden (44%) und Eltern (31%) (vgl. Haumann, 2009, S. 220).

Unter Sozialisation versteht man in den Sozialwissenschaften „die Gesamtheit aller sozial vermittelten Lernprozesse, in denen Individuen in ihrer jeweiligen historisch bestimmten, gesellschaftlichen und kulturellen Lage sozial handlungsfähig werden" (Vollbrecht & Wegener, 2010, S. 9). Mediensozialisation lässt sich dabei empirisch nicht von anderen Sozialisationsprozessen abgrenzen, weil mediale Kommunikation meistens bereits Bestandteil dieser Prozesse ist (vgl. Vollbrecht & Wegener, 2010, S. 9). Außerdem sind Medien zugleich „Spiegel und Transporteure anderer Sozialisatoren, welche die Heranwachsenden vermittelt durch die Medien erfahren" (Süss, 2004, S. 65).

Anders als Eltern oder Peer-Groups können Medien auch nicht als klassische Sozialisationsinstanzen begriffen werden, denn sie können ihre unbestimmten Adressaten, die Rezipientinnen und Rezipienten, weder belohnen noch sanktionieren. Daher spricht Süss von Medien als Sozialisationsagenten, die „ohne expliziten Auftrag oder Sanktionsmittel in Wahlgemeinschaften oder zufälligen Kontakten sozialisierend wirken" (Süss, 2004, S. 25).

Die Aufgabe der Medien und insbesondere des öffentlich-rechtlichen Rundfunks unter einer Mediensozialisationsperspektive zu betrachten, bedeutet nun zu fragen, welche entwicklungsfördernden Angebote dieser für die jungen Menschen bereitstellt. Diese Frage ist zunächst unabhängig davon zu betrachten, wie die Angebote genutzt und angeeignet werden. Sie stellt gleichsam die Voraussetzung für mediensozialisatorische Prozesse dar. Süss nennt diese Dimension in seinem Modell der Mediensozialisation daher „präkommunikativ" (Süss, 2004, S. 274) und streicht hervor: „Die Medienangebote gewinnen ihre subjektive und objektive Relevanz durch ihre Vielfalt, die Kosten der Mediengeräte und -angebote und durch die Passung mit den Bedürfnissen und Kompetenzen der Sozialisanden" (Süss, 2004, S. 274). Nebst dem Zugang zu (bestimmten) Medien sind also auch die Bedürfnisse der Heranwachsenden ein zentraler Faktor, der mitentscheidet, ob (bestimmte) Angebote Sozialisationsaufgaben erfüllen können. Daher sind die Erwartungen der jungen Menschen für den öffentlich-rechtlichen Rundfunk ein entscheidender Orientierungspunkt für die gesellschaftliche Aufgabenerfüllung.

Außerdem sind die über Erwartungshaltungen geäußerten Bedürfnisse nicht nur die Folge des individuellen Zustandes und selbstbestimmt, sondern immer auch von der Umwelt und anderen Sozialisatoren mitgeprägt (vgl. Süss, 2004, S. 75). So ist anzunehmen, dass Jugendliche den Medien auch solche Aufgaben zuweisen, die etwa von Eltern, Lehrpersonen oder Peers als relevant erachtet und geäußert werden. Medien selbst könnten die Erwartungshaltungen beeinflussen, indem sie Vorstellungen von jugendlichen Entwicklungsaufgaben (re-)präsentieren. Auf einer Makroebene ist außerdem zu betrachten, dass medienbezogene Aufgabenzuschreibungen auch durch den allgemeinen medialen und gesellschaftlichen Wandel geprägt werden, wie im folgenden Kapitel beschrieben wird.

4 Hintergrund: Legitimation und medialer Wandel

Jugendliche von heute wachsen zumeist in einem von Medien durchdrungenen Alltag auf. Was sie dabei von der Erwachsenengeneration unterscheidet, ist, dass sie es nicht anders kennen. So verfügte etwa 1964 nur rund jeder zweite deutsche Haushalt über ein Fernsehgerät – und konnte darauf gerade einmal zwischen zwei Programmen wählen (vgl. Engel & Best, 2010, S. 2). Die Zulassung von Privatfernsehen (in Deutschland Anfang der 1980er-Jahre, in Österreich erst Ende 1990), die Verbreitung von ausländischen Programmen via Satellit (ab Anfang der 1990er-Jahre), die Erfindung und Verbreitung des Internets als neues Medium (ab Mitte der 1990er-Jahre) sind nur einige der wichtigsten Meilensteine der Medienentwicklung, die zu einer vielfältigen und ausdifferenzierten Medienlandschaft beigetragen haben (vgl. Stöber, 2003, S. 108–110 und 169–170; Dussel, 2004, S. 271).

Neben der angebotsseitigen Ausdehnung der Medien verwenden die Menschen heute auch durchschnittlich mehr Zeit für Mediennutzung als früher (vgl. Gerhards & Klingler, 2006, S. 79). Jugendliche sind hier besonders zu beachten, weil sie durchschnittlich nicht nur mehr, sondern auch länger Medien nutzen als Erwachsene. Zahlreiche Studien zeigen, welchen umfassenden Stellenwert Medien im Alltag von Jugendlichen einnehmen. In Deutschland etwa wird seit 1998 jährlich eine umfassende Studie zum Medienumgang der Zwölf- bis 19-Jährigen durchgeführt, die Studienreihe „Jugend, Information und (Multi-) Media" (JIM), aus der sich aufgrund des gemeinsamen Sprachraumes und des ähnlichen Mediensystems Tendenzen für die österreichische Jugend ablesen lassen. Im Erhebungszeitraum Mai bis Juli 2010 wurden 1.208 deutsche Jugendliche telefonisch befragt. Die Ergebnisse zeigen, dass neun von zehn Jugendlichen regelmäßig, das heißt zumindest mehrmals pro Woche, im Internet surfen und ebenso viele regelmäßig fernsehen. Drei Viertel hören regelmäßig Radio. Die Printmediennutzung ist deutlich geringer: 44 Prozent der Jugendlichen nutzen regelmäßig Tageszeitungen und 27 Prozent Zeitschriften und Magazine (vgl. Feierabend & Rathgeb, 2011, S. 300).

Um den Wandel zu beschreiben, können die Daten verglichen werden, wie Klingler (2008) es für die JIM-Studie gemacht hat. Im Vergleich mit der Studie von 1998 zeigt sich, dass die Nutzung von Radio, Fernsehen und Printmedien bei Jugendlichen im Durchschnitt abgenommen hat. Am deutlichsten sank dabei die zumindest mehrmals wöchentliche Nutzung von Zeitschriften, die 1998 bei 49 Prozent lag, auf 29 Prozent im Jahr 2008. Der Rückgang der regelmäßigen Nutzung beim Fernsehen ist hingegen nur sehr gering, von 95 auf 89 Prozent im Zehn-Jahres-Vergleich. Die Internetnutzung stieg hingegen rasant an, und zwar von nur fünf Prozent im Jahr 1998 auf 84 Prozent zehn Jahre später (vgl. Klingler, 2008, S. 627).

Dieser mediale Wandel, der in den letzten zehn Jahren vor allem durch das Internet geprägt wurde, ist zugleich ein gesellschaftlicher Wandel. Dabei kann der Medienwandel nicht nur als Ursache und Folge von gesellschaftlichem Wandel angenommen werden, sondern auch als Ausdruck und Teil davon (vgl. Krotz, 2003, S. 15). Mit diesem auch als Mediatisierung bezeichnetem Phänomen gehen auch andere gesellschaftliche Metaprozesse einher, etwa die Ökonomisierung, Globalisierung und Individualisierung (vgl. Krotz, 2007,

S. 27). Insgesamt zeigen Befunde der Mediatisierungsforschung, dass sich mit der Zunahme von Medienangeboten auch neue Medienfunktionen sowie neue Nutzungskontexte entwickeln. Außerdem haben Medien sowohl im Alltag der Menschen als auch für Institutionen und Organisationen sowie insgesamt für Kultur und Gesellschaft eine zunehmend größere Bedeutung (vgl. Krotz, 2007, S. 32).

Es ist daher anzunehmen, dass sich die Erwartungen an die Medien und ihre gesellschaftlichen Aufgaben sowohl im Altersverlauf als auch über alle Altersgruppen hinweg aufgrund des medialen und gesellschaftlichen Wandels ändern. Zudem bedingt die mediale Differenziertheit der heutigen Gesellschaft auch eine stärkere Ausdifferenzierung der Nutzungsmuster innerhalb der jeweiligen Altersgruppe:

> *Der Unterschied zwischen Alt und Jung ist zwar nach wie vor ein markanter, aber er kann ohne Zweifel ergänzt werden durch Differenzen auf der Akzeptanz- und Aneignungsebene innerhalb der älteren, aber eben auch innerhalb der jüngeren Generation.* (Jäckel, 2010, S. 249)

Die Jugendlichen sind also bei ihrem Medienumgang keine homogene Gruppe (vgl. Bonfadelli, 2006, S. 26). Insbesondere strukturelle Faktoren wie das Bildungsniveau und soziodemografische Faktoren wie das Geschlecht (vgl. Feierabend & Rathgeb, 2011, S. 305) erklären hier Unterschiede innerhalb der Jugendlichen.

Zusammenfassend ist also festzuhalten, dass die Erwartungshaltungen gegenüber den Medien durch ähnliche Faktoren geprägt werden können wie die Medienzuwendung selbst. Nebst der Frage, welche gesellschaftlichen Aufgaben der öffentlich-rechtliche Rundfunk aus Sicht der Jugendlichen erfüllen soll, will der vorliegende Beitrag diese Annahme überprüfen, indem die Erwartungshaltungen der Jugendlichen zunächst gesamt (vgl. **Kapitel 6.2**), dann differenziert nach bestimmten Merkmalen (vgl. **Kapitel 6.3**) und schließlich im Vergleich mit der erwachsenen Altersgruppe (vgl. **Kapitel 6.4**) beleuchtet werden.

5   Untersuchungsanlage

5.1 Sekundäranalyse

Bei der vorliegenden Untersuchung handelt es sich um eine Sekundäranalyse von Daten, die im Rahmen einer quantitativen Befragung im Auftrag des ORF erhoben wurden. Ziel der Befragung war es zu untersuchen, ob das Selbstverständnis des ORF hinsichtlich seiner Aufgaben und Leitlinien für das Publikum relevant ist. Dafür wurden die 18 vom ORF (2011) definierten Public-Value-Wertekategorien in Aussagesätze umformuliert. Diese Items wurden als Wünsche oder Zielerwartungen formuliert („Der ORF soll …" o. Ä.), deren Wichtigkeit die Probandinnen und Probanden auf einer fünfstufigen Skala entsprechend den Schulnoten (1=sehr wichtig, 5=überhaupt nicht wichtig) beurteilen sollten. Zusätzlich wurden die Mediennutzung auf Gattungsebene und detaillierter für die ORF-Angebote sowie allgemeine Lebenseinstellungen und soziodemografische Merkmale abgefragt.

Die Face-to-face-Interviews fanden im Zeitraum Dezember 2010 bis März 2011 statt. Befragt wurden insgesamt 443 Personen ab 14 Jahren. Die Probandinnen und Probanden wurden mittels eines Quotaverfahrens repräsentativ für die österreichische Bevölkerung hinsichtlich der Merkmale Alter, Bildung und Geschlecht ermittelt.

Für die vorliegende Sekundäranalyse wurden entsprechend der Zielsetzung Spezialauswertungen mit den Daten der 14- bis 29-jährigen Befragten durchgeführt. Diese hat aufgrund der bislang kaum erforschten Fragestellung explorativen Charakter, möchte also mögliche Anknüpfungspunkte für die weitere theoretische und methodische Auseinandersetzung aufzeigen und geht nicht hypothesenprüfend vor.

5.2 Soziodemografie der Stichprobe

Von den 99 Jugendlichen und jungen Erwachsenen (14 bis 29 Jahre) in der Stichprobe sind 50 weiblich und 49 männlich. 30 Befragte sind zwischen 14 und 19 Jahren alt, wovon eine bereits eine Höhere Schule mit Matura, drei eine Lehre oder Mittelschule ohne Matura und 26 die Pflichtschule abgeschlossen haben.

Tabelle 1 Soziodemografie der Stichprobe: Vergleich 14- bis 29-Jährige (n=99) und gesamt (n=443)

		14- bis 29-Jährige		Gesamtstichprobe	
		n	%	n	%
Alter	14-19 Jahre	30	30	30	7
	20-29 Jahre	69	70	69	16
	30-39 Jahre	.	.	77	17
	40-49 Jahre	.	.	87	20
	50-59 Jahre	.	.	68	15
	60 Jahre und älter	.	.	112	25
Geschlecht	männlich	49	49	209	47
	weiblich	50	50	234	53
Höchste abgeschlossene Ausbildung	Pflichtschule	33	33	111	25
	Lehre, Mittlere Schule ohne Matura	35	35	220	50
	Höhere Schule mit Matura	22	22	66	15
	Hochschule, Universität	9	9	46	10
Gesamt		99	100	443	100

Von den 69 Befragten zwischen 20 und 29 Jahren haben neun eine Hochschule oder Universität absolviert, 21 eine Höhere Schule mit Matura und 32 eine Lehre oder Mittelschule ohne Matura; sieben junge Erwachsene haben einen Pflichtschulabschluss. Da die Variablen Geschlecht, Alter und Bildungsniveau ausschlaggebend für die Quotierung der Stichprobe waren, sind die Befragten in diesen Merkmalen repräsentativ für die österreichische Bevölkerung. Die Verteilung der Merkmale in der Spezialgruppe der Jugendlichen und jungen Erwachsenen (14- bis 29-Jährige) im Vergleich zur Gesamtstichprobe ist in **Tabelle 1** dargestellt.

6   Ergebnisse

6.1 Medien-, Sender- und Genrepräferenzen der Jugend

Das Internet ist das meistgenutzte Medium der befragten Jugendlichen und jungen Erwachsenen: 87 Prozent geben an, täglich im Internet zu surfen; zwölf Prozent sind mehrmals pro Woche im Netz. Acht von zehn Befragten schauen täglich fern; zählt man jene 16 Prozent hinzu, die mehrmals pro Woche den Fernseher einschalten, ergibt sich auch für dieses Medium eine sehr hohe Nutzung. Radio hören hingegen nur rund vier von zehn Befragten täglich; weitere drei von zehn nutzen dieses Medium mehrmals pro Woche. Zeitungen und Zeitschriften weisen mit 26 Prozent die geringste tägliche Nutzung bei den jungen Befragten auf. Aber immerhin 38 Prozent geben an, mehrmals in der Woche Printmedien zu lesen.

Für Internet und Fernsehen, welche eine sehr hohe tägliche Nutzung aufweisen, können zudem Vielsurfer/innen bzw. Vielseher/innen abgegrenzt werden. Diese zeichnen sich durch eine tägliche Nutzung von mehr als 2,5 Stunden aus (vgl. Bonfadelli, 2004, S. 173). Rund 48 Prozent der Jugendlichen und jungen Erwachsenen, die täglich im Internet surfen, sind Vielsurfer/innen, und sogar rund 60 Prozent der täglichen Fernsehnutzer/innen gehören zu den Vielseher/innen.

Der ORF ist den Jugendlichen am ehesten von der Fernsehnutzung bekannt. So geben fast alle Befragten (98%) an, innerhalb der letzten Woche zumindest einen ORF-Fernsehsender gesehen zu haben. Am beliebtesten ist dabei ORF eins, der von 95 Prozent der Befragten zuletzt genutzt wurde. Das zweite Vollprogramm, ORF 2, haben zwei von fünf Befragten innerhalb der letzten Woche konsumiert. Eine/r von fünf hat außerdem ORF Sportplus und fünf Prozent haben TW1 geschaut, zwei Spartenprogramme, die abwechselnd auf einem Senderplatz ausgestrahlt wurden. 14 Prozent der befragten Jugendlichen gaben an, den Gemeinschaftssender 3sat in den letzten sieben Tagen genutzt zu haben.[2]

---

[2]   Zum Zeitpunkt der Befragung gab es die Spartenkanäle ORF III und ORF SPORT + (in der jetzigen Form) noch nicht.

Die ORF-Hörfunksender werden zwar von weniger Befragten genutzt als die Fernsehsender, allerdings hören die Jugendlichen, wie oben erwähnt, generell weniger Radio. Dass mehr als drei Viertel der Befragten angeben, zumindest einen ORF-Radiosender innerhalb der letzten Woche genutzt zu haben, ist dementsprechend eine überraschend hohe Anzahl. Am beliebtesten ist dabei der Popsender Ö3: 63 Prozent der Befragten haben ihn laut eigenen Angaben zuletzt gehört. FM4, der alternative Jugendradiosender des ORF, haben 36 Prozent der Befragten gehört. Der Klassiksender Ö1 und die ORF-Regionalradiosender wurden von jeweils rund zehn Prozent der Befragten genutzt.

Den ORF-Teletext hat laut eigenen Angaben rund die Hälfte der Befragten zumindest einmal innerhalb der letzten Woche aufgerufen. Auf das Online-Angebot des ORF, orf.at, haben drei von zehn befragten Jugendlichen und jungen Erwachsenen zugegriffen.

Diese Nutzungsdaten sind viel höher als die in der „Media-Analyse" ausgewiesenen durchschnittlichen Tagesreichweiten (vgl. Media-Analyse, 2010, o. S.), weshalb bei der Interpretation zu beachten ist: Die vorliegenden Angaben basieren ausschließlich auf dem Erinnerungsvermögen der Befragten, unterliegen möglicherweise Effekten sozialer Erwünschtheit und können vom tatsächlichen Konsum abweichen. Sie sind daher vielmehr als Maß für die Bekannt- und Beliebtheit der Sender bzw. Angebote zu interpretieren.

Das beliebteste Fernsehgenre der befragten Jugendlichen und jungen Erwachsenen ist die Serie: 62 Prozent reihen diese auf Platz eins von acht abgefragten Sendungsarten. Spielfilme interessieren 13 Prozent am meisten, wenn sie fernschauen. Nachrichtensendungen werden nur von fünf Prozent der Befragten als erste Präferenz angegeben. Definiert man allerdings eine Reihung dieses Genres auf den Rängen 1 bis 3 als hohes, auf den Rängen 4 und 5 als mittleres und auf den Rängen 6 bis 8 als niedriges Interesse an Nachrichten, so verteilt sich die Stichprobe wie folgt: Rund 30 Prozent der Befragten haben ein hohes, rund 48 Prozent ein mittleres und 22 Prozent ein niedriges Nachrichteninteresse.

Wie spiegeln sich diese Medienzuwendungen und -präferenzen der Jugendlichen nun in den gesellschaftlichen Aufgabenzuweisungen wider? Dies soll im Folgenden anhand ausgewählter Public-Value-Kategorien dargestellt werden.

6.2 Aufgaben des ORF aus Sicht der Jugend

Bei acht der 28 abgefragten Aussagen zu den Aufgaben des ORF lag die Zustimmung der Jugendlichen und jungen Erwachsenen bei über 75 Prozent (siehe **Tabelle 2**). Die meisten Befragten (91%) stimmen demnach der Aussage, „Der ORF soll umfassende, zuverlässige faktentreue Informationen liefern", sehr oder eher zu. Die Aussagen, „Der ORF soll Unterhaltungsangebote für alle anbieten" und „Der ORF soll preisgekrönte Serien zeigen", bekommen von 86 bzw. 84 Prozent der Befragten (hohe) Zustimmung. Für Jugendliche und junge Erwachsene sind also sowohl Information als auch Unterhaltung wichtige Aufgaben des ORF. Die beiden – oft als Gegenpole genannten – Dimensionen stellen für sie keinen Widerspruch dar.

Hohe Zustimmung erhalten auch jene Aussagen, die auf die Dimensionen Aufklärung, gesellschaftliche Verantwortung und Unabhängigkeit abzielen (siehe **Tabelle 2**).

Tabelle 2   Die relevantesten Aufgaben des ORF:
                    Zustimmung der 14- bis 29-Jährigen in Prozent

	Stimme sehr/ eher zu	Weder noch	Stimme eher/ überhaupt nicht zu
Der ORF soll umfassende, zuverlässige und faktentreue Informationen liefern. (n=99)	90,9	8,1	1,0
Der ORF soll Unterhaltungsangebote für alle anbieten. (n=99)	85,9	10,1	4,0
Der ORF soll preisgekrönte Serien zeigen. (n=99)	83,8	8,1	8,1
Die Angebote des ORF sollen bei komplizierten Sachverhalten über Zusammenhänge und Hintergründe informieren. (n=99)	78,8	16,2	5,1
Der ORF soll wichtige gesellschaftliche Themen für alle verständlich erklären. (n=99)	78,8	14,1	7,1
ORF-Angebote sollen Menschen mit Hör- und Sehbehinderungen zugänglich sein. (n =9 9)	78,8	12,1	9,1
Es ist mir wichtig, dass die Redakteure des ORF unabhängig von Parteien und der Wirtschaft arbeiten. (n=97)	78,4	12,4	9,3
Der ORF soll Hilfsprojekte initiieren und die Menschen zur Mithilfe aufrufen. (n=99)	75,8	14,1	10,1

Zwei Aussagen lehnen mehr junge Befragte ab als ihnen zustimmen (siehe **Tabelle 3**). Nur knapp drei von zehn Befragten befürworten die Aussage, „Der ORF soll Ergebnisse von Studien über seine Programmqualität veröffentlichen", fast vier von zehn stimmen eher/überhaupt nicht zu. Dies ist möglicherweise jedoch weniger als Ablehnung von Qualitätsstandards zu verstehen als vielmehr als Desinteresse gegenüber Studienveröffentlichungen. Über die Verwendung der Gebühren informiert zu werden, finden hingegen rund zwei Drittel der Befragten sehr bzw. eher wichtig.

Auch die Aussage, „Der ORF soll durch verschiedene Aktionen […] Kontakte zum Publikum herstellen", erhält vergleichsweise geringe Zustimmung (36 Prozent stimmen sehr/ eher zu). Partizipation außerhalb des Programms scheint für Jugendliche und junge Erwachsene also wenig bedeutsam zu sein. Die Teilhabe (anderer) innerhalb des Programms stößt jedoch auf mehr Zustimmung: So befürworten sechs von zehn Befragten die Aussage: „In den Programmen und Inhalten des ORF sollen verschiedene Meinungen zu Wort kommen, auch die von Bürgerinnen und Bürgern".

Tabelle 3 Transparenz, Partizipation, neue Medien: Zustimmung der 14- bis 29-Jährigen in Prozent

	Stimme sehr/ eher zu	Weder noch	Stimme eher/ überhaupt nicht zu
Der ORF soll durch verschiedene Aktionen, zum Beispiel Podiumsdiskussionen, Ausstellungen oder Wettbewerbe, Kontakte zum Publikum herstellen. (n=98)	35,7	21,4	42,9
Es ist mir wichtig, dass der ORF Ergebnisse von Studien über seine Programmqualität veröffentlicht. (n=97)	28,9	33,0	38,1
Der ORF soll neue Technologien entwickeln und ausbauen. (n=99)	43,4	30,3	26,3
In den Programmen und Inhalten des ORF sollen verschiedene Meinungen zu Wort kommen, auch die von Bürgerinnen und Bürgern. (n=99)	60,6	25,3	14,1
Es ist mir wichtig, dass der ORF die Allgemeinheit darüber informiert, wofür er die ORF-Gebühren verwendet. (n=96)	65,6	15,6	18,8
Es ist mir wichtig, dass der ORF seine Inhalte auch im Internet und in anderen neuen Medien verbreitet. (n=97)	69,1	17,5	13,4

Eine hohe Zustimmung erhält auch die Aussage: „Es ist mir wichtig, dass der ORF seine Inhalte auch im Internet und in anderen neuen Medien verbreitet." Rund 69 Prozent der Jugendlichen und jungen Erwachsenen befürworten dies. Die Entwicklung neuer Technologien sehen sie allerdings eher nicht im Aufgabenbereich des ORF: So stimmen nur rund 43 Prozent der Befragten der entsprechenden Aussage sehr bzw. eher zu (siehe **Tabelle 3**).

6.3   Einfluss von Geschlecht, Alter und Bildung auf die Aufgabenzuschreibung

Entsprechend den oben dargestellten bisherigen Erkenntnissen der Jugendforschung sind auch in dieser Untersuchung Unterschiede innerhalb der Gruppe der Jugendlichen und jungen Erwachsenen anzunehmen. Gerade hinsichtlich der Bemühungen des öffentlich-rechtlichen Rundfunks, die junge Zielgruppe mit spezifischen Angeboten anzusprechen, sind unterschiedliche Erwartungshaltungen von Bedeutung.

Im Rahmen der in der vorliegenden Studie abgefragten 28 Aufgaben zeigt sich, dass das Geschlecht keine relevante Unterscheidungskategorie bei den 14- bis 29-Jährigen ist. Nur die Aussage, „Der ORF soll neue Technologien entwickeln und ausbauen", befürworten deutlich mehr männliche (59%) als weibliche Jugendliche (28%, p<0,05). Umgekehrt finden es tendenziell mehr weibliche als männliche Befragte als eher bzw. sehr wichtig, dass der ORF „preisgekrönte Serien" zeigt (94% bzw. 73%, allerdings nur schwach signifikant).

Aufgrund des vorliegenden Untersuchungsdesigns kann in dieser Sekundäranalyse weiters zwischen Jugendlichen (14 bis 19 Jahre) und jungen Erwachsenen (20 bis 29 Jahre) differenziert werden. Allerdings sind hier nur vorsichtige Aussagen möglich, da die Fallzahlen insbesondere in der jüngeren Gruppe gering sind. Dennoch erweist sich diese Unterscheidung als bedeutsam – gerade aufgrund der Persönlichkeitsentwicklung und Veränderungen im soziokulturellen Umfeld (Ablösung vom Elternhaus, Ausbildungsabschluss, Erwerbstätigkeit etc.) ist im Übergang zur dritten Lebensdekade mit einem Wandel der Erwartungen an den öffentlich-rechtlichen Rundfunk zu rechnen.

Tabelle 4   Aufklärungs- und Orientierungsfunktion: Zustimmung in Prozent (stimme sehr/eher zu), Vergleich Jugendliche und junge Erwachsene

	14- bis 19-Jährige (n=30)	20- bis 29-Jährige (n=69)
Der ORF soll wichtige gesellschaftliche Themen für alle verständlich erklären.	70,0	82,6[*]
Die Angebote des ORF sollen bei komplizierten Sachverhalten über Zusammenhänge und Hintergründe informieren.	63,3	85,5[*]
Die Angebote des ORF sollen helfen, eine eigene Meinung zu bilden.	30,0	59,4[*]
[*] p<0,05		

Zum einen, so kann hier festgestellt werden, ist das Unterhaltungsinteresse der „jüngeren" größer als jenes der „älteren" Adoleszenten: So finden es 90 Prozent der 14- bis 19-Jährigen, aber nur 81 Prozent der 20- bis 29-Jährigen sehr bzw. eher wichtig, dass der ORF „preisgekrönte Serien" zeigt (p<0,05). Zum anderen ist die Aufklärungs- und Orientierungsfunktion des öffentlich-rechtlichen Rundfunks für junge Erwachsene wichtiger als für Jugendliche, die größtenteils noch nicht wahlberechtigt sind. Die entsprechenden Werte hierzu sind in **Tabelle 4** dargestellt.

Außerdem sind bei Aufgaben, die die Unternehmenskultur des öffentlich-rechtlichen Rundfunks betreffen, deutliche Bedeutungsverschiebungen festzumachen. So ist einerseits den 20- bis 29-Jährigen die Gebührentransparenz wichtiger als den 14- bis 19-Jährigen, die ja in der Regel noch im Elternhaus wohnen und daher nicht selbst abgabepflichtig sind: 77 Prozent der älteren, aber nur 39 Prozent der jüngeren Befragten stimmen der entsprechenden Aussage sehr/eher zu ($p<0{,}01$). Andererseits befürworten deutlich mehr 20- bis 29-Jährige (88%) als 14- bis 19-Jährige (55%, $p<0{,}01$) die Aussage, „Es ist mir wichtig, dass die Redakteure des ORF unabhängig von Parteien und der Wirtschaft arbeiten".

Hierbei dürfte aber auch die (auch) mit dem Alter zunehmende Bildung eine Rolle spielen: So stimmen bei den Befragten mit höherem Bildungsniveau 94 Prozent, mit mittlerem Bildungsniveau 85 Prozent und mit niedrigerem Bildungsniveau 56 Prozent der obigen Aussage zur Unabhängigkeit zu ($p<0{,}01$). Diese drei Bildungsgruppen[3] unterscheiden sich auch hinsichtlich ihrer Erwartung an Information: So befürworten 100 Prozent der Befragten mit höherem, 94 Prozent mit mittlerem und 79 Prozent mit niedrigerem Bildungsniveau die Aussage, „Der ORF soll umfassende, zuverlässige und faktentreue Informationen liefern" ($p<0{,}05$). Für die anderen abgefragten Public-Value-Aufgaben ist das Bildungsniveau der Jugendlichen und jungen Erwachsenen jedoch kein signifikantes Unterscheidungsmerkmal, was freilich an den geringen Fallzahlen in dieser Sekundäranalyse liegen mag.

Das Bildungsniveau hängt allerdings mit dem oben bereits erwähnten Nachrichteninteresse (NI) zusammen ($R=0{,}37$; $p<0{,}01$). Wie zu erwarten ist, finden stark nachrichteninteressierte Jugendliche und junge Erwachsene auch umfassende Information wichtiger als die weniger nachrichteninteressierten. Neun von zehn Befragten mit niedrigem Nachrichteninteresse, aber nur zwei von drei Befragten mit hohem Nachrichteninteresse finden es außerdem sehr/eher wichtig, dass der ORF preisgekrönte Serien zeigt ($p<0{,}05$).

Anders als das Bildungsniveau erklärt diese spezifische Genrevorliebe allerdings noch weitere Unterschiede in der Aufgabenzuschreibung. So zeigt sich etwa für die eher und sehr Nachrichteninteressierten eine deutlich stärkere Relevanz der Auslandsberichterstattung, der Geschichtsvermittlung sowie der Integration und Partizipation als für die weniger Interessierten (siehe **Tabelle 5**).

---

[3]   Niedrigeres Bildungsniveau = Pflichtschule; mittleres Bildungsniveau = Lehre, Mittlere Schule ohne Matura; höheres Bildungsniveau = Höhere Schule mit Matura, Hochschule, Universität.

Tabelle 5   Diverse Aufgaben: Zustimmung in Prozent (stimme sehr/eher zu),
                    Vergleich Nachrichteninteresse (NI)

	Hohes NI (n=29)	Mittleres NI (n=47)	Niedriges NI (n=22)
Der ORF soll wichtige gesellschaftliche Themen für alle verständlich erklären.	93,1	76,6	63,6*
Der ORF soll durch Auslandskorrespondentinnen und -korrespondenten aus der ganzen Welt berichten.	86,2	63,8	31,8**
In den Programmen und Inhalten des ORF sollen verschiedene Meinungen zu Wort kommen, auch die von Bürgerinnen und Bürgern.	79,3	63,8	31,8**
Der ORF soll in seinen Angeboten Wissen über österreichische Geschichte vermitteln.	69	46,8	22,7*
Der ORF soll in seinen Angeboten dazu beitragen, dass sich Migrantinnen und Migranten gut integrieren können.	62	59,6	18,2**

* $p < 0,05$; ** $p < 0,01$

6.4 Public Value der Jugend: mehr Unterhaltung, mehr Internet

Wie unterscheiden sich die Aufgabenzuschreibungen an den ORF zwischen den Generationen? Haben jüngere andere Erwartungen als ältere Menschen? Die vorliegende Untersuchung kommt zu differenzierten Ergebnissen: Die zentrale Kompetenz des öffentlich-rechtlichen Rundfunks, die Information, scheint für alle Altersgruppen relevant zu sein. So gibt es in der Beurteilung der Items, „Der ORF soll umfassende, zuverlässige und faktentreue Informationen liefern" und „Die Angebote des ORF sollen bei komplizierten Sachverhalten über Zusammenhänge und Hintergründe informieren", keine signifikanten Unterschiede zwischen den 14- bis 29-Jährigen und den über 30-Jährigen.

Deutliche, signifikante Unterschiede in der Erwartungshaltung gegenüber dem ORF zeigen sich jedoch hinsichtlich des Unterhaltungswertes: So steht beim Item, „Der ORF soll Unterhaltungsangebote für alle anbieten", der Zustimmung von 68 Prozent bei den 14- bis 29-Jährigen eine von 74 Prozent bei den über 30-Jährigen gegenüber ($p < 0,05$). Das Item, „Der ORF soll preisgekrönte Serien zeigen", stößt, wie oben erwähnt, bei den Jugendlichen und jungen Erwachsenen auf eine sehr hohe Zustimmungswert von 84 Prozent, während nur 56 Prozent der Gruppe 30+ diese Aufgabe sehr bis eher wichtig findet ($p < 0,01$).

Ebenfalls signifikant wichtiger für die jungen als für die älteren Befragten ist die Verbreitung des Angebots auf neuen Plattformen: So stimmen sieben von zehn 14- bis 29-Jährige, aber nur die Hälfte der über 30-Jährigen der Aussage, „Es ist mir wichtig, dass der ORF seine Inhalte auch im Internet und in anderen neuen Medien verbreitet", sehr oder eher zu (p>0,05).

Bei den anderen Aussagen, die signifikante Beurteilungsunterschiede zwischen den Generationen aufweisen, ist die Zustimmung der Jugendlichen und jungen Erwachsenen jeweils niedriger als bei den Erwachsenen. Besonders groß sind die Divergenzen bei den eher „abstrakten" Aufgaben, die keinen direkten Bezug zum Programmangebot aufweisen. So finden es weitaus mehr befragte über 30-Jährige sehr bis eher wichtig, über die Verwendung der Gebühren oder die Programmqualität Bescheid zu wissen, als 14- bis 29-Jährige. Weitere Beispiele sind in **Tabelle 6** dargestellt.

Tabelle 6 Abstrakte Aufgaben: Zustimmung in Prozent (stimme sehr/eher zu), Vergleich Junge und Erwachsene

	14- bis 29-Jährige	Über 30-Jährige
Es ist mir wichtig, dass der ORF Ergebnisse von Studien über seine Programmqualität veröffentlicht. (n_1=97, n_2=336)	28,8	52,7**
Es ist mir wichtig, dass der ORF in die Weiterbildung seiner Mitarbeiterinnen und Mitarbeiter investiert. (n_1=97, n_2=336)	52,6	68,2*
Es ist mir wichtig, dass der ORF die Allgemeinheit darüber informiert, wofür er die ORF-Gebühren verwendet. (n_1=96, n_2=336)	65,6	80,4**
Es ist mir wichtig, dass die Redakteure des ORF unabhängig von Parteien und der Wirtschaft arbeiten. (n_1=97, n_2=336)	78,3	92,6**
Der ORF soll durch verschiedene Aktionen […] Kontakte zum Publikum herstellen. (n_1=98, n_2=341)	35,7	41,9**
* p<0,05; ** p<0,01		

Eine Reihe von Aussagen zielte darauf ab, die Bedeutung eines nationalen Programms auszuloten. Obwohl hier die Zustimmung der befragten Jugendlichen und jungen Erwachsenen im Vergleich zu anderen Aufgaben im Mittelfeld liegt, zeigt sich ein deutlicher Relevanzunterschied im Vergleich mit den erwachsenen Befragten (siehe **Tabelle 7**). Insgesamt lassen diese Ergebnisse den Schluss zu, dass der Österreich-Bezug für die jüngere Generation nicht so wichtig ist wie für die älteren.

Tabelle 7   Nationales Angebot: Zustimmung in Prozent (stimme sehr/eher zu), Vergleich Junge und Erwachsene

	14- bis 29-Jährige	Über 30-Jährige
Der ORF soll in seinen Angeboten Wissen über österreichische Geschichte vermitteln. (n_1=99, n_2=341)	48,5	78,6[**]
Der ORF soll österreichisches Brauchtum und Besonderheiten des Landes vermitteln. (n_1=99, n_2=338)	45,4	69,0[**]
Der ORF soll in seinen Angeboten die kulturelle Vielfalt Österreichs abbilden. (n_1=99, n_2=338)	53,5	74,3[**]
Der ORF soll nicht nur über Wien berichten, sondern über alle Regionen Österreichs. (n_1=99, n_2=339)	65,6	82,3[**]
In Filmen des ORF sollen österreichische Schauspieler und Schauspielerinnen sowie österreichische Drehorte gezeigt werden.	50,6	62,9[*]
(n_1=99, n_2=340); [*] $p<0,05$; [**] $p<0,01$		

Für die Originalauswertung der Befragung wurden außerdem vier „Public-Value-Typen" ermittelt (vgl. Christl et al., 2011, S. 67–73), deren allgemeine Lebenseinstellungen und Erwartungshaltungen an den ORF sich jeweils innerhalb des Typs ähneln und im Vergleich zu den anderen Typen deutlich unterscheiden. So zeichnen sich die Mitglieder des Typs „Ich-bezogene Interessierte" (34% der Gesamtstichprobe) etwa dadurch aus, dass ihnen die Entfaltung und Verwirklichung eigener Ideen besonders wichtig sind; an den ORF stellen sie hauptsächlich den Anspruch auf umfassende Information. Die „wertetreuen Boden-ständigen" (30%) haben eine eher konservative Lebenseinstellung und wünschen sich vom ORF Heimatbezug und soziale Leistungen. Die „fordernden Werte-Universalisten" (20%) stellen hohe Ansprüche an den ORF, insbesondere was die Kategorien „Transparenz" und „Kompetenz" betrifft. Den vierten Typus bilden die „modernen Spaß-Orientierten" (16%), die sich durch eine hedonistische Werteeinstellung auszeichnen und sich innovative Ange-bote und Unterhaltung wünschen (vgl. Gonser, 2011, S. 21–22).

Für die vorliegende Sekundäranalyse ist nun interessant, welchem Typus die Jugendlichen und jungen Erwachsenen angehören. Dies ist in **Tabelle 8** dargestellt: Es zeigt sich, dass überdurchschnittlich viele junge Befragte zu den „Ich-bezogenen Interessierten" gehören. Bei den 14- bis 19-Jährigen sind aber auch die „Modernen Spaß-Orientierten" stark vertre-ten. Die Geschlechterverteilung innerhalb der Typen ist relativ ausgewogen. Die höher und mittel gebildeten Jungen sind bei den „Ich-bezogenen Interessierten" und bei den „werte-treuen Bodenständigen" überrepräsentiert, die niedriger gebildeten bei den „modernen Spaß-Orientierten".

Tabelle 8   Merkmale der Public-Value-Typen bei den 14- bis 29-Jährigen
                      (in Prozent innerhalb des Merkmals; n=95)

		Ich-bezogene Interessierte	Wertetreue Boden-ständige	Fordernde Werte-Universalisten	Moderne Spaß-Orientierte
Alter	14-19 Jahre	50,0	14,3	0	35,7
	20-29 Jahre	67,2	14,9	3,0	14,9
Geschlecht	männlich	58,3	14,6	4,2	22,9
	weiblich	66,0	14,9	0	19,1
Bildungs-niveau[4]	hoch	70,0	20,0	3,3	6,7
	mittel	67,6	14,7	2,9	14,7
	niedrig	48,4	9,7	0	41,9
Gesamt		62,1	14,7	2,1	21,1

Diese Gegenüberstellung macht deutlich, dass die Public-Value-Erwartungen von Jugendlichen und jungen Erwachsenen spezifisch betrachtet werden müssen. Eine eigene Typologie wäre auch für diese Zielgruppe relevant, konnte allerdings aufgrund der geringen Fallzahlen mit der vorliegenden Sekundäranalyse nicht bewerkstelligt werden. Hier gilt es,
noch mehr Daten zu sammeln, um detailliertere Auswertungen vornehmen zu können.

7   Fazit

Auf Basis der theoretischen Überlegungen und aufgrund der gesammelten Daten können
folgende vier Bereiche von Erwartungshaltungen von Jugendlichen und jungen Erwachsenen an den öffentlich-rechtlichen Rundfunk ausgemacht werden:

1. *Integrative Public-Value-Kriterien*: Diese Erwartungen werden von der gesamten Bevölkerung geteilt. Sie erzielen also durchwegs hohe Zustimmung, auch wenn möglicherweise
   kein einiges Bedürfnis an der Nutzung entsprechender Formate besteht. Sie wirken somit integrativ, weil hier am ehesten Konsens für die Legitimation des öffentlich-
   rechtlichen Rundfunks geschaffen werden kann. Die vorliegende Studie kann dies vor
   allem für Aufgaben in der Kategorie Information, aber auch gesellschaftliche Verantwortung und Unabhängigkeit belegen.

---

4   Siehe Fußnote 3.

2. *Entwicklungsorientierte Public-Value-Kriterien* sind speziell für Jugendliche besonders wichtig und lassen sich vor dem Hintergrund der Rolle von Medien bei der Sozialisation erklären. Für Jüngere steht hier vor allem die Entwicklung der eigenen Identität im Vordergrund, die mittels Unterhaltungsangeboten gefördert werden kann. Im Alter von 20 bis 29 Jahren, also mit der Loslösung vom Elternhaus, dem Eintritt ins Berufsleben oder Studium und dem politischen Mitspracherecht, spielen laut vorliegender Untersuchung vor allem jene Aufgaben, die der Orientierung und Aufklärung dienen, eine zentrale Rolle.

3. Als *mediatisierte Public-Value-Kriterien* können jene Aufgaben beschrieben werden, die aufgrund des medialen und gesellschaftlichen Wandels für Jugendliche und junge Erwachsene bereits selbstverständlicher (und damit relevanter) sind als für ältere Zielgruppen, die sich der neuen Medienumgebung langsamer anpassen. So erwarten sich Jugendliche viel stärker als Erwachsene, dass der öffentlich-rechtliche Rundfunk auch im Internet vertreten ist. Auch die geringere Relevanz von nationalen Bezügen im Medienangebot könnte durch die Globalisierung der Medien und der Gesellschaft möglicherweise erklärt werden.

4. *Interessenorientierte Public-Value-Kriterien:* Schließlich dürften persönliche Interessen auch für die Erwartungshaltungen an den öffentlich-rechtlichen Rundfunk ausschlaggebend sein. So kann generell das hohe Unterhaltungsbedürfnis der Jugendlichen ein Indiz dafür sein, dass diese sich auch vom öffentlich-rechtlichen Rundfunk entsprechende Angebote wünschen. Für den öffentlich-rechtlichen Rundfunk bedeutet dies daher, dass er versuchen muss, die obigen Public-Value-Aufgaben auch über solche Angebote zu erfüllen, die den Interessen von Jugendlichen und jungen Erwachsenen entsprechen.[5]

Diese Unterscheidung soll eine erste Systematisierung darstellen, die freilich noch weiterer theoretischer wie empirischer Modellierung bedarf. Um die Erkenntnisse absichern zu können, wäre einerseits eine Spezialstudie für Jugendliche mit größerer Stichprobe erforderlich. Wenn diese regelmäßig durchgeführt würde, könnte die Stabilität von Erwartungshaltungen untersucht werden. Andererseits würde eine qualitative Studie zu detaillierten Ergebnissen und Erklärungen kommen. So könnte beispielsweise differenzierter untersucht werden, welche Rolle interne, das heißt selbstbestimmte, und externe, das heißt fremdbestimmte Faktoren bei der Formulierung von Erwartungshaltungen spielen. Gerade für Jugendliche ist hier anzunehmen, dass die geäußerten Aufgabenzuschreibungen stark durch Vorgaben der Sozialisatoren (z. B. Eltern, Lehrpersonen) und Konformitätsdruck (vor allem Peergroups) mitbestimmt sind.

Die vorliegende Bestandsaufnahme hatte eine differenzierte Betrachtung von Public-Value-Erwartungen zum Ziel. Sie zeigt auf, welche Potenziale und Grenzen der öffentlich-rechtliche Rundfunk für die gesellschaftliche Aufgabenerfüllung bei Jugendlichen und jungen Erwachsenen hat. Hohe gesellschaftliche Ansprüche dürften demnach auch jene

---

[5]   Zum gesellschaftlichen Wert von Unterhaltungsangeboten siehe Bauer, 2011.

haben, die das Angebot kaum nutzen (vgl. auch Latzl & Troxler, 2010, S. 26; Gonser, 2010, S. 46). Insbesondere die Kombination von interessenorientierten und anderen Public-Value-Kriterien scheint aber aus Sicht der Autorin ein wichtiger Faktor dafür zu sein, dass Jugendliche und junge Erwachsene gesellschaftliche Aufgaben nicht nur als relevant bezeichnen, sondern entsprechende Angebote auch nutzen. Dies ist schließlich die Voraussetzung dafür, dass die Public-Value-Angebote des öffentlich-rechtlichen Rundfunks die Gesellschaft auch erreichen.

Literatur

ARD/ZDF-Onlinestudie (2012). Mediennutzung. Verfügbar unter http://www.ard-zdf-onlinestudie.de/index.php?id=353 [25.02.2013].

Baacke, Dieter; Sander, Uwe & Vollbrecht, Ralf (1990). Medienwelten Jugendlicher: Band 1: Lebenswelten sind Medienwelten. Opladen: Leske und Budrich.

Bauer, Thomas A. (2011). Der öffentlichkeitskulturelle Wert von Medienunterhaltung: Eine theoretische Skizze zu Public Value als Referenz für eine emanzipatorische Medienkultur. In Karmasin, Matthias; Süssenbacher, Daniela & Gonser, Nicole (Hrsg.), Public Value: Theorie und Praxis im internationalen Vergleich (S. 57–73). Wiesbaden: VS Verlag.

BBC (2004). Building public value: Renewing the BBC for a digital world. London. Verfügbar unter http://downloads.bbc.co.uk/aboutthebbc/policies/pdf/bpv.pdf [25.02.2013].

Bonfadelli, Heinz (2004). Medienwirkungsforschung II: Anwendungen (2. Auflage). Konstanz: UVK.

Bonfadelli, Heinz (2006). 25 Jahre quantitative Jugendmedienforschung im Rückblick: Fragestellungen, theoretische Perspektiven und empirische Zugriffe im Wandel. In Marci-Boehncke, Gudrun & Rath, Matthias (Hrsg.), Jugend – Werte – Medien: Der Diskurs (S. 18–30). Weinheim: Beltz.

Christl, Reinhard; Gonser, Nicole & Troxler, Regula (2011). Public-Value-Wertekategorien: Akzeptanz und Einschätzung seitens des Publikums. Studie im Auftrag des ORF. Wien: Institut für Journalismus & Medienmanagement, FHWien-Studiengänge der WKW.

Dussel, Konrad (2004). Deutsche Rundfunkgeschichte (2. Auflage). Konstanz: UVK.

Engel, Bernhard & Best, Stefanie (2010). Fragebogenentwicklung als Spiegelbild der Medienentwicklung: Die ARD/ZDF-Langzeitstudie Massenkommunikation. In Media Perspektiven, o. Jg. (1), S. 2–12.

Feierabend, Sabine & Rathgeb, Thomas (2011). Medienumgang Jugendlicher in Deutschland: Ergebnisse der JIM-Studie 2010. In Media Perspektiven, o. Jg. (6), S. 299–310.

Gerhards, Maria & Klingler, Walter (2006). Mediennutzung der Zukunft: Traditionelle Nutzungsmuster und innovative Zielgruppen. In Media Perspektiven, o. Jg. (2), S. 75-90.

Gonser, Nicole (2010). Public Value und die Rolle des Publikums – zwischen Anspruch und Wirklichkeit. In Medienjournal, 34 (2), S. 40–50.

Gonser, Nicole (2011). Public Value integrativ und individuell – Unterschiedliche Ansprüche verschiedener Publikumsgruppen. In TEXTE – öffentlich-rechtliche Qualität im Diskurs, o. Jg. (6), S. 20–23.

Haumann, Wilhelm (2009). Generationenbarometer 2009. Verfügbar unter http://www.familie-stark-machen.de/files/gb09_download.pdf [25.02.2013].

Jäckel, Michael (2010). Was unterscheidet Mediengenerationen? Theoretische und methodische Herausforderungen der Medienentwicklung. In Media Perspektiven, o. Jg. (5), S. 247–257.

Karmasin, Matthias (2011). Public Value: Zur Genese eines medienstrategischen Imperativs. In Karmasin, Matthias; Süssenbacher, Daniela & Gonser, Nicole (Hrsg.), Public Value: Theorie und Praxis im internationalen Vergleich (S. 11–25). Wiesbaden: VS Verlag.

Klingler, Walter (2008). Jugendliche und ihre Mediennutzung 1998 bis 2008: Eine Analyse auf Basis der Studienreihe Jugend, Information und (Multi-)Media/JIM. In Media Perspektiven, o. Jg. (12), S. 625–634.

Krotz, Friedrich (2003). Zivilisationsprozess und Mediatisierung: Zum Zusammenhang von Medien- und Gesellschaftswandel. In Behmer, Markus; Krotz, Friedrich; Stöber, Rudolf & Winter, Carsten (Hrsg.), Medienentwicklung und gesellschaftlicher Wandel: Beiträge zu einer theoretischen und empirischen Herausforderung (S. 15–38). Wiesbaden: Westdeutscher Verlag.

Krotz, Friedrich (2007). Mediatisierung: Fallstudien zum Wandel von Kommunikation. Wiesbaden: VS Verlag.

Latzl, Daniela-Kathrin & Troxler, Regula (2010). Der Wert des öffentlich-rechtlichen Rundfunks für Jugendliche am Beispiel des ORF. In Medienjournal, 34 (2), S. 15–27.

Lucht, Jens (2006). Der öffentlich-rechtliche Rundfunk: ein Auslaufmodell? Grundlagen – Analysen – Perspektiven. Wiesbaden: VS Verlag.

Maletzke, Gerhard (2002). Integration – Eine gesellschaftliche Funktion der Massenmedien. In Haas, Hannes & Jarren, Otfried (Hrsg.), Mediensysteme im Wandel. Struktur, Organisation und Funktion der Massenmedien (S. 69–76). Wien: Braumüller. [Zuerst veröffentlicht in Publizistik (1980), 25 (2/3), S. 199–206].

Media-Analyse [MA] (2010). MA 2010. Verfügbar unter http://www.media-analyse.at/studienPublic.do?year=2010 [25.02.2013].

ORF (2008). Wert über Gebühr: Public Value Bericht 2007/08. Wien.

ORF (2011). Wert über Gebühr. Public Value Bericht 2010/11. Verfügbar unter http://zukunft.orf.at/show_content.php?sid=93&pvi_id=967 [25.02.2013].

ORF-G (Bundesgesetz über den Österreichischen Rundfunk) idF BGBl. I Nr. 15/2012. Verfügbar unter http://www.rtr.at/de/m/ORFG [25.02.2013].

Schweiger, Wolfgang (2007). Theorien der Mediennutzung: eine Einführung. Wiesbaden: VS Verlag.

Simon, Erk; Hummelsheim, Dina & Hartmann, Peter H. (2011). Das Fernsehprogramm – ein Freund fürs Leben? Ergebnisse einer Kohortenanalyse der Fernsehnutzung. In Media Perspektiven, o. Jg. (3), S. 139–146.

Stöber, Rudolf (2003). Mediengeschichte: Die Evolution „neuer" Medien von Gutenberg bis Gates: Eine Einführung: Band 2: Film – Rundfunk – Multimedia. Wiesbaden: Westdeutscher Verlag.

Süss, Daniel (2004). Mediensozialisation von Heranwachsenden: Dimensionen – Konstanten – Wandel. Wiesbaden: VS Verlag.

Troxler, Regula; Süssenbacher, Daniela & Karmasin, Matthias (2011). Public Value-Management als Antwort auf die Legitimationskrise und Chance für neue Strategien der Mehrwertgewinnung. In Gundlach, Hardy (Hrsg.), Public Value in der Digital- und Internetökonomie (S. 121–143). Köln: von Halem.

Vollbrecht, Ralf & Wegener, Claudia (2010). Einführung. In Vollbrecht, Ralf & Wegener, Claudia (Hrsg.), Handbuch Mediensozialisation (S. 9–13). Wiesbaden: VS Verlag.

Public Value in den digitalen Netzen - auf dem Weg zu einem „Network Value"?

Thomas Steinmaurer

1 Problemhorizont

Mit Fortschreiten eines sich dynamisch vollziehenden Medienwandels verändern sich die Koordinaten gesellschaftlicher Kommunikation. Klassische Medien sehen sich einer stetig wachsenden Konkurrenz durch Online-Angebote gegenüber und digital vernetzte Plattformen lassen neue Foren der Kommunikation entstehen. Mit der Schwächung des One-to-many-Prinzips alter klassischer Massenmedien geht die Entwicklung neuer kommunikativer Strukturen einher, die auf dem Prinzip der digitalen Vernetzung aufbaut, in der wiederum die Nutzerinnen und Nutzer in einem immer höheren Ausmaß im Zustand einer permanenten Konnektivität eingebunden sind. Gerade in konvergierenden Medienumgebungen kommt es zur Entwicklung neuer Nutzungsstile und Medienrepertoires, die ihrerseits wieder neue „Modi der Kommunikation" hervorbringen (vgl. Hasebrink, 2004). Besonders auf dem Sektor mobiler Applikationen der Kommunikation entwickelt sich auf der Ebene der Konvergenz der Mobilkommunikation mit dem Internet ein neuer Nutzungshabitus, der hochgradig individualisierte Verwendungspraktiken auf mobilen Plattformen entstehen lässt. Wie in der Mediatisierungstheorie formuliert, sind es die Metaentwicklungen der Globalisierung und Individualisierung, die – vorangetrieben vom Prozess der Kommerzialisierung – zu einer zunehmenden Durchdringung von Medien/Kommunikation und Gesellschaft auf der Ebene der digitalen Vernetzung führen (vgl. Krotz, 2001; 2007). Gerade in den digitalen Netzen konzentrieren sich die Ströme der Kommunikation und Information zunehmend im Umfeld neuer, vom Marktparadigma getriebener Anbieter wie *Google*, *Facebook* oder *YouTube*, die wiederum außerhalb jenes Bereiches liegen, der von den digitalen Ausläufern klassischer Medien im Internet besetzt wird. Damit verlieren klassische Medien im digitalen Netz an gesellschaftlicher Bindungswirkung; sie stellen dort nur noch einen Sektor neben vielen anderen kommunikativen Vernetzungsformen dar. Dazu kommt, dass Prozesse der Kommerzialisierung, eine zunehmende Unterhaltungsorientierung und Effekte der Diversifizierung sowohl auf der Ebene der Angebote wie auch auf Seiten der Nutzung dazu führen, dass die klassischen Massenmedien auch auf ihren angestammten Feldern ihre Wirkmächtigkeit als tragende Akteure gesellschaftlicher Integration und Kommunikation verlieren.

Vor dem Hintergrund dieser Entwicklung ergibt sich daher auch die Frage, wie in diesem Kontext mit dem Konzept von Public Value umzugehen ist. Auch wenn mittlerweile die Diskussion um den meritorischen Wert und die Bereitstellung von Kommunikation in und für die Gesellschaft an der Frage über seine Ausgestaltung für eine digital vernetzte Welt angekommen ist und vordringlich um die Problematik kreist, welche Formen der Marktaufteilung zwischen den klassischen Medien im digitalen Netz vorgenommen werden sollen, werden diese Diskussionen nach wie vor stark von der Regulierungswirklichkeit der alten Medienwelt dominiert. Diese ist vorwiegend von nationalen und europäischen Bezugnahmen geprägt.

Allein schon die Grenzziehung zwischen den digitalen Ausläufern klassischer Medien und anderen Anbietern in den globalen Kommunikationsnetzwerken gestaltet sich auf legistischer Ebene als zunehmend schwierig. Selbst wenn es gelänge, dort eine stabile Grenze zu ziehen, bricht sich eine derartige Trennung an der Nutzungswirklichkeit und der tatsächlich stattfindenden Hybridisierung von Kommunikationsformen im Netz. So drängt sich die Frage auf, ob es im Hinblick auf die Ausgestaltung des Public Value vor dem Hintergrund der in den digitalen Netzen stattfindenden Grenzverschiebungen im Rahmen der derzeit geführten Diskussion nicht zu Engführungen kommt. Denn in einer Phase eines äußerst dynamischen Wandels droht – so die These – die Debatte um einen Public Value nicht mehr in das Zentrum jenes Taifuns vorzudringen, dessen Kraft die Veränderungen auf dem Feld der gesellschaftlichen Kommunikation derzeit vorantreibt. Die hier dargestellten Überlegungen sollen zumindest dazu dienen, jene Reichweite des Public-Value-Begriffs, wie er sich im klassischen Diskurs zu diesem Themenfeld etabliert hat, zu hinterfragen. Ziel dieses Beitrags ist es daher, entlang sich abzeichnender Bruchlinien im Kontext der Konvergenzentwicklung neue Blickwinkel in die Debatte eines Public Value einzubringen und danach zu fragen, ob es nicht zu einer Ausweitung und Öffnung des Begriffs für eine digital vernetzte Medienwelt kommen müsste. Denn einerseits stellen wir schon auf der Ebene der klassischen Medien Erosionserscheinungen fest, die dazu führen, dass die Basis zur Herstellung demokratieförderlicher Kommunikationsgrundlagen für die gesellschaftliche Konsens- und Integrationsbildung beständig brüchiger wird. Auf der anderen Seite entwickeln sich in den digitalen Netzen neue Möglichkeiten der Agglomeration von Öffentlichkeiten, von kommunikativ getriebenen Vergesellschaftungsdynamiken, die im Hinblick auf ihren Einfluss auf gesellschaftliche Kommunikationsprozesse immer wichtiger werden. Die in diesem Feld dominanten Player wie *Facebook* oder *Google* sind ihrerseits wiederum stark von einem Marktparadigma geprägt, in dessen Umfeld sich neue Probleme und Gefahrenzonen auftun. Während also auf der Seite der klassischen Medien Diversifizierungseffekte zunehmen und Bindungswirkungen in Richtung einer gesellschaftlichen Integration kontinuierlich schwinden, entwickeln sich im digitalen Netz neue Vergesellschaftungsdynamiken und Öffentlichkeiten, die zunehmend an Relevanz für gesellschaftliche Deliberationsprozesse gewinnen.

2   Public Value in der Krise?

Vor dem Hintergrund der sich aktuell vollziehenden Veränderung auf dem Medien- und Kommunikationssektor stellt sich daher immer dringlicher die Frage, wie in Hinkunft mit dem Konzept von Public Value umzugehen sein wird. Nimmt man den Begriff ernst, ist unter den gegebenen Rahmenbedingungen einerseits der Blick auf das „Public" zu richten, und auf der anderen Seite die Diskussion über den „Value", also über den Wert oder besser

Mehrwert, zu führen. Beide Aspekte gilt es unter den Bedingungen eines fortwährenden medientechnologischen Wandels neu zu beleuchten und auf ihre Tragfähigkeit für sich beständig entgrenzende Kommunikationsräume hin zu überprüfen.

2.1 „Public" in der Krise?

Auf der einen Flanke seines Wirkungsfeldes, dem „Public", sieht sich das Konzept von Public Value einer Entwicklung ausgesetzt, die immer weniger von großen, gemeinsam geteilten Öffentlichkeiten ausgehen kann. Besonders bei den jugendlichen Nutzer/innenschichten etablierte sich – wie etwa die Daten aus den langfristigen ARD-ZDF-Nutzungsuntersuchungen zeigen – das Internet zu einer zentralen Plattform für Kommunikation. Gerade in diesem Kommunikationsumfeld spielt der Anteil der auf dieser Plattform rezipierten klassischen Medienanteile nur mehr eine untergeordnete Rolle. Auch wenn die generelle Nutzungsentwicklung in der Gesamtbevölkerung, bezogen auf die Daten in Deutschland, darauf hinweist, dass wir es nicht mit einer massiven Verdrängung, sondern eher mit der vermehrten Parallelnutzung von Medien und Kommunikationsformen zu tun haben (vgl. **Abbildung 1**), geben die Daten auch Hinweise darauf, dass besonders klassische, tagesaktuelle Medien – allen voran die Zeitungen und auch das Fernsehen in jungen Nutzer/innenschichten –, sowie der Hörfunk deutliche Verluste hinnehmen müssen (vgl. van Eimeren & Ridder, 2011).

Abbildung 1   Nutzungsdauer der einzelnen Medien: Minuten pro Tag. Vergleich Altersgruppe 14+ und 14 bis 29 Jahre

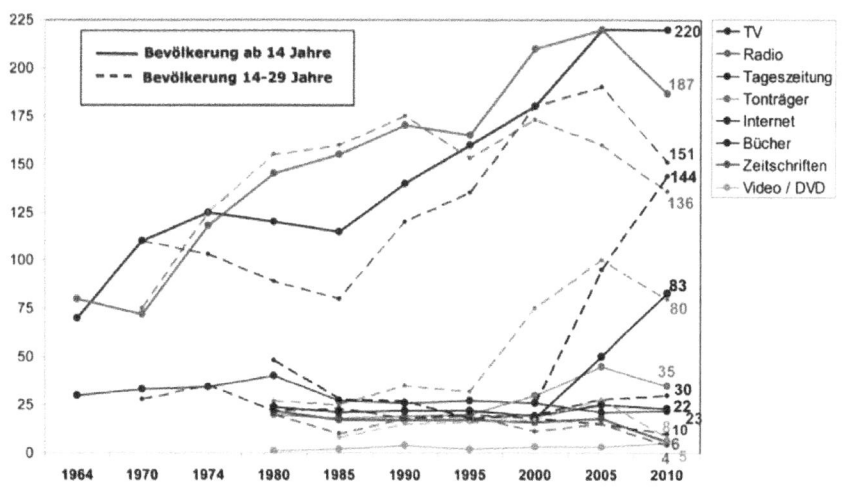

Quelle: ARD/ZDF-Langzeitstudie Massenkommunikation 1964-2010, Nutzungsdauer in Min./Tag.
Basis: BRD gesamt (bis 1990 nur alte Bundesländer), Mo-So (bis 1990 Mo-Sa), 5-24 Uhr, bis 2005 Deutsche,
ab 2010 deutschsprachige Bevölkerung

Quelle: Orde, 2011, S. 4

Dagegen gewinnt das Internet massiv an Bedeutung, eine Entwicklung, die sich mit der zunehmenden Verbreitung internetfähiger Smartphones und anderer Applikationen für die mobile Konnektivität noch weiter dynamisiert (vgl. van Eimeren & Frees, 2012, S. 366 f.). Bei den Jugendlichen stellt das Handy bereits die wichtigste Kommunikationsschnittstelle dar, wobei laut JIM-Studie rund ein Viertel aller Jugendlichen bereits über ein Smartphone verfügt (vgl. Medienpädagogischer Forschungsverbund Südwest, 2011).

Betrachtet man den Verlauf von Kohorten näher (vgl. **Abbildung 2**), zeigt sich, dass, bezogen auf die langfristigen Untersuchungen der Mediennutzung in Deutschland, besonders bei den zwischen 1980 und 1989 Geborenen, ein deutlicher Anstieg in der Internetnutzung bei einem gleichzeitigen Rückgang vor allem des Fernsehens festzustellen ist. Kompensationseffekte im Netz erzielen insgesamt noch eher die Printmedien, wobei das Lesen von Zeitungen vor allem bei Jugendlichen deutlicher als in anderen Altersgruppen zurückgeht. Die TV-Nutzung wird im Internet nur in einem sehr bescheidenen Ausmaß aufgefangen (vgl. Best & Engel, 2011, S. 528 f.). Dazu kommt, dass jene junge Kohorte, die eine besonders hohe Internetnutzung aufweist, auch bei der Wahl der Fernsehprogramme tendenziell zu kommerziell orientierten Sendern drängt (vgl. Best & Engel, 2011, S. 541), also Effekte einer Unterhaltungsorientierung beständig zunehmen bzw. sich festigen (vgl. van Eimeren & Frees, 2012, S. 365).

Abbildung 2   Medienportfolio Kohorte 1980-1989: Anteil der Nutzungsdauer an der Nutzungsdauer aller tagesaktueller Medien

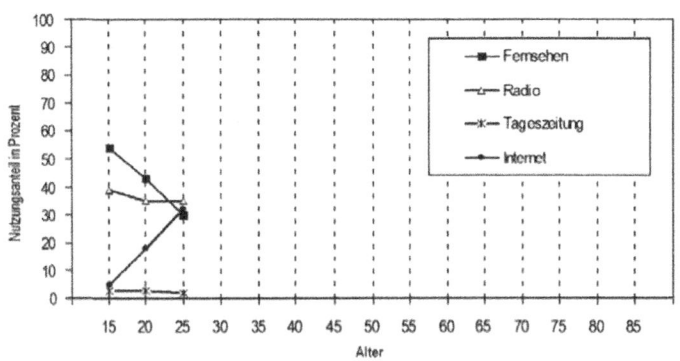

Quelle: Best & Engel, 2011, S. 532

Wenn wir davon ausgehen, dass sich der damit beschrittene Trend weiter fortsetzt und sich neue, eingeübte Nutzungsmuster über Kohorten hinweg weiter tradieren, ist nicht nur von einem Rückgang der Bindungswirkung herkömmlicher Massenmedien für die Gesellschaft auszugehen, es schwindet auch ihr Einfluss auf die Herstellung einer demokratiepolitisch notwendigen gemeinsamen Arena der Diskussion. So stellt sich immer dringlicher die Frage, auf welche Konfigurationen von Öffentlichkeiten in Zukunft gesellschaftliche Meinungsbildungsprozesse bauen können und in welchem Ausmaß diese noch von herkömm-lichen Medien geschaffen werden. Noch stützen eine Reihe empirischer Daten die „Zentral-stellung der Massenmedien" im Hinblick auf eine „übergreifende Gegenwartsbeschrei-bung" (Schrape, 2010, S. 79) bei gleichzeitiger Vermutung, dass die „Präferenzen der early adopters durch die Online-Visionäre zu schnell und zu linear auf die Gesamtbevölkerung übertragen werden" (Schrape, 2010, S. 79). Im Netz bilden sich oftmals nur „persönliche Öffentlichkeiten" und „publizistische Medienangebote verlieren durch das Aufkommen der sozialen Medien nicht zwangsläufig an Bedeutung" (Schmidt, 2012, S. 5). Das sind nur einige der kritischen Stimmen, die vor einer Überschätzung von Öffentlichkeitsstrukturen auf der Basis digital vernetzter Strukturen warnen.

Dennoch gilt es, die Veränderungen von Kommunikationsarenen unter den Bedingungen einer digitalen Vernetzung insofern ernst zu nehmen, als sich im Internet eine heute un-überschaubare Zahl von Spezial- und Teilöffentlichkeiten herausbildet. Freilich erreichen die dort erzielten Öffentlichkeiten in der Regel nicht jene Breite der potenziell durch klassi-sche Medien ansprechbaren Publika. Sie weisen allerdings eine – für basisdemokratische Prozesse wichtige – Nähe zur Zivilgesellschaft auf. Damit könne es – so die zuletzt auch von Habermas vorgenommene Einschätzung – dem World Wide Web gelingen, „Schwä-chen des anonymen und asymmetrischen Charakters der Massenkommunikation" auszu-gleichen, „indem es den Wiedereinzug interaktiver und deliberativer Elemente in einem unreglementierten Austausch zwischen Partnern zulässt, die virtuell aber auf gleicher Au-genhöhe miteinander kommunizieren" (Habermas, 2008, S. 161). Auf dieser Ebene befinden sich Prozesse der Kommunikation näher am zivilgesellschaftlichen Geschehen, weisen höhere Beteiligungsmöglichkeiten auf. Münker weist darauf hin, dass die von Habermas an eine ideale Gestalt von Öffentlichkeit angelegten Kriterien – der prinzipielle Zugang für alle, die Teilnahme von diskursiv ebenbürtigen Mitgliedern, die offene Themenwahl und der prinzipiell offene Kreis potentieller Teilnehmer/innen – „(mutatis mutandis) schlicht Teil der Spielregeln" (Münker 2009, S. 74) im Netz sind. Ähnlich wie im Habermas'schen Konzept finden nicht selten Themen aus den nunmehr „digitalen Salons" und Gegen-öffentlichkeiten bzw. subalternen Öffentlichkeiten (vgl. Fraser, 1996) ihren Weg in die Are-na der klassischen Massenmedien. Anders als die bürgerlichen Salons des 18. Jahrhunderts sind die digitalen Öffentlichkeiten nicht an räumliche Beschränkungen gebunden und rei-chen weit über die für Medien zumeist nationalstaatliche Bindung hinaus. Typische Merk-male für die sich im Netz bildenden Öffentlichkeiten liegen einerseits in ihrer Kurzlebigkeit und Flüchtigkeit, denen das Potenzial einer höheren Bindungswirkung und Reichweite gegenübersteht. Wittel hat die neue Form einer vernetzten Vergesellschaftung mit dem Begriff der „Netzwerksozialität" bezeichnet, in der sich kommunikative Bindungen zu-nehmend zeitlich begrenzt und flüchtiger, dafür aber auch intensiver und technologiege-stützt gestalten (vgl. Wittel, 2006). Zudem würden gerade schwache Bindungen – so Mün-ker unter Verweis auf Granovetters Analyse der Stärke schwacher Bindungen – für die „Integration und Gemeinschaften unverzichtbar" sein (Münker, 2009, S. 85).

Für die politische Kommunikation wird die Aufgabe der klassischen Medien, Öffentlichkeit für die Aufrechterhaltung eines demokratischen Diskursforums sicherzustellen, nach wie vor als valide eingeschätzt (vgl. Schrape, 2010; Imhof, 2011). Dennoch gelingt es politischen Parteien zunehmend besser, ein beständig wachsendes Wählerpotenzial über vernetzte Technologien und Social Media anzusprechen, also mit Formen der direkten Kommunikation Wählerinnen und Wähler zu erreichen, ohne die Mühlen klassischer Medien bewegen zu müssen. Oder wie es Pannen unter Verweis auf die netzbasierten Kampagnen des amerikanischen Präsidenten Obama festhält: „Die Architektur politischer Kommunikation hat sich gewandelt: Sie nimmt nicht mehr unbedingt den Umweg über die Presse, sondern wendet sich ganz direkt an die Empfänger." (Pannen, 2010, S. 56) Die Rolle der mobilen Technologien der Konnektivität als Technologien einer sozialen Ermächtigung und der Formierung von „Smart Mobs" (vgl. Rheingold, 2002) hat sich etwa in der Widerstandsbewegung „People Power II" gegen den philippinischen Präsidenten Manuel Estrada im Jahr 2010 gezeigt, die sich überwiegend über mobile Technologien organisierte.

Darüber hinaus zeigt sich die Dynamik dieser Entwicklung aktuell in den zivilgesellschaftlichen Bewegungen des arabischen Frühlings. Auch wenn die Breitenwirksamkeit dieser neuen sozialen Bewegungen nicht allein auf den Einsatz vernetzter Kommunikationstechnologien zurückzuführen sein dürfte, so lässt sich ihr Erfolg auch nicht mehr ohne deren Integration in die Kommunikationsprozesse verstehen. Ein Großteil jenes Bildmaterials von den zivilen Aufständen gelangt über Netzwerktechnologien in den globalen Nachrichten-Pool der Medien bzw. findet innerhalb des Internets eine Öffentlichkeit. Wir haben es also vermehrt mit veränderten Formen von Öffentlichkeiten zu tun, die eine gänzlich neue Struktur und Entstehungsform aufweisen. Der Nutzen von derart agglomerierten Kommunikationsströmen, der in diesem Fall ohne Zweifel sichtbar wird, träfe allerdings – so die Kritik von Habermas – nur für totalitäre Staaten zu. In demokratischen Gesellschaften würde die Kommunikation in digitalen Netzwerken eher auf eine Fragmentierung von Öffentlichkeiten hinauslaufen (vgl. Habermas, 2008). „Vorerst fehlen im virtuellen Raum die funktionalen Äquivalente für die Öffentlichkeitsstrukturen, die die dezentralen Botschaften wieder auffangen, selegieren und in redigierter Form synthetisieren." (Habermas, 2008, S. 162). Diesem Befund widerspricht jedoch Münker, der – gerade unter Verweis auf die Dynamik des Web 2.0 – der „Dezentralität der technischen Basis des Internet [...] zentralisierende Wirkungen seiner medialen Nutzung" zuschreibt (Münker, 2009, S. 111 f.). Und er hält dazu weiter fest, dass „die digitalen Öffentlichkeiten [...] schließlich einzig durch die kollaborative Partizipation der Nutzer im Inneren der Zivilgesellschaft, nicht neben ihr" entstehen und deshalb die „sozialen Medien des Netzes [...] nicht zwischen getrennten Sphären" vermitteln, sondern sie sogar „vermischen" (Münker, 2009, S. 113). Zudem sei die „fragmentierte" Öffentlichkeit im Netz insofern als eine „optische Täuschung" zu sehen, da im „Internet [...] nun alles versammelt [ist], was vorher getrennt war" (Neuberger, 2011, S. 42).

Es ist also auf dem Niveau der derzeitigen Entwicklung davon auszugehen, dass gerade in der Interaktion zwischen Netzöffentlichkeiten und klassischen Medien eine neue Basis der Agglomeration von Kommunikationsprozessen zu sehen ist. Diesen Befund stützt auch Drüeke, die argumentiert „dass Themen mehr und mehr im Zusammenspiel zwischen alten und neuen Medien konstituiert und verarbeitet werden." (Drüeke, 2011, S. 19). Das Internet wird von einer Reihe von Autorinnen und Autoren als ein Raum angesehen, in dem neue Formen der politischen Partizipation möglich werden, sich neue Gegenöffentlichkeiten Stimme und Gehör verschaffen, die auch für deliberative Prozesse wertvolle Beiträge liefern können (vgl. Dahlgren, 2007; Plake et al., 2001). Gerade das Internet ist zudem als ein Kommunikationsraum zu sehen, in dem sich sowohl lokale wie globale Vernetzungswirkungen realisieren und der Faktor der Transnationalität eine große Rolle spielt. Insgesamt steht das Konzept von „Public" unter dem Einfluss der digitalen Vernetzung unter einem großen Veränderungsdruck und bedarf einer breiteren Sichtweise, will man den Blick auf die Komplexität des sich derzeit vollziehenden Strukturwandels nicht verlieren.

Auf dem Feld der klassischen Medien gerät wiederum die Herstellung von demokratiepolitisch relevanten Öffentlichkeiten und damit von Rahmenbedingungen für die Produktion von Public Value insofern unter Druck, als „im Übergang vom sozialmarktwirtschaftlichen zum neoliberalen Gesellschaftsmodell" (Imhof, 2011, S. 137) ein zunehmender Kommerzialisierungs- und Marktdruck das System destabilisiert. Befördert vom Prozess einer „Privatisierung des öffentlichen Raums und einer verstärkten Unterhaltungsorientierung" führt dies zu „Einbußen der Deliberationsqualität der politisch-kulturellen Öffentlichkeit im Kontext des medienpopulistischen Paradigmenwechsel von der kognitiv-normativen Dimension medienvermittelter Kommunikation zur moralisch affektiven Dimension" (Imhof, 2011, S. 137), die mitunter im Rahmen einer „Empörungsbewirtschaftung" (Imhof, 2011, S. 126) zum Ausdruck kommt. Eine sich beständig fortsetzende Diversifizierung der Medienangebote führte, wie auch Habermas (vgl. 2008, S. 162) konstatierte, zu einer Aufspaltung in immer kleinere Teilöffentlichkeiten, und der Metatrend der Individualisierung leistete gesellschaftlichen Fragmentierungseffekten Vorschub. So stellen insgesamt Öffentlichkeiten – das kann auch Habermas nicht verhehlen – als „diskursive Kläranlagen" (Habermas, 2008, S. 144) für eine deliberative Demokratie „voraussetzungsreiche und daher unwahrscheinliche evolutionäre Errungenschaften westlicher Gesellschaften" dar, von denen wir „auch an ihren Ursprungsorten [...] nicht sicher sein können [...], dass sie uns erhalten bleiben" (Habermas, 2008, S. 188), zumal auch von einer „kommunikativen Verflüssigung der Politik" (Habermas, 2008, S. 156) ausgegangen werden muss. Diesen defizitären Prozessen auf der Seite der klassischen Medien stehen mit den Entwicklungen im Internet Potenziale gegenüber, die Teile dieser Erosionserscheinungen kompensieren können.

Es darf allerdings auch nicht außer Acht gelassen werden, dass wir einer Reihe jener problematischen Prozesse, die wir auf dem Feld der klassischen Medien feststellen, auch im Internet – wenn auch unter anderen Voraussetzungen – wieder begegnen. Es entstehen auch in diesem Umfeld monopolartige Anbieterformen, die das Spiel der Kräfte dominieren. Ebenso treffen wir auf das Phänomen der Unterhaltungsorientierung, in der nur zum Teil elaboriertes Informationssuchverhalten stattfindet. Das Neue an den dort sich entfaltenden Tendenzen besteht mitunter in der Tatsache, dass wir es mit gänzlich neuen Kommunikationsmustern und Formen des Nutzungsverhaltens zu tun haben dürften, in der die an sich zur aktiven Partizipation befähigten Teilnehmerinnen und Teilnehmer von Kommunikationsströmen nicht mehr notwendigerweise selbst aktiv nach Informationen suchen. Vielmehr dürften etwa die Mitglieder von Social Networks zunehmend davon ausgehen, dass etwa für sie relevante Informationen über Filter der entsprechenden Netzwerke „wie von selbst" zu ihnen gelangen. Wie bei Wolf (2010) dargestellt, sollte die folgende Aussage eines im Rahmen einer Studie der *New York Times* zitierten Probanden in diesem Zusammenhang zu denken geben: „If the news is that important, it will find me." (vgl. Stelter, 2008). Befunde wie diese weisen auf ein fundamental sich veränderndes Kommunikationsverhalten bei jener Gruppe hin, die wir als die „Digital Natives" bezeichnen. Sie zeichnen sich v. a. durch ein völlig anderes Informationssuchverhalten aus, als wir das von bisherigen Medienkohorten klassischer Medien kennen. Vielmehr sei, so Robert Puntnam, davon auszugehen, dass mit jeder Generation vor allem das Nachrichteninteresse zurückgehe (vgl. Wolf, 2010, S. 81). Zudem birgt die Tendenz hin zur Orientierung an den jeweils personenbezogenen soziokulturellen Milieus bei Jugendlichen die Gefahr einer „‚Verinselung' in Bezug auf den Umgang mit Information" (Wagner et al., 2012, S. 325). Und die Tatsache, dass wir es mit dem Internet mit einer zeitunabhängigen Verfügbarkeit von Informationen zu tun haben, kann dazu führen, dass es das Bedürfnis „vermindert [...], auf dem Laufenden zu sein" und zur Folge haben, dass wir mit einer „Enthabitualisierung der politischen Information" (Köcher & Bruttel, 2011, S. 18) konfrontiert sind. Damit sind nur einige wenige Entwicklungen angesprochen, die uns Hinweise über die derzeit stattfindenden Verschiebungen liefern und das Spektrum zwischen Risiken und Chancen im Rahmen sich verändernder Kommunikationsverhältnisse abstecken. Es gilt vor allem darüber nachzudenken, wie die Nutzerinnen und Nutzer im Internet zu jenen Informationen und Plattformen gelangen, über deren Nutzung und kommunikative Vernetzung meritorische Kommunikationsgewinne für die Gesellschaft zu erwarten sind.

2.2 „Value" in den Netzen?

Auf der zweiten offenen Flanke gerät der Begriff des „Value", des Werts und der Qualität von Informations- und Kommunikationsgrundlagen, für gesellschaftlich relevante Zusammenhänge in der Welt der digitalen Netze zunehmend unter Druck. Denn wir haben es im „informationellen Kapitalismus" (Castells, 1996, S. 161) mit dem Phänomen zu tun, dass global agierende Player das Spiel der Kräfte dominieren. Anbieter wie *Google, Facebook* oder *YouTube* konzentrieren den Strom der Kommunikation um ihre Zentren und tragen so dazu bei, dass sich Millionen von Userinnen und Usern weitgehend den von ihnen bestimmten Spielregeln unterwerfen. Fragen nach dem Schutz der Privatsphäre, die Möglichkeiten der Überwachung und die Vermarktung agglomerierter Daten aus freiwillig hinterlassenen Nutzungsspuren werfen alte Probleme auf brisante Art und Weise wieder auf. Der im Zustand einer permanenten Konnektivität kommunizierende Nutzer sieht sich neuen Vernetzungsformen ausgesetzt, in deren Rahmen er sich zwar qua Nutzung zum Produzenten von Produkten macht, deren Ökonomisierung er jedoch diesen „Big Playern" überlässt. Es liegen damit ungleichgewichtige und einseitige Voraussetzungen für kommunikative Vernetzungsprozesse vor, die den Nutzerinnen und Nutzern alles andere als faire Bedingungen für Kommunikation bieten.

Zudem gilt es im weiten Feld des digitalen Netzes die digitalen Gräben – von den Zugängen bis hin zu den Fähigkeiten des richtigen Umgangs mit Technologien – einzuebnen (vgl. Mansell, 2002; van Dijk, 2006). Neben diesen technosozialen Dominanzen, deren ausführliche Erörterung an dieser Stelle nicht geleistet werden kann, tun sich in den digitalen Netzwerken Problemzonen insbesondere in Bezug auf die Informationsqualitäten auf.

Denn wenn wir den Blick auf die Qualität der im Netz kursierenden Informationen richten bzw. auf die Professionalität ihrer Produktionszusammenhänge und den Wert der Überprüfbarkeit, kulminiert dies in der Frage nach dem Vertrauen und der Vertrauenswürdigkeit von Informationen. Diese wird traditionell immer noch eher den klassischen Massenmedien, allen voran den eliteorientierten Qualitätsmedien, entgegengebracht. Alternativ zu den digitalen Ausläufern klassischer Medien in den digitalen Netzwerken entstehen neue Angebotsmodelle für die Bereitstellung qualitativer Informationen durch Modelle des partizipativen und bürgerschaftlichen Journalismus (z. B. *Now Public*), in deren Rahmen sich neue Foren von Öffentlichkeit und zivilgesellschaftliche Initiativen bilden. Besonders in ihrer Flexibilität, Offenheit und Revidierbarkeit sind nach Neuberger (2011, S. 42 f.) Potenziale für eine integrierte Netzwerköffentlichkeit zu sehen. Damit wird das Thema Public Value noch einmal neu und auf eine Weise aufgeworfen, die über den klassischen Diskurs hinausreicht.

Neben diesem Blick auf die Makroperspektive lohnt auch eine Auseinandersetzung im engeren Sinn mit Public Value. In diesem Zusammenhang ist die jüngst von Serong (2011) diskutierte Dreiteilung zwischen „Consumer Value", „Citizen Value" und „Public Value" hilfreich.[1] Während „Consumer Value" auf die „situativen Marktpräferenzen der Konsumenten" abzielt und damit die individuellen Konsument/innenbedürfnisse anspricht, bezieht sich „Citizen Value" auf längerfristige Präferenzen und adressiert die Konsument/innen in ihrer Rolle als Bürger/innen. Public Value stellt bekanntermaßen auf die „demokratischen, sozialen und kulturellen Bedürfnisse der Gesellschaft" ab (vgl. Serong, 2011, S. 104 f.). Unter Bezugnahme auf das Gemeinwohl ortet Serong unter normativen Gesichtspunkten keinen Widerspruch zwischen diesen drei Wertbegriffen und stützt sich dabei auf die Möglichkeit einer Überführbarkeit des „Consumer Values" in Richtung einer kollektiven Identität. „Die Bildung von ‚Public Value' gründet darauf, dass das kollektive Gut der informierten Öffentlichkeit tatsächlich als solches wahrgenommen wird, also im Bewusstsein des Publikums und der Gesellschaft ist." (Serong, 2011, S. 110). An dieser Stelle, die auch Serong als einen kritischen Umschlagpunkt ansieht, können sich – bedenkt man die oben angesprochenen Entwicklungen – weitere Bruchstellen auftun.

Denn wenn sich der Trend in Richtung einer weiteren Fragmentierung des gesellschaftlichen Ganzen fortsetzt und das „Radar" der Menschen für den Blick auf das Gemeinwohl unter auch digital vernetzten Bedingungen zunehmend schwächer wird, schwindet auch der Nährboden, auf dem – wie oben behauptet – die Entwicklungschancen für die Herstellung eines kollektiven Guts der Öffentlichkeit über „einen hypothetischen Konsens der

---

[1]   Die BBC schließt anders als Serong unter dem Begriff des Public Value den „Economic Value", „Individual Value" und „Citizen Value" ein (vgl. BBC, 2004).

Gesellschaftsmitglieder" (Serong, 2011, S. 110) gedeihen können. Nach Serong ist „das allgemeine Informiert-Sein [...] eine notwendige Voraussetzung [...] für eine funktionsfähige Demokratie [...] [wie] für eine freie Marktwirtschaft" (Serong, 2011, S. 110). Zieht man allerdings die auf dem Medienmarkt zu beobachtenden Kommerzialisierungstendenzen und die gerade im Internet festzustellenden Fragmentierungseffekte ins Kalkül, könnte sich dieser Diskurs um die Möglichkeit der Herstellung des Gemeinwohls als Verschränkung dieser drei Wertformen als ein zu sehr einem normativ-regulatorischen Zugang verhafteter Ansatz erweisen, der an der Realität der Medienwirklichkeit vorbeizugehen droht. Denn wenn – wie Serong zu Recht hervorhebt – „die Teilhabe an der Informationsgesellschaft [...] eine grundlegende Voraussetzung für den öffentlichen Meinungsbildungsprozess ist", muss „gerade im Bereich des Internets [...] ‚Public Value' folglich auch die verstärkte Einbeziehung des Publikums in den öffentlichen Meinungsbildungsprozess sowie in den Prozess der Produktion von ‚Public Value'" (Serong, 2011, S. 115) angestrebt werden.

Nimmt man diese Forderung ernst, gilt es zu überlegen, ob es nicht zu einer weiteren Ausdehnung des Aktionsradius von Public Value, wie ihn Qualitätsmedien und öffentlich-rechtliche Angebote einbringen, kommen müsste, wobei dieser Anspruch auch für entsprechende Plattformen der Kommunikation im Internet gelten müsste. Denn wenn „‚Public Value' [...] erst mit der Nutzung und Bewertung von Medienangeboten entsteht" (Serong, 2011, S. 116) und wir uns zu vergegenwärtigen haben, dass sich die Nutzungsintensitäten im Internet im Sektor der jugendlichen Nutzer/innen zunehmend im Bereich der Social Networks und in Videoplattformen entwickeln, würde es gerade im Hinblick auf die von Serong vorgeschlagene Verschränkung der drei „Value"-Sektoren Sinn machen, auch in diesen Feldern die Möglichkeiten der Präsenz für meritorisch relevante Kommunikationsangebote zu erweitern. Und da „‚Public Value' weder am Publikum noch an der Gesellschaft ‚vorbei' produziert werden kann" (Serong, 2011, S. 116), ist eine deutliche Ausweitung für die Bereitstellung qualitativer Kommunikationsangebote im Internet ein notwendiger und nachvollziehbarer Schritt. Dies umso mehr, als es schon aus deliberationstheoretischen und demokratiepolitischen Gründen mehr als bedenklich ist, dass immer noch vordringlich die ökonomische Ratio der Marktabgrenzung und des Shareholder Value dafür den Ausschlag geben, welche Präsenz den öffentlich-rechtlichen Rundfunkanstalten im Internet zugestanden werden soll (vgl. Steinmaurer, 2009).

3   Vom Public Value zu einem „Network Value"?

Wie die bisherigen Überlegungen zeigen, werfen die dargestellten Phänomene des medialen und gesellschaftlichen Wandels die Frage auf, ob das Konzept von Public Value nicht in einem größeren Zusammenhang, als das bisher der Fall war, gesehen werden müsste. Eine Reihe von Verschiebungen sowohl auf dem Feld der klassischen Medien wie auch im Bereich des Internets lassen es als angebracht erscheinen, die Sicherstellung qualitativer Grundlagen der Kommunikation zum Zweck demokratiefördernder Deliberationsprozesse und der Integration zivilgesellschaftlicher Potentiale in einem breiteren Kontext zu sehen. Denn wenn die klassischen Medien an Bindungswirkung verlieren und im Umfeld der digitalen Netze neue kommunikative Vergemeinschaftungsprozesse stattfinden, könnten folgende vorerst thesenartige Überlegungen dazu beitragen, auftretenden Erosionsentwicklungen rechtzeitig zu begegnen:

■ Wenn wir feststellen, dass Anteile zivilgesellschaftlicher Vergemeinschaftungsprozesse und technologisch vermittelte Prozesse der politischen Kommunikation verstärkt außerhalb des Wirkungsbereichs klassischer Medien erfolgen, gilt es auch, die Reichweite von Public Value neu zu überdenken.

■ Im Zuge der Ausweitung des Gestaltungsbereichs für Public Value über den Wirkungsbereich der digitalen Ausleger klassischer Medien im digitalen Netz hinaus sollte darüber nachgedacht werden, auf welche Art und Weise in den digitalen Netzwerken qualitätssichernde und der Deliberation förderliche Plattformen der Kommunikation errichtet werden können.

■ Eine wichtige Maßnahme in diese Richtung wäre, den Wirkungsbereich öffentlich-rechtlicher Anbieter über die bisher zugelassenen Bereiche hinaus auszuweiten und jenseits des Streits um Marktabgrenzungen qualitätshaltige und professionell moderierte Angebote und Kommunikationsplattformen zu fördern.

■ Wenn wir feststellen, dass sich in einer mediatisierten Gesellschaft zunehmend zivilgesellschaftliche Öffentlichkeiten über digitale Netzwerke formieren, gilt es im Sinne der Überwindung des digitalen Grabens eine Erhöhung von Partizipationschancen und -qualitäten der Nutzerinnen und Nutzer über entsprechende Förderprogramme des Erwerbs von „Media Literacy" zu unterstützen. Ein ideales Ziel muss es sein, eine chancengleiche und qualitätsorientierte kommunikative Teilhabe möglichst vieler Mitglieder der Gesellschaft an der Kommunikation in digitalen Netzwerken zu gewährleisten.

■ Ferner bedarf es in der Diskussion um Public Value einer Diskurserweiterung weg vom Imperativ einer rein wettbewerbsrechtlich ausgerichteten Marktregulierung hin zu einer gemeinwohlorientierten Medien- und Kommunikationsregulierung, die jenseits des Marktparadigmas die Sicherstellung von Kommunikationsqualität und Angebotsvielfalt ins Zentrum ihrer Handlungsziele stellt.

■ Vor dem Hintergrund eines breiten Blickwinkels gilt es im Sinne einer Ausweitung des Public-Value-Begriffs über einen Public Value für die digitalen Netze oder einen „Network Value" nachzudenken, der nicht nur auf die Kommunikationsleistungen und Inhalte klassischer Medien und deren digitale Ausläufer im Internet abstellt, sondern auch darüber hinaus die Ausgestaltung von Plattformen und kommunikative Infrastrukturen im Netz mit einschließt.

Auch wenn wir derzeit noch festhalten müssen, dass die deliberatorische Kraft von Kommunikationsprozessen im Netz von vielen Autorinnen und Autoren skeptisch eingeschätzt wird (vgl. Habermas, 2008; Imhof, 2011; Schmidt, 2012), machen die Entwicklungen des derzeitigen Wandels doch deutlich, dass die in der Gesellschaft stattfindenden Kommunikationsprozesse nicht mehr ohne die Wirkmächtigkeit digital vernetzter Kommunikationsformen gedacht werden können. In einer zunehmend vernetzten und mediatisierten Kom-

munikationsumwelt, in deren Rahmen sich auch neue Nutzungsmuster herausbilden, er-
öffnen sich neue Möglichkeiten, Räume und Öffentlichkeiten der Kommunikation. Ferner
entstehen gerade in der Phase der Transformation neue Interaktionsprozesse zwischen den
klassisch medienbezogenen und netzbasierten Arenen der Kommunikation, die in beide
Richtungen wirken und allein schon damit neue Voraussetzungen für gesellschaftliche
Kommunikationsprozesse schaffen. All diese Veränderungen lassen es ungeachtet der
Selbstregulierungskräfte des Netzes daher dringend geboten erscheinen, auch die Diskussion über Public Value in einem breiteren Kontext zu sehen, der über die Facetten eines
„Consumer Values" und „Citizen Values" hinaus nicht nur Inhalte und damit Qualität und
Vielfalt berücksichtigt, sondern auch die Ausgestaltung von Kommunikationsinfrastruktu-
ren im Auge hat, in deren Rahmen Chancen des Zugangs und der Nutzung von Kommunikationstechnologien auf breiter Basis diskutiert werden. Auf dieser breiten Basis erschie-
ne es sinnvoll, über einen „Network Value" nachzudenken, der über das Konzept von
Public Value hinausgeht und der in einer integrativen Weise die neuen technischen wie
kommunikativen Besonderheiten netzwerkbasierter Kommunikationsbedingungen mit
einschließt. Denn „begreift man die sozialen Medien als Kommunikationsraum, in dem sich
vernetzte Öffentlichkeiten formieren, muss auch über die Teilhabe an dessen Gestaltung
nachgedacht werden". Und dies umso mehr, als „bislang [...] vor allem die Plattformbetrei-
ber und Softwareentwickler die Architekten der neuen Kommunikationsräume" sind
(Schmidt, 2012, S. 8).

Literatur

BBC (2004). Building public value: Renewing the BBC for a digital world. London. Verfügbar unter
        http://downloads.bbc.co.uk/aboutthebbc/policies/pdf/bpv.pdf [25.02.2013].

Best, Stefanie & Engel, Bernhard (2011). Alter und Generation als Einflussfaktoren der Mediennutzung.
        In Media Perspektiven, o. Jg. (11), S. 525–542.

Castells, Manuel (1996). The Information Age: Band 1. Oxford, Malden: Blackwell.

Dahlgren, Peter (2007). Civic identity and net activism: the frame of radical democracy. In Dahlberg,
        Lincoln & Siapera, Eugenia (Hrsg.), Radical Democracy and the Internet (S. 55–72). London:
        Palgrave MacMillan.

Drüeke, Ricarda (2011). Politische Kommunikationsräume im Internet: Überlegungen zu Raum und
        Öffentlichkeit im Kontext der Migrationsdebatte um Arigona Zogaj. Dissertation: Universität
        Salzburg, Fachbereich Kommunikationswissenschaft.

Fraser, Nancy (1996). Öffentlichkeit neu denken: Ein Beitrag zur Kritik real existierender Demokratie.
        In Scheich, Elvira (Hrsg.), Vermittelte Weiblichkeit: Feministische Wissenschafts- und Gesell-
        schaftstheorie (S. 151–182). Hamburg: Hamburger Edition.

Habermas, Jürgen (2008). Hat die Demokratie noch eine epistemische Dimension? In Habermas, Jürgen
        (Hrsg.), Ach Europa. Kleine politische Schriften: Band XI. (S. 138–191). Frankfurt: Suhrkamp.

Hasebrink, Uwe (2004). Konvergenz aus Nutzerperspektive: Das Konzept der Kommunikationsmodi.
        In Hasebrink, Uwe; Mikos, Lothar & Prommer, Elizabeth (Hrsg.), Mediennutzung in konver-
        gierenden Medienumgebungen (S. 67–86). München: Fischer.

Imhof, Kurt (2011). Die Krise der Öffentlichkeit: Kommunikation und Medien als Faktoren des sozialen Wandels. Frankfurt & New York: Campus.

Köcher, Renate & Bruttel, Oliver (2011). Social Media, IT & Society 2011. Verfügbar unter http://www.infosys.com/german/newsroom/press-releases/documents/social-media-it-society2011.pdf [25.02.2013].

Krotz, Friedrich (2001). Die Mediatisierung des kommunikativen Handelns. Der Wandel von Alltag und sozialen Beziehungen, Kultur und Gesellschaft durch die Medien. Wiesbaden: Westdeutscher Verlag.

Krotz, Friedrich (2007). Mediatisierung: Fallstudien zum Wandel von Kommunikation. Wiesbaden: VS Verlag.

Mansell, Robin (2002). From Digital Divide to Digital Entitlement in Knowledge Society. In Current Sociology, 50 (3), S. 407–426.

Medienpädagogischer Forschungsverbund Südwest [MPFS] (2011). JIM 2011. Jugend, Information, (Multi-)Media: Basisstudie zum Medienumgang 12- bis 19-Jähriger in Deutschland. Stuttgart. Verfügbar unter http://www.mpfs.de/fileadmin/JIM-pdf11/JIM2011.pdf [25.02.2013].

Münker, Stefan (2009). Emergenz digitaler Öffentlichkeiten: Die Sozialen Medien im Web 2.0. Frankfurt: Suhrkamp.

Neuberger, Christoph (2011). Verschwinden oder Wandel des Journalismus im Internet? In nr-Werkstatt, o. Jg. (18), S. 36–45.

Orde, Heike vom (2011). Grunddaten Jugend und Medien 2011: Aktuelle Ergebnisse zur Mediennutzung von Jugendlichen in Deutschland. Verfügbar unter http://www.br-online.de/jugend/izi/deutsch/GrundddatenJugend_Medien_2011.pdf [25.02.2013].

Pannen, Ute (2010). Social Media: Eine neue Architektur politischer Kommunikation. In Forschungsjournal Neue Soziale Bewegungen, 23 (3), S. 56–63.

Plake, Klaus; Jansen, Daniel & Schuhmacher, Birgit (2001). Öffentlichkeit und Gegenöffentlichkeit im Internet: Politische Potenziale der Medienentwicklung. Wiesbaden: Westdeutscher Verlag.

Rheingold, Howard (2002). Smart Mobs. The Next Social Revolution. Cambridge (MA): Perseus.

Schmidt, Jan-Hinrik (2012). Das demokratische Netz? In Aus Politik und Zeitgeschichte [APuZ], 62 (7), S. 3–8.

Schrape, Jan-Felix (2010). Web 2.0 und Massenmedien: Visionen versus Empirie. In Forschungsjournal Neue Soziale Bewegungen, 23 (3), S. 72–83.

Serong, Julia (2011). Public Value im Internet und Drei-Stufen-Test. In Grundlach, Hardy (Hrsg.). Public Value in der Digital- und Internetökonomie (S. 101–120). Köln: von Halem.

Steinmaurer, Thomas (2009). Übergebührlicher Rundfunk? Zum Einfluss der EU-Wettbewerbspolitik auf den öffentlich-rechtlichen Rundfunk. In Stark, Birgit & Magin, Melanie (Hrsg.), Die österreichische Medienlandschaft im Umbruch (S. 147–168). Wien: Verlag der Österreichischen Akademie der Wissenschaften.

Stelter, Brian (2008). Finding Political News Online, the Young Pass it On. In New York Times (27.3.2008). Verfügbar unter http://www.nytimes.com/2008/03/27/us/politics/27voters.html [25.02.2013].

Van Dijk, Jan (2006). Digital Divide Research, Achievements and Shortcomings. In Poetics, 34 (4–5), S. 221–235.

Van Eimeren, Birgit & Frees, Beate (2012). 76 Prozent der Deutschen online – neue Nutzungssituationen durch mobile Endgeräte. In Media Perspektiven, o. Jg. (7-8), S. 362–397.

Van Eimeren, Birgit & Ridder, Christa-Maria (2011). Trends in der Nutzung und Bewertung der Medien 1970 bis 2010. In Media Perspektiven, o. Jg. (1), S. 2–15.

Wagner, Ulrike; Theunert, Helga; Gebel, Christa & Schorb, Bernd (2012). Jugend und Information im Kontext der gesellschaftlichen Mediatisierung. In Krotz, Friedrich & Hepp, Andreas (Hrsg.), Mediatisierte Welten. Forschungsfelder und Beschreibungsansätze (S. 307–329). Wiesbaden: Springer VS.

Wittel, Andreas (2006). Auf dem Weg zu einer Netzwerk-Sozialität. In Hepp, Andreas; Krotz, Friedrich; Moores, Shaun & Winter, Carsten (Hrsg.), Konnektivität, Netzwerk und Fluss: Konzepte gegenwärtiger Medien-, Kommunikations- und Kulturtheorie (S. 163–188). Wiesbaden: VS Verlag.

Wolf, Armin (2010). Dokutainment und News. In message, o. Jg. (3), S. 80–85.

Public Value im Internet

Christoph Neuberger

1 Einführung

Welche gesellschaftlichen Erwartungen richten sich an die öffentliche Kommunikation im Internet? Wie kann der Public Value für das Internet genauer bestimmt werden? Im Folgenden wird dafür ein Vorschlag unterbreitet.[1] Den äußeren Anlass dafür bildete der Drei-Stufen-Test für öffentlich-rechtliche Telemedien in Deutschland (vgl. Held, 2011; Woldt, 2011). Der Beihilfekompromiss der Europäischen Kommission mit der Bundesrepublik Deutschland sah eine Präzisierung des Auftrags für Telemedien vor. Dies geschah im 12. Rundfunkänderungsstaatsvertrag (RStV), der am 1. Juni 2009 in Kraft getreten ist und durch den mit dem Drei-Stufen-Test auch ein Prüfverfahren eingeführt wurde. Gemäß § 11 f. Abs. 4 RStV ist im Falle neuer oder veränderter öffentlich-rechtlicher Telemedien zu prüfen,

> 1. inwieweit das Angebot den demokratischen, sozialen und kulturellen Bedürfnissen der Gesellschaft entspricht, 2. in welchem Umfang durch das Angebot in qualitativer Hinsicht zum publizistischen Wettbewerb beigetragen wird und 3. welcher finanzielle Aufwand für das Angebot erforderlich ist.

Der Public Value eines öffentlich-rechtlichen Internetangebots soll also in der ersten Stufe des Tests bestimmt werden, wobei die Bedürfnisse der Gesellschaft hier sehr breit, aber wenig genau definiert werden. Auf der zweiten Stufe soll er mit jenem der Wettbewerber verglichen werden. Weiterhin wird in § 11 Abs. 2 Z 2 RStV ausgeführt, dass öffentlich-rechtliche Telemedien der gesamten Bevölkerung zugutekommen sollen:

> Durch die Telemedienangebote soll allen Bevölkerungsgruppen die Teilhabe an der Informationsgesellschaft ermöglicht, Orientierungshilfe geboten sowie die technische und inhaltliche Medienkompetenz aller Generationen und von Minderheiten gefördert werden.

Dass auch für öffentlich-rechtliche Telemedien der Auftrag der öffentlich-rechtlichen Rundfunkanstalten nach § 11 Abs. 1 RStV gilt, dürfte kaum umstritten sein. Maßgeblich wäre dann letztlich der gesamte Funktionsauftrag, wie er sich aus dem Rundfunkstaatsvertrag und der Rechtsprechung des Bundesverfassungsgerichts ergibt (vgl. Rossen-Stadtfeld, 2009, S. 27 f.).

---

[1] Dieser Aufsatz fasst Überlegungen eines Gutachtens zusammen, das im Auftrag der ARD-Koordinierungsgruppe für den Drei-Stufen-Test entstanden und auszugsweise als Buch unter dem Titel „Definition und Messung publizistischer Qualität im Internet – Herausforderungen des Drei-Stufen-Tests" (vgl. Neuberger, 2011) erschienen ist. Darin wird auch auf die Grundlagen der Forschung zur Medienqualität eingegangen, die im Folgenden ausgeklammert bleiben müssen. Die Richtigkeit der in diesem Beitrag genannten Internetadressen wurde zuletzt am 25.02.2013 geprüft.

Allerdings ist der Funktionsauftrag von juristischer Seite bisher nur wenig konkretisiert worden (vgl. Bullinger, 1999, S. 90; Holznagel, 1999, S. 21 f.; Lucht, 2006, S. 173). Erläuternde Kommentare dazu stammen von Bullinger (1999, S. 15 f., S. 78–93), Holznagel (1999, S. 36–44) (für den speziellen Auftrag des ZDF) und Held (2008, S. 116–124). Ihre Untergliederung des Auftrags fällt ähnlich aus. Er umfasst danach folgende *Funktionen und Genres*:

- individuelle und öffentliche Meinungsbildung (aktuelle Informations- und Forumsfunktion);

- Integrationsfunktion;

- Bildung, Beratung, Kultur und Unterhaltung als Genres (neben aktueller Information);

- Metafunktionen (Leitbildfunktion, Innovationsfunktion und Funktion der Vermittlung von Medienkompetenz).

Diese Vorgaben sind nicht immer eindeutig und trennscharf definiert (vgl. Holznagel, 1999, S. 36), und sie sind als unbestimmte Rechtsbegriffe immer noch zu allgemein gehalten, um ihre Erfüllung empirisch überprüfen zu können. Deshalb soll im Folgenden der Funktionsauftrag aus kommunikationswissenschaftlicher Sicht für das Internet rekonstruiert und weiter konkretisiert werden. Für eine *medienspezifische Auslegung des Auftrags* müssen das technische Potenzial des Internets und die besondere Struktur der Öffentlichkeit berücksichtigt werden (zum Folgenden vgl. Neuberger, 2009; Neuberger, 2011, S. 91–99).

2   Technisches Potenzial und Öffentlichkeitswandel

Die technischen Optionen des Internets sind der „Werkzeugkasten", in den Anbieter im Internet greifen können, wenn sie Websites gestalten. Verglichen mit Zeitung, Zeitschrift, Hörfunk und Fernsehen, verfügt das Internet über deutlich mehr Optionen: Multimedialität, Interaktivität, Partizipation, Vernetzung, Personalisierung, permanente Aktualisierung, Archivierung und globale Zugänglichkeit sind einige Besonderheiten des Internets, die sich hier anführen lassen. Geordnet nach Dimensionen lässt sich das *Potenzial des Internets* wie folgt beschreiben:

- *Integration von Kommunikationstypen und flexibler Rollentausch (Sozialdimension):* Das Internet vereint Typen von Kommunikation, die durch die Teilnehmer/innenzahl („one-to-one", „one-to-many" und „many-to-many"), die Zugänglichkeit von Mitteilungen (öffentlich und privat) sowie die Kommunikationsrichtung (ein- und zweiseitig) bestimmt sind. Das Internet vereinfacht den kommunikativen Zugang zur Öffentlichkeit (Partizipation) und es erlaubt den flexiblen Wechsel zwischen den Rollen Kommunikator/in und Rezipient/in (Interaktivität).

- *Auflösen von Medien- und Angebotsgrenzen (Kanal- und Zeichendimension):* Das multimediale Internet führt das Kanal- und Zeichenrepertoire älterer Einzelmedien zusammen (Text, Foto, Grafik, Video, Audio, Animation).

■ *Flexibilität in der Raum- und Zeitdimension:* Das Internet verbindet die Stärken eines Online-Mediums (permanente und rasche Verbreitung) mit jenen eines Offline-Mediums (Speicherfähigkeit): Ältere Beiträge bleiben im Internet verfügbar, und Altes kann mit Neuem verknüpft werden (Additivität). Im Internet sind die Angebote außerdem global zugänglich. Für die Nutzerschaft sind sie auf Abruf und über mobile Endgeräte zu jeder Zeit an jedem Ort verfügbar.

Um publizistische Leistungen zu bestimmen, muss über das technische Potenzial des Mediums hinaus geklärt werden, wie sich die Öffentlichkeit im Internet wandelt. In der Öffentlichkeit, wie sie mittels *traditioneller Massenmedien* hergestellt wird, besitzt der professionelle und redaktionell organisierte Journalismus die Rolle eines „Gatekeepers", der einerseits einen exklusiven Kontakt zu den Quellen besitzt, andererseits eine einseitige Beziehung zum passiven, dispersen Massenpublikum unterhält, das kaum über „Feedback"-Möglichkeiten verfügt. Wegen des Mangels an technischer Verbreitungskapazität, der in Presse und Rundfunk herrscht, hat der Journalismus bislang nahezu alleine den kommunikativen Zugang zur Öffentlichkeit kontrolliert.

Mit dem *Internet* wird dieses technische „Nadelöhr" beseitigt. Im Prinzip kann nun jede/r ohne allzu großen Aufwand publizieren. Dadurch kann sich prinzipiell die öffentliche Kommunikation von einer sozial selektiven, linearen, einseitigen, einstufigen und zentralen zu einer *partizipativen, interaktiven und vernetzten Kommunikation* verändern. Für die aktuelle Öffentlichkeit im Internet bedeutet dies:

■ Organisationen, die „Public Relations" betreiben, und andere Quellen können in direkten Kontakt mit ihren Bezugsgruppen treten und die bisher notwendige journalistische Vermittlung umgehen *(Disintermediation).* Dies wirft die Frage auf, ob journalistische Vermittlung noch notwendig ist und – wenn dies weiterhin der Fall sein sollte – wie sich die an sie gerichteten Erwartungen verändern.

■ Die bisher passiven Mitglieder des Massenpublikums können sich im Internet öffentlich artikulieren, untereinander vernetzen und zusammenwirken *(„Web 2.0", „Social Web").* Laienkommunikation erzielt zumeist keine hohe Reichweite, sondern bildet den „Long Tail" des Internets.

■ Die *Anschlusskommunikation* des Publikums zu Angeboten der Massenmedien kann über das Internet öffentlich verbreitet und zurück an den Journalismus adressiert werden. Das Internet wird so zum Resonanzraum der Medien.

Trotz der erweiterten Partizipation und der Möglichkeit der Disintermediation *bleiben im Internet publizistische Leistungen notwendig.* Begründen lassen sich diese auf der *Mikroebene* mit der quantitativen und qualitativen Überforderung auf der Rezipientenseite sowie – spiegelbildlich – der Schwierigkeit auf der Kommunikatorseite, Aufmerksamkeit und Glaubwürdigkeit zu gewinnen: Durch den erweiterten kommunikativen Zugang sind *Rezipient/innen* mit einer Überfülle an Informationen konfrontiert. Weil sich jede/r öffentlich zu Wort melden kann, schwillt die „Informationsflut" weiter an. Außerdem fehlt eine flächendeckende Qualitätssicherung („Informationsmüll"). Nun herrscht nicht mehr Knappheit an Verbreitungskapazität, sondern Knappheit an Aufmerksamkeit und Urteilsvermögen auf

Seiten der Rezipient/innen, die selbstständig selektieren und prüfen müssen. Spiegelbildlich dazu schwindet für *Kommunikator/innen* die Chance, Aufmerksamkeit zu gewinnen und Resonanz auszulösen. Ebenso lässt sich Glaubwürdigkeit bei den im Internet typischen flüchtigen und punktuellen Kontakten nur schwer erwerben.

Der Bedarf für Vermittlungsleistungen lässt sich nicht nur auf der Mikro-, sondern auch auf der *Makroebene* begründen: Aus der gesellschaftlichen Perspektive sind z. B. die Fragmentierung der Öffentlichkeit in homogene Interessen- und Meinungsgruppen sowie die mögliche Verstärkung sozialer Ungleichheit („Digital Divide") Probleme des Internets, die bearbeitet werden sollten.

Es lassen sich drei *publizistische Leistungen* unterscheiden, die im Internet erbracht werden müssen:

- *Produktion:* Unverändert bleibt die periodische und thematisch universelle Produktion hochwertiger Informationen die Kernaufgabe des Journalismus, also die Recherche, Selektion, Prüfung und Kommentierung von Nachrichten.

Zwei weitere Leistungen sind zwar nicht völlig neu, sie gewinnen aber im Internet an Bedeutung:

- *Navigation:* Im Internet ist statt eines „Gatekeeping", also der Entscheidung über die Publikation oder Nicht-Publikation von Informationen, eher ein „Gatewatching" (vgl. Bruns, 2005, S. 11–19) erforderlich. Angesichts der enormen Quantität an Angeboten und einer fehlenden flächendeckenden redaktionellen Qualitätsprüfung wird die Orientierung über die Angebotsfülle im Internet zu einer wichtigen Leistung. Sie wird z. B. durch Suchmaschinen erbracht, aber auch im Journalismus und in anderen publizistischen Bereichen, wenn Verweise auf andere Angebote angeführt werden.

- *Moderation:* Für die öffentliche Meinungsbildung bietet das Internet zwar prinzipiell hervorragende Voraussetzungen (breite Partizipation, keine zeitlichen und räumlichen Beschränkungen, ausdrückliche Bezugnahme durch Hyperlinks etc.), dennoch mangelt es an Stellen im Internet, an denen Kommunikator/innen mit Aufmerksamkeit für ihre Beiträge und einer diskursiven Weiterbearbeitung rechnen können. Der Journalismus sollte deshalb geeignete Bedingungen für Diskussionen schaffen, indem er Wortmeldungen anregt, die Teilnahme regelt und den Ablauf moderiert (vgl. Edwards, 2002).

3 Übertragung des Funktionsauftrags

Wie ist nun der Funktionsauftrag auf öffentlich-rechtliche Internetangebote zu übertragen? Dafür muss er vor dem Hintergrund des technischen Potenzials des Internets und der publizistischen Leistungen, die im Internet erbracht werden sollten, medienspezifisch bestimmt werden (vgl. Neuberger, 2007; Deißner, 2008; ARD, 2009). Um am Einzelfall zu illustrieren, wie Qualität im Hinblick auf Funktionen und Genres zu verstehen ist, wird dabei beispielhaft auf einzelne Angebote („Best Practice") verwiesen, welche die geforderten Qualitäten besitzen.[2]

In den folgenden Abschnitten wird die Umsetzung des Funktionsauftrags im Internet diskutiert (dazu ausführlich: Neuberger, 2011, S. 100–118). Zunächst werden die beiden Voraussetzungen für eine freie individuelle und öffentliche Meinungsbildung behandelt: die aktuelle Information und die Forumsfunktion.

4 Aktuelle Information

Produktionsleistung: Nachrichten, die journalistischen Standards genügen, werden weiterhin vor allem von traditionellen Massenmedien produziert und im Internet zweitverwertet (vgl. Neuberger et al., 2009, S. 247–249). Weil der Content kaum überarbeitet und angepasst wird, bleiben allerdings viele Potenziale des Internets ungenutzt (vgl. Neuberger et al., 2009, S. 251–256). Nur vereinzelt zeigt sich bisher im professionellen Journalismus ein innovativer Umgang mit dem Medium; neue Darstellungsformen haben sich erst ansatzweise herausgebildet.[3] Unten werden zeitliche, multimediale und partizipative Potenziale im Detail diskutiert.

Navigationsleistung: Im Internet wachsen die Anforderungen an die Orientierung über die schwer überschaubare und einschätzbare Angebotsfülle. Die nachträgliche Selektion, Prüfung und Vernetzung des im Internet bereits Publizierten, also die Orientierung über das Medium, wird zu einer wichtigen Leistung. „Gatewatching" leisten nicht nur Suchmaschinen: Partizipatives „Gatewatching" geschieht in „Social Bookmarking"-Angeboten (wie reddit.com, digg.com und del.icio.us), und auch im professionellen Journalismus werden

---

[2] Es werden vor allem solche Angebote erwähnt, die im Rahmen des „Grimme Online Award" nominiert oder mit einem Preis ausgezeichnet worden sind (grimme-online-award.de).

[3] (Video-)Blogs werden als neue Darstellungsform auch im professionellen Journalismus eingesetzt. Sie ermöglichen einen subjektiven, personalisierten Zugang zu Themen. Beispiele sind *Matusseks Kulturtipp* (spiegel.de/thema/matusseks_kulturtipp) und die Blogs der FAZ (blogs.faz.net). Erzählerische, informierende und interaktive Möglichkeiten des Internets werden im ARTE-Angebot *Prison Valley* (prisonvalley.arte.tv) umgesetzt; es verbindet die Linearität des Fernsehens mit der aktiven Steuerung der Internetnutzer/innen. Im investigativen Journalismus können im Internet Rechercheergebnisse umfangreich präsentiert werden. Ein Beispiel dafür ist das Blog des Sportjournalisten Jens Weinreich (jensweinreich.de).

durch Hyperlinks oder in Meta-Kolumnen ausgewählte „Fundstücke" präsentiert.[4] Als Navigator können nur solche Angebote fungieren, die selbst ein hohes Maß an Sichtbarkeit haben und durch ihre Reputation als „Leuchtturm" und „Wegweiser" vom Publikum akzeptiert werden.

Zeitliche Optionen: Die technischen Möglichkeiten der Be- und Entschleunigung bieten dem Journalismus Chancen und Risiken. Oft wird die *Beschleunigung* des Journalismus im Internet als problematisch wahrgenommen (vgl. Neuberger, 2010). Der ungeübte Umgang mit der Möglichkeit der raschen Informationsweitergabe ließ sich während überraschender Negativereignisse von hoher Relevanz beobachten, wie etwa am 11. September 2001 (vgl. Geyer, 2004). Inzwischen haben sich *Darstellungsformen* für die schnelle und fortlaufende Berichterstattung herausgebildet (Laufband, Nachrichtenticker, Eilmeldung [„Breaking News"], Live-Ticker, „Developing Story", *Twitter*-Kanal). Regulierungsbedarf besteht auch im Hinblick auf die *Sorgfaltspflicht:* Eine technisch bedingte Verzögerung der Publikation, die Zeit für die Überprüfung lässt, gibt es im Internet nicht. Informationen können ohne Zeitverlust „durchgereicht" werden; die Prüfung „kostet" also Zeit. Ein weiterer Regulierungsbedarf zeigt sich bei der *Synchronisation* einer Website: Wenn sie eine „Dauer-Baustelle" ist, auf der an verschiedenen Stellen gleichzeitig gearbeitet wird, müssen die Teile aufeinander abgestimmt werden, um Widersprüche zu vermeiden.

Die *Entschleunigung* ist ein weiteres Potenzial des Internets: Es unterscheidet sich von den traditionellen Massenmedien Presse, Rundfunk, Buch, Film etc. dadurch, dass es die Stärken eines Speicher- und eines Verbreitungsmediums verbindet. Als einziges Medium bündelt es in der Zeitdimension die Fähigkeiten der raschen Verbreitung, der permanenten Aktualisierung, der langfristigen Speicherung und der Additivität. Im Vergleich zum Rundfunk ist das Internet nicht an eine Programmstruktur gebunden, und die Verbreitung ist nicht flüchtig. Daraus ergeben sich neue Potenziale für die Erfüllung des öffentlich-rechtlichen Funktionsauftrags: Das Internet bietet z. B. die Chance, die gegenwartsgebundenen (=aktuellen) Informationen (Journalismus) mit den vergleichsweise „zeitlosen" Angeboten in den Bereichen Bildung, Beratung und Kultur zu verknüpfen, die im Rundfunk weitgehend getrennt präsentiert werden. Aktuelle Themen können so in den weiteren zeitlichen Kontext gestellt werden. Auch Diskussionen können sich über längere Zeiträume erstrecken. *Darstellungsformen* für das längerfristige Bereithalten sind Dossiers, Themenschwerpunkte, Mediatheken und andere Archivformen (vgl. Neuberger et al., 2009, S. 254–256). Der Internetjournalismus kann zu einer Art von kollektivem Gedächtnis werden.[5] Die Pflege des Archivbestands (Aufbereitung, Vernetzung, Ergänzung, Korrektur mit entspre-

---

[4]   Beispiele dafür finden sich unter sueddeutsche.de bzw. in der *Süddeutschen Zeitung* („Internetvideo der Woche", „Nachrichten aus dem Netz", „Netz-Depeschen", „Die besten Foren"), perlentaucher.de („Presseschauen") und telepolis.de („Videoschau").

[5]   Ein Beispiel für eine Anwendung ist das „Obameter", das die Zeitung *St. Petersburg Times* eingerichtet hat, um das Einlösen der Wahlversprechen des US-Präsidenten Barack Obama fortlaufend zu prüfen (politifact.com/truth-o-meter/promises/obameter). Ein anderes Beispiel sind die Politikerdossiers von abgeordnetenwatch.de, in denen Antworten auf Fragen von Bürger/innen und das Abstimmungsverhalten dokumentiert sind.

chendem Vermerk [vgl. Gahran, 2008]), die präzise Angabe des Erscheinungstermins („Zeitstempel") und die Verwendung absoluter Zeitangaben in Texten (statt relativer Angaben wie „gestern") sind neue Anforderungen.

Das *andauernde Bereithalten* einmal produzierter Angebote („Verweildauer") könnte aus Sicht der Nutzer/innen bei entsprechender Aufbereitung in mehrfacher Hinsicht einen „Mehrwert" bedeuten:

- *Kompensatorische* Funktion: Eine Sendung, deren Ausstrahlungstermin verpasst wurde, kann „on demand" nach eigener Zeitplanung „nachgesehen" werden.

- *Enzyklopädische* Funktion: Aus zahlreichen Einzelbeiträgen ergibt sich im Laufe der Zeit eine immer umfangreichere Sammlung von Beiträgen zu einem Wissensgebiet, die als systematisches Nachschlagewerk genutzt werden kann.

- *Kontextuierende* Funktion: Archivierte Beiträge können mit der aktuellen Berichterstattung verknüpft werden (Additivität). Nachrichten können so in den breiteren Kontext gestellt werden.

Eine längere Verweildauer ist mit einem Effizienzgewinn verbunden, weil die aus Rundfunkgebühren finanzierten Angebote länger nutzbar sind.

Allerdings werden im Internetjournalismus bislang *eher die Beschleunigungs- als die Entschleunigungsmöglichkeiten genutzt*. Die schnelle Weitergabe kurzer Meldungen spart die Kosten einer aufwändigen redaktionellen Recherche und Bearbeitung. Darüber hinaus ist Geschwindigkeit ein Qualitätskriterium, das sich – im Unterschied zur inhaltlichen Qualität – sehr einfach messen lässt: Es ist im Internet leicht feststellbar, wer als Erster eine Nachricht verbreitet hat; damit wächst der Konkurrenzdruck (vgl. Krüger, 2009, S. 12).

Multimediale Optionen: Zu den Gestaltungsoptionen des Internets zählen Video und Audio in verschiedenen Ausprägungen. Sie sind auch im Internet eine Stärke der Rundfunkanbieter. Was mehr überrascht, ist das Aufholen der Presse im Internet. Videos und Audios als Zusätze zu journalistischen Beiträgen sowie Video-Nachrichtensendungen finden selbst bei lokalen/regionalen Tageszeitung inzwischen große Verbreitung (vgl. dazu ausführlich Neuberger et al., 2009, S. 252). Neue journalistische *Darstellungsformen*, etwa multimediale Reportagen, finden sich nur in ersten Ansätzen.[6]

Unabhängigkeit: Kennzeichen vieler Websites ist die Vernetzung von redaktionellen Inhalten mit kommerziellen Angeboten. Darin steckt eine nicht zu unterschätzende Gefahr für die Unabhängigkeit des Journalismus. Das Internet schafft technische und ökonomische Bedingungen, die das Abgrenzungsproblem über das bekannte Maß hinaus verschärfen: Während Zeitungs- und Zeitschriftenausgaben physisch klar abgegrenzte Produkte sind, lassen sich im Internet weitreichende Verbindungen mit fließenden Übergängen schaffen. Das

---

[6] Als konvergentes Angebot, in dem die Darstellung von Fernsehen und Internet verschmilzt, lässt sich der Themenschwerpunkt „Energie der Zukunft – wie werden wir leben?" des WDR anführen (www.wdr.de/wdrde_specials/energie_der_zukunft).

Hypertextprinzip bietet weniger auffällige Verknüpfungsmöglichkeiten zwischen redaktionellen Angeboten auf der einen und Werbung und Verkaufsofferten auf der anderen Seite. Dass aktuelle Informationen im Internet derzeit kaum direkt vermarktbar sind (Nutzergebühren) und ihre Anbieter daher auf andere Erlösquellen ausweichen müssen (Werbung, E-Commerce, Syndication), führt dazu, dass Redaktionen eher zu Zugeständnissen, das heißt zu Verstößen gegen die Trennungsnorm, bereit sind.[7]

Qualitätshinweise und -sicherung: Generell ist die Qualität journalistischer Informationen für das Publikum wenig transparent. Vor allem in einer neuen Umgebung wie dem Internet fällt es dem Publikum schwer, sich zu orientieren. Qualitätsurteile lassen sich unterstützen, wenn *Marken* von einem alten Medium ins Internet übertragen werden. Empirisch wurde mehrfach nachgewiesen, dass mit der Marke auch deren Glaubwürdigkeit transferiert werden kann (vgl. Schweiger, 1998; Bucy, 2003; Metzger et al., 2003, S. 316; Melican & Dixon, 2008). Dafür ist eine erkennbare Nähe zum Muttermedium sinnvoll, etwa die Übernahme von Titel und Logo.

Beurteilbar ist Qualität, wenn Regeln erkennbar eingehalten werden, etwa durch eine klare Kennzeichnung von Werbung und die Nennung von Quellen. Das Internet bietet besondere Möglichkeiten für die Herstellung von *Transparenz* (vgl. Neuberger, 2002, S. 36 f.): Im Journalismus kann nicht nur die Recherchequellen genannt werden, sondern es kann auch per Hyperlink direkt auf sie verwiesen werden. Gegebenenfalls kann dann die Nutzerschaft selbst die Glaubwürdigkeit der Quellen und die richtige Weitergabe der Informationen prüfen. Einige Redaktionen veröffentlichen einen Kodex auf ihrer Website (wie FAZ.net); damit machen sie ihre Standards auch von außen überprüfbar. Redaktionsblogs wie blog.tagesschau.de verschaffen eine noch weitergehende Transparenz, indem sie Einblick in die Redaktionsarbeit geben und sich der Kritik ihres Publikums stellen.

5   Forum

Wie verändert sich die öffentliche Meinungsbildung im Internet? Technisch gesehen erweitert das Internet den kommunikativen Zugang zur Öffentlichkeit. Deshalb ist im Internet – im Vergleich zu Presse und Rundfunk – mit einem höheren Maß an inhaltlicher Vielfalt und einer größeren Zahl an Kommunikator/innen zu rechnen. Die erweiterte Partizipation ist zweifellos ein Gewinn. Allerdings erschwert die dadurch entstehende „Informationsflut" und Vielzahl der Beteiligten die Weiterverarbeitung. Das heißt: Nicht alle Beiträge und Beiträger haben die gleiche Chance, wahrgenommen zu werden, sondern es kommt zu einer sehr ungleichen Verteilung der Aufmerksamkeit: Wenigen Angeboten mit einer sehr hohen Reichweite (und Meinungsbildungsrelevanz) stehen im „Long Tail" des Internets zahlreiche Angebote mit marginaler Beachtung gegenüber (vgl. Benkler, 2006; Anderson, 2007). Deshalb ist es wenig wahrscheinlich, dass die individuelle Meinung, die z. B. in einem Weblog geäußert wird, auch rezipiert wird, Anschlusskommunikation auslöst und

---

[7]   Als Beispiele vgl. Neuberger (2002, S. 49–51).

letztlich die öffentliche Meinungsbildung beeinflusst. Hier wäre sicherzustellen, dass in der *vertikalen Dimension* der Öffentlichkeit die Themensetzung und Meinungsbildung auch „von unten nach oben", also von den einzelnen Bürger/innen zu den reichweitenstarken Massenmedien, erleichtert wird.

Darüber hinaus wird eine *Fragmentierung* der Öffentlichkeit im Internet befürchtet (vgl. z. B. Marr, 2002; Sunstein, 2007; Habermas, 2008, S. 162). Nach dieser These entsteht keine gemeinsame Themenagenda mehr, und der Meinungsstreit wird nicht mehr ausgetragen, weil sich die Nutzerschaft in homogene Interessen- und Meinungsgruppen aufspalten. In dieser *horizontalen Dimension* der Öffentlichkeit wäre dafür zu sorgen, dass eine Agenda entsteht und ein Diskurs zustande kommt, in dem die unterschiedlichen Positionen vertreten sind.

Die beiden Schwierigkeiten in der vertikalen Dimension (ungleiche Aufmerksamkeitsverteilung) und horizontalen Dimension der Öffentlichkeit (Fragmentierung) sind nicht unüberwindbar. Der *Journalismus* und andere Vermittler könnten die vertikale und horizontale Integration der politischen Öffentlichkeit fördern:[8] Zum einen könnten sie dazu beitragen, dass zunächst die Vielfalt der Themen und Meinungen zu einer gemeinsamen Agenda und zu einer diskursiv „gehärteten" öffentlichen Meinung transformiert wird (vgl. Dahlberg, 2007, S. 839 f.). Zum anderen könnten sie die Meinungsbildung „von unten nach oben" fördern, indem sie die Durchlässigkeit in der vertikalen Dimension der Öffentlichkeit vergrößern. „Gatewatching" meint auch die Vernetzung zwischen reichweitenstarken Angeboten und dem „Long Tail". In Meta-Angeboten, die Beiträge zu einem Thema verlinken, könnten z. B. Debatten über politische Themen „quer" durch das Internet verfolgt werden.

Der Journalismus kann nicht nur den webweiten Diskurs fördern, sondern er kann als *Moderator* auch auf der eigenen Website geeignete Voraussetzungen für Laienkommunikation schaffen. Die Bürgerschaft stärker in die öffentliche Kommunikation einzubeziehen, ist eine alte Forderung an den Journalismus (zum „Public Journalism" vgl. Gillmor, 2004; Forster, 2006; Nip, 2006). Um die deliberative Qualität zu fördern, die im Internet noch eher unbefriedigend ist,[9] könnten Redaktionen langfristige Diskurse zu zentralen gesellschaftlichen Themen anstoßen und moderieren, an denen Politiker/innen, Interessenvertreter/innen, Expert/innen und vor allem das Publikum teilnehmen.[10]

---

[8]   Reputation und Reichweite versetzen gerade öffentlich-rechtliche Anbieter in die Lage, eine solche integrierende Wirkung im Internet zu erzielen (vgl. z. B. Enli, 2008).

[9]   Gerhards & Schäfer (2007) und Rucht, Yang & Zimmermann (2008) fanden kaum Hinweise auf eine höhere deliberative Qualität im deutschsprachigen Internet.

[10] Versuche, solche Diskurse zu initiieren, waren die – inzwischen abgeschlossenen – Projekte „1000 Fragen" (1000fragen.de) und „Die Gesellschafter" (diegesellschafter.de) der „Aktion Mensch". Direkten Kontakt zwischen Bürgerschaft und Abgeordneten stellt abgeordnetenwatch.de her.

6   Integration

Journalistische Vermittlung kann das integrative Potenzial des Internets in mehreren Dimensionen zur Entfaltung bringen:

Die *politische Integration* kann – wie im letzten Abschnitt beschrieben – durch die Schaffung eines gemeinsamen öffentlichen Raums gefördert werden. Dieser öffentliche Raum wird in der horizontalen und vertikalen Dimension im Internet größer, weil dort das Themen- und Meinungsspektrum breiter wird (Horizontale), und es steigt die Zahl der Akteure und Akteurstypen, die sich zu Wort melden (Vertikale). Allerdings bedarf er sowohl in der Horizontalen als auch in der Vertikalen der Integration durch journalistische Vermittlung.

Die *transkulturelle Integration* ist mithilfe des global verbreiteten Mediums Internet zumindest technisch einfacher geworden. Auch wenn das Internet „zu dem Medium im Zentrum der Globalisierungsdebatte" (Hafez, 2005, S. 136) geworden ist, sprechen nach Hafez gewichtige Argumente dagegen, dass es darin zu einer globalen und auch gleichmäßigen Vernetzung gekommen ist (vgl. Hafez, S. 135–157). Der technische Zugang und die Nutzung belegen eher eine „digitale Spaltung" zwischen den Nationen. Die wachsende Vielsprachigkeit des Internets (die auch durch die steigende Reichweite des Mediums zustande kommt) „hemmt den kulturübergreifenden globalen Austausch" (Hafez, S. 146 f.). Auch Berger (2009) bezweifelt, dass im Internet eine Weltöffentlichkeit entsteht, unter anderem deshalb, weil Nachrichtenangebot und -rezeption stark national oder gar „hyperlokal" orientiert sind.

An öffentlich-rechtliche Telemedien richtet sich die Erwartung, dass sie das Potenzial des Internets für transkulturelle Kommunikation ausschöpfen. Bislang leisten dies sogenannte „Bridgebloggers" (vgl. Zuckerman, 2008), globale Nachrichten-Aggregatoren (wie globalvoicesonline.org und wnmedia.com), Weblogs von Auslandskorrespondent/innen (weltreporter.net) sowie redaktionelle Partnerschaften zwischen Medienanbietern. So kooperiert *Spiegel Online* mit einer Reihe ausländischer Medien (spiegel.de/international). Darüber hinaus lässt sich das Internet für die *Integration ethnischer und religiöser Minderheiten* in einer Gesellschaft einsetzen (vgl. Hunger & Kissau, 2010). Dies leisten z. B. Migranten-Weblogs, die Nachrichtenthemen kommentieren und auch selbst in den Medien zitiert werden (vgl. Bauer, 2008, S. 109 f.). Ein weiteres Beispiel ist das *Forum am Freitag* (ZDF) für Muslime in Deutschland (forumamfreitag.zdf.de).

7 Bildung, Beratung, Kultur und Unterhaltung

Über welche Optionen verfügt das Internet für die Gestaltung hochwertiger Angebote in anderen Genres (neben der aktuellen Information)? Im Folgenden werden einige wesentliche Möglichkeiten vorgestellt und durch Beispiele illustriert (vgl. Deißner, 2008, S. 89–96):

■ *Archivierung* und *Additivität* erlauben im Internet die vertiefende und nachhaltige Wissensvermittlung, wie sie für Bildung und Beratung erforderlich sind. Oben wurde bereits ausgeführt, wie durch die Additivität des Mediums Themenschwerpunkte oder Nachschlagewerke entwickelt werden können. Ein Beispiel dafür ist das Internetangebot des MDR-Wissensmagazins *Lexi TV* (lexi-tv.de). Ein durch Fernseh- und Hörfunkbeiträge fortlaufend erweiterter Themenschwerpunkt ist auch jener über „Weltreligionen" des WDR (wdr.de/themen/kultur/religion/index.html).

■ Für komplexe Themen lassen sich durch die Selektivität des Zugriffs je nach Vorwissen und Interesse der Nutzer/innen unterschiedliche Zugriffstiefen ermöglichen. *Datenbanken* können helfen, Wissen zu aggregieren und zu strukturieren, wie z. B. das *Parlameter* des ZDF, das Abstimmungsergebnisse im Bundestag dokumentiert (parlameter0. zdf.de), oder das Anlegerschutzportal www.graumarktinfo.de, in dem Netzwerke von Unternehmen visualisiert werden.

■ Durch *multimediale Aufbereitung* lassen sich abstrakte Sachverhalte veranschaulichen. Einsteins Relativitätstheorie wird z. B. im Schwerpunkt „Einsteins Welt" des ZDF durch Animationen verständlich gemacht (module.zdf.de/portal/einsteinrela/relativitaet.html). Eine Unterwasser-Reportage hat die Zeitschrift *Geo* internetgerecht umgesetzt (geo.de/_ components/GEO/article/specials/raja_ampat). Unterhaltsame und multimediale Wissensvermittlung gelingt auch der Kindersendung *Wissen macht Ah!* des WDR (wdr.de/ tv/wissenmachtah). Als führend bei der Gestaltung von Wissenschaftsthemen gelten die BBC (bbc.co.uk/sn) und die NASA (www.nasa.gov).

■ Im Fall der *Beratung* können durch Datenbanken (Beispiel: rentenplaner.focus.de) und die interaktive Kommunikation mit Expert/innen (Beispiel: caritas.de/onlineberatung) Ratschläge personalisiert werden. Darüber hinaus können Laien ihr Erfahrungswissen untereinander austauschen, z. B. in ciao.de, gutefrage.net oder wer-weiss-was.de.

■ Im Bereich der *Unterhaltung* ist das Youtube-Phänomen hervorzuheben. Hier zeigt sich die Kreativität von Laien bei der Gestaltung von unterhaltsamen Videos und Auftritten. Als Beispiel lässt sich die Castingshow *Secret Talents* von ulmen.tv (youtube.com/watch ?v=2gZxxS42C_k) anführen.

■ Im Internet können sich die Nutzer/innen an *Kulturprojekten* beteiligen, z. B. an kollaborativen *Geschichtsprojekten* wie *Von Zeit zu Zeit* der *Stuttgarter Zeitung* (von-zeit-zu-zeit.de) oder den *Gelsenkirchener Seiten* (gelsenkirchener-geschichten.de), in denen lokale Alltagsgeschichte festgehalten wird. Ein anderes Beispiel ist *Eines Tages* von *Spiegel Online* (einestages.spiegel.de).

- Nutzer/innen können zum Mitschreiben von Drehbüchern eingeladen werden oder in *Wettbewerben* eigene Videos einreichen. So schrieb der Bayerische Rundfunk einen Heimatfilm-Wettbewerb aus.[11] Die ARD rief freie Hörspielmacher/innen auf, Beiträge einzureichen („Premiere im Netz").[12]

- Für die *Besprechung und Vermittlung von Kunst* gibt es zahlreiche Portale, z. B. *Literaturport* (literaturport.de), *Literatur-Café* (literaturcafe.de), *Krimi-Couch* (krimi-couch.de) und *Undertube* (undertube.de).

8   Metafunktionen

Der öffentlich-rechtliche Rundfunk sollte auch im Internet Qualitätsstandards im Wettbewerb setzen, innovative Angebote entwickeln und die Kompetenz des Publikums fördern:

- *Leitbild- und Innovationsfunktion:* Die Formbarkeit des Internets wirft die Frage auf, in welche Richtung sich das neue Medium bewegt und ob sein Potenzial in gesellschaftlich wünschenswerter Weise ausgeschöpft wird. Als *Hindernisse* auf diesem Weg werden Schwierigkeiten der Refinanzierung, eine defensive Einstellung vor allem der traditionellen Massenmedien (vgl. Boczkowski, 2004; Nguyen, 2008; Kunelius & Ruusunoksa, 2008) sowie ein Mangel an Kreativität und Experimentierfreude genannt (vgl. z. B. Riefler, 2008; Niggemeier, 2008). Die Multioptionalität des Internets und seine laufende Weiterentwicklung erfordern ein systematisches *Innovationsmanagement*, das in den traditionellen Medienorganisationen noch unterentwickelt ist.[13] Durch die Leitbild- und Innovationsfunktion ist besonders der öffentlich-rechtliche Rundfunk aufgerufen, im Internet zu experimentieren und durch sein Vorbild Qualitätsmaßstäbe zu setzen. Inwieweit ihm dies gelingt, belegt die Auszeichnung mit Internetpreisen wie z. B. dem „Grimme Online Award".

- *Internetkompetenz:* Nach § 11 Abs. 2 Z 2 des Rundfunkstaatsvertrags soll durch öffentlich-rechtliche Telemedien „allen Bevölkerungsgruppen die Teilhabe an der Informationsgesellschaft ermöglicht, Orientierungshilfe geboten sowie die technische und inhaltliche Medienkompetenz aller Generationen und von Minderheiten gefördert werden". Dass dies ein wichtiges Ziel ist, zeigen empirische Studien zur „digitalen Spaltung", die sowohl für die Rezeption (vgl. Zillien, 2006, S. 233) als auch die Kommunikation (vgl. Emmer et al., 2011, S. 302–306) nachweisbar ist. Unterhaltsame Vermittlung von Internetkompetenz leisten z. B. der *Elektrische Reporter* (ZDF, elektrischer-reporter.de) und

---

[11] Die Siegerfilme waren abrufbar unter: http://br-online.de/kultur/film/heimatfilm-special-DID120324157996/heimatdreh-heimatfilm-almenrausch-und-bauernsterben-ID1204987726359.xml.

[12] http://www.ard.de/hoerspieltage-2009/preise/premiere-im-netz/premiere-im-netz-nominierte/-/id=1228980/nid=1228980/did=1245268/87lmpp/.

[13] Als Einschätzungen dazu vgl. Boczkowski (2004); Schnell (2008); Wood Adams (2008). Deuze (2006) spricht von einem „Liquid Journalism", der sich künftig an rasch wechselnde Umwelterwartungen anpassen muss.

Jörg Schieb (WDR, wdrblog.de/joergschieb). Dies ist allerdings auch eine Aufgabe des gesamten öffentlich-rechtlichen Internetangebots, das die Bereitschaft zum Umgang mit dem Internet wecken und die Fähigkeit dazu trainieren sollte (vgl. Deißner, 2008, S. 80–83).

9   Fazit

Zur materiellen Bestimmung gesellschaftlicher Erwartungen an öffentliche Kommunikation im Internet hat die Public-Value-Debatte bisher wenig beigetragen. Public Value wird darin vor allem als Management- und Regulierungsziel betrachtet, für das geeignete Verfahren geschaffen werden sollen (vgl. Gundlach, 2011; Karmasin et al., 2011). Diese Verfahren stehen dabei im Vordergrund; materielle Festlegungen werden dagegen vermieden. In diesem Aufsatz wurden Hinweise gegeben, wie der Public Value näher bestimmt werden kann. Den Ausgangspunkt bildete der rechtlich vorgegebene Funktionsauftrags für den öffentlich-rechtlichen Rundfunk in Deutschland, der auf Internetangebote übertragen wurde. Äußerer Anlass hierfür war der Drei-Stufen-Test, der als Ergebnis des EU-Beihilfe-kompromisses durchzuführen ist. Das technische Potenzial des Internets und die besonderen Vermittlungsleistungen, die im neuen Medium erwartet werden, bildeten dabei den internetspezifischen Bestimmungsrahmen. Es zeigte sich, dass sich die angemessene Umsetzung des Funktionsauftrags weder aus juristischen Vorgaben noch aus kommunikationswissenschaftlichen Theorien vollständig deduzieren lässt, sondern es zusätzlich der praktischen Kreativität und Erprobung des Mediums bedarf. Anhaltspunkte für Qualitätsmaßstäbe liefern etwa Preise wie der „Grimme Online Award". Hat man auf diese Weise Maßstäbe und Vorbilder („Best Practice") geklärt, ist es möglich, die Anforderungen zu operationalisieren und ihre Erfüllung im Vergleich mit den publizistischen Wettbewerbern im Rahmen empirischer Studien zu messen.

Literatur

Anderson, Chris (2007). The Long Tail. Der lange Schwanz. Nischenprodukte statt Massenmarkt. Das Geschäft der Zukunft. München: Hanser.

ARD (2009). Telemedienkonzepte der gemeinschaftlichen Angebote der ARD. o. O.

Bauer, Nele (2008). Identität – Image – Integration: Was leistet das Internet für Migranten in Deutschland? Eine Exploration ausgewählter Angebote. Unveröffentlichte Magisterarbeit: Universität Münster, Fachbereich Kommunikationswissenschaft.

Benkler, Yochai (2006). The Wealth of Networks. How Social Production Transforms Markets and Freedom. New Haven/London: Yale University Press.

Berger, Guy (2009). How the Internet Impacts on International News. Exploring Paradoxes of the Most Global medium in a Time of „Hyperlocalism". In The International Communication Gazette, 71 (5), S. 355–371.

Boczkowski, Pablo J. (2004). Digitizing the News. Innovation in Online Newspapers. Cambridge (MA)/London: MIT Press.

Bruns, Axel (2005). Gatewatching. Collaborative Online News Production. New York/Washington, D. C./Baltimore u. a.: Peter Lang.

Bucy, Erik P. (2003). Media Credibility Reconsidered: Synergy Effects between On-Air and Online News. In Journalism & Mass Communication Quarterly, 80 (2), S. 247–264.

Bullinger, Martin (1999). Die Aufgaben des öffentlichen Rundfunks. Gütersloh: Bertelsmann Stiftung.

Dahlberg, Lincoln (2007). Rethinking the fragmentation of the cyberpublic: from consensus to contestation. In new media & society, 9 (5), S. 827–847.

Deißner, Jan-Christoph (2008). Optionen für eine Neupositionierung des öffentlich-rechtlichen Rundfunks im Internet. Eine Exploration. Unveröffentlichte Magisterarbeit: Universität Münster, Fachbereich Kommunikationswissenschaft.

Deuze, Mark (2006). Liquid Journalism. In Political Communication Report, 16 (1).

Edwards, Arthur R. (2002). The moderator as an emerging democratic intermediary: The role of the moderator in Internet discussions about public issues. In Information Policy, 7 (1), S. 3–20.

Emmer, Martin; Vowe, Gerhard & Wolling, Jens (2011). Bürger online. Die Entwicklung der politischen Online-Kommunikation in Deutschland. Konstanz: UVK.

Enli, Gunn Sara (2008). Redefining Public Service Broadcasting. Multi-Platform Participation. In Convergence, 14 (1), S. 105–120.

Forster, Klaus (2006). Journalismus im Spannungsfeld zwischen Freiheit und Verantwortung. Das Konzept des „Public Journalism" und seine empirische Relevanz. Köln: von Halem.

Gahran, Amy (2008). Transparent Corrections: Why Even False Stories Shouldn't Just „Disappear" (02.12.2008). Verfügbar unter http://www.poynter.org/how-tos/digital-strategies/e-media-tidbits/92969/transparent-corrections-why-even-false-stories-shouldnt-just-disappear/ [25.02.2013].

Gerhards, Jürgen & Schäfer, Mike S. (2007). Demokratische Internet-Öffentlichkeit? Ein Vergleich der öffentlichen Kommunikation im Internet und in den Printmedien am Beispiel der Humangenomforschung. In Publizistik, 52 (2), S. 210–228.

Geyer, Steven (2004). Der deutsche Onlinejournalismus am 11. September. Die Terroranschläge als Schlüsselereignis für das junge Nachrichtenmedium. München: Fischer.

Gillmor, Dan (2004). We the Media. Grassroots Journalism by the People, for the People. Beijing, Cambridge, Farnham u. a.: O'Reilly.

Gundlach, Hardy (Hrsg). (2011). Public Value in der Digital- und Internetökonomie. Köln: von Halem.

Habermas, Jürgen (2008). Hat die Demokratie noch eine epistemische Dimension? Empirische Forschung und normative Theorie. In Habermas, Jürgen (Hrsg.), Ach, Europa (S. 138–191). Frankfurt: Suhrkamp.

Hafez, Kai (2005). Mythos Globalisierung. Warum die Medien nicht grenzenlos sind. Wiesbaden: VS Verlag.

Held, Thorsten (2011). Nach dem Beihilfekompromiss: Der rechtliche Rahmen für Online-Angebote öffentlich-rechtlicher Rundfunkanstalten. In Gundlach, Hardy (Hrsg.), Public Value in der Digital- und Internetökonomie (S. 25–45). Köln: von Halem.

Holznagel, Bernd (1999). Der spezifische Funktionsauftrag des Zweiten Deutschen Fernsehens (ZDF). Bedeutung, Anforderungen und Unverzichtbarkeit unter Berücksichtigung der Digitalisierung, der europäischen Einigung und der Globalisierung der Informationsgesellschaft. Mainz: ZDF.

Hunger, Uwe & Kissau, Kathrin (Hrsg.). (2010). Internet und Migration. Theoretische Zugänge und empirische Befunde. Wiesbaden: VS Verlag.

Karmasin, Matthias; Süssenbacher, Daniela & Gonser, Nicole (Hrsg.). (2011). Public Value. Theorie und Praxis im internationalen Vergleich. Wiesbaden: VS Verlag.

Krüger, Uwe (2009). Das Wettrennen im Hamsterrad. Beschleunigung – Deutschland. In message, o. Jg. (3), S. 10–16.

Kunelius, Risto & Ruusunoksa, Laura (2008): Mapping Professional Imagination. On the potential of professional culture in the newspapers of the future. In Journalism Studies, 9 (5), S. 662–678.

Lucht, Jens (2006). Der öffentlich-rechtliche Rundfunk: ein Auslaufmodell? Grundlagen – Analysen – Perspektiven. Wiesbaden: VS Verlag.

Marr, Mirko (2002). Das Ende der Gemeinsamkeiten? Folgen der Internetnutzung für den medialen Thematisierungsprozess. In Medien und Kommunikationswissenschaft, 50 (4), S. 510–532.

Melican, Debra Burns & Dixon, Travis L. (2008). News on the Net. Credibility, Selective Exposure, and Racial Prejudice. In Communication Research, 35 (2), S. 151–168.

Metzger, Miriam J.; Flanagin, Andrew J.; Eyal, Keren; Lemus, Daisy R. & McCann, Robert M. (2003). Credibility for the 21st Century: Integrating Perspectives on Source, Message, Media Credibility in the Contemporary Media Environment. In Kalbfleisch, Pamela J. Hrsg.), Theory and Methods of Interpersonal Communication. Communication Yearbook: 27 (S. 293–335). Mahwah (NJ)/London: Lawrence Erlbaum.

Neuberger, Christoph (2002). Alles Content, oder was? Vom Unsichtbarwerden des Journalismus im Internet. In Hohlfeld, Ralf; Meier, Klaus & Neuberger, Christoph (Hrsg.), Innovationen im Journalismus. Forschung für die Praxis (S. 25–69). Münster, Hamburg, London: LIT.

Neuberger, Christoph (2007). Thesen zum Öffentlichkeitswandel: Neupositionierung des öffentlich-rechtlichen Rundfunks. In Hall, Peter Christian (Hrsg.), Öffentlichkeit im Wandel. Fernsehen im digitalen Wettbewerb. 40. Mainzer Tage der Fernseh-Kritik (S. 295–303). Mainz: ZDF.

Neuberger, Christoph (2009). Internet, Journalismus und Öffentlichkeit. Analyse des Medienumbruchs. In Neuberger, Christoph; Nuernbergk, Christian & Rischke, Melanie (Hrsg.), Journalismus im Internet: Profession – Partizipation – Technisierung (S. 19–105). Wiesbaden: VS Verlag.

Neuberger, Christoph (2010). „Jetzt" ist Trumpf. Beschleunigungstendenzen im Internetjournalismus. In Westerbarkey, Joachim (Hrsg.), End-Zeit-Kommunikation. Diskurse der Temporalität (S. 203–222). Münster: LIT.

Neuberger, Christoph (2011). Definition und Messung publizistischer Qualität im Internet. Herausforderungen des Drei-Stufen-Tests. Berlin: Vistas.

Neuberger, Christoph; Nuernbergk, Christian & Rischke, Melanie (2009). Crossmedialität oder Ablösung? Anbieterbefragung I: Journalismus im Übergang von den traditionellen Massenmedien ins Internet. In Neuberger, Christoph; Nuernbergk, Christian & Rischke, Melanie (Hrsg.), Journalismus im Internet: Profession – Partizipation – Technisierung (S. 231–268). Wiesbaden: VS Verlag.

Nguyen, An (2008). Facing „The Fabulous Monster". The traditional media's fear-driven innovation culture in the development of online news. In Journalism Studies, 9 (1), S. 91–104.

Niggemeier, Stefan (2008). Auf eigene Faust. In Medium Magazin, o. Jg. (12), S. 38–47.

Nip, Joyce Y. M. (2006). Exploring The Second Phase of Public Journalism. In Journalism Studies, 7 (2), S. 212–236.

Riefler, Katja (2008). Nägel mit Köpfen. In Medium Magazin, o. Jg. (12), S. 36.

Rossen-Stadtfeld, Helge (2009). Anforderungen des Dreistufentests an die Gremien: eine rundfunkver-
    fassungsrechtliche Einordnung. In Kops, Manfred (Hrsg.), Der Dreistufentest als Chance für
    den öffentlich-rechtlichen Rundfunk (S. 25–59). Berlin: LIT.

Rucht, Dieter; Yang, Mundo & Zimmermann, Ann (2008). Politische Diskurse im Internet und in Zei-
    tungen. Das Beispiel Genfood. Wiesbaden: VS Verlag.

Schnell, Marie (2008). Innovationen im deutschen Tageszeitungsmarkt. Eine Analyse des Wettbe-
    werbsverhaltens überregionaler Tageszeitungen vor dem Hintergrund struktureller Marktver-
    änderungen. Berlin: LIT.

Schweiger, Wolfgang (1998). Wer glaubt dem World Wide Web? Ein Experiment zur Glaubwürdigkeit
    von Nachrichten in Tageszeitungen und im World Wide Web. In Rössler, Patrick (Hrsg.), Onli-
    ne-Kommunikation. Beiträge zu Nutzung und Wirkung (S. 123–145). Opladen: Westdeutscher
    Verlag.

Sunstein, Cass R. (2007). Republic.com 2.0. Princeton, NJ: Princeton University Press.

Woldt, Runar (2011). Öffentlich-rechtliche Onlineangebote: Keine Gefahr für den Wettbewerb. Er-
    kenntnisse aus den Marktgutachten im Rahmen des Drei-Stufen-Tests. In Media Perspektiven,
    o. Jg. (2), S. 66–79.

Wood Adams, Jennifer (2008). Innovation Management and U. S. Weekly Newspaper Websites: An
    Examination of Newspaper Managers and Emerging technology. In The International Journal
    on Media Management, 10 (2), S. 64–73.

Zillien, Nicole (2006). Digitale Ungleichheit. Neue Technologien und alte Ungleichheiten in der Infor-
    mations- und Wissensgesellschaft. Wiesbaden: VS Verlag.

Zuckerman, Ethan (2008). Meet the bridgebloggers. In Public Choice, 134 (1–2), S. 47–65.

Vielfalt trotz Konvergenz?
Ein skeptischer Zwischenruf zum Versuch, Public Value bestimmen zu wollen

Stephan Ruß-Mohl

1 Einleitung

Der folgende Beitrag[1] widmet sich vier Themenkomplexen:

1. Auf der Grundlage bereits erkennbarer Trends wird ein Konvergenz-Szenario entworfen und die Frage gestellt, welcher Public Value der Medienvielfalt beizumessen ist und inwieweit öffentlich-rechtliche Angebote in einer konvergenten Medienwelt zur Vielfaltssicherung beitragen – oder diese womöglich sogar gefährden.

2. Public Value wird im Kontext des Diskurses um „Public Interest" verortet und es wird auf prinzipielle Probleme seiner Messbarkeit aufmerksam gemacht.

3. Einige kommunikationswissenschaftliche Grundannahmen zu Demokratie und Marktversagen, die im Kontext der Public-Value-Diskussion von zentraler Bedeutung sind, werden hinterfragt.

4. Es wird herausgearbeitet, dass über Public Value vielmehr politisch und damit in der Öffentlichkeit zu entscheiden ist, als dass sich darüber ein wissenschaftlicher Diskurs führen ließe. Das allerdings setzt öffentliche Informationsangebote und Diskussionsforen voraus, die in den etablierten Medien fehlen. Sowohl in den Redaktionen privater als auch in den öffentlich-rechtlichen Medienunternehmen mangelt es an Medienjournalisten, um solch einen Diskurs ergebnisoffen führen zu können.

Als Leittheorie bedient sich der Beitrag der Ökonomik (vgl. Kirchgässner, 1992; Hamilton, 2004; Fengler & Ruß-Mohl, 2005; Ruß-Mohl, 2009).[2]

---

[1] Um diesen Essay leichter zu verorten, eine Vorbemerkung: Der Verfasser sieht sich als Quereinsteiger in den Diskurs um den Public Value öffentlich-rechtlicher Medienangebote. Das mag den Nachteil mit sich bringen, nicht alle Facetten der bisherigen Diskussion zu kennen – es bietet andererseits aber auch die Chance, unter Rückgriff auf die in der Kommunikationswissenschaft noch immer ungeliebte Ökonomik einige Kernfragen neu zu stellen.

[2] Diese zeichnet sich durch folgende Charakteristika aus: Erstens rechnet sie mit dem Eigeninteresse der Menschen, das deren Entscheidungen beeinflusst, und sie sieht gesellschaftliche Strukturen und Prozesse als Ergebnis akkumulierter individueller Entscheidungen. Diese kommen zweitens meist durch individuell rationales Entscheidungsverhalten zustande; dank der Erkenntnisse der Sozialpsychologie und der Verhaltensökonomie lässt sich dabei inzwischen auch besser eingren-

2   Das Konvergenz-Szenario

In der Diskussion um den Public Value des öffentlich-rechtlichen Rundfunks gilt es, den Blick mehr nach vorne zu richten und weniger zurück. Im Rückblick mag der „Mehrwert" halbwegs offensichtlich sein, den öffentlich-rechtliche Sender für die Gesellschaft produziert haben und auf den sie zum Nachweis ihrer Existenzberechtigung pochen (z. B. Plog, 2005; Raff, 2007). Anders wären die Bestandsgarantie und der Grundversorgungsauftrag, welche das deutsche Verfassungsgericht seit 1985 wiederholt ausgesprochen hat, kaum denkbar.

Doch damit ist angesichts der derzeitigen Umwälzungen im Mediensystem keineswegs gesagt, dass ein starker öffentlich-rechtlicher Rundfunk auch in Zukunft weiterhin notwendig ist. Im Gegenteil: Er könnte, statt Marktversagen zu korrigieren, die Entwicklung eines funktionsfähigen „Marktplatzes der Ideen" blockieren und die wahrnehmbare Meinungsvielfalt gefährden, statt diese – wie von Befürwortern vielfach behauptet (vgl. Raff, 2008, S. 14) – zu fördern und zu ermöglichen. Zwar hat der öffentlich-rechtliche Rundfunk nur eine Zukunft, wenn er online präsent ist. Wenn jedoch „der öffentlich-rechtliche Rundfunk mit seinem Gebührenaufkommen (...) im Internet alles darf, klemmt das die Entwicklungschancen für privatwirtschaftliche Medienunternehmen ab, die ihre Aktivitäten am Markt refinanzieren müssen", so Miriam Meckel (2009).

Nach vorne blicken – das heißt in eine Medienwelt blicken, die sich radikal von dem unterscheidet, was wir bisher gekannt haben. Sie wird vom Internet und von Medienkonvergenz geprägt sein, von sozialen Netzwerken, Suchmaschinen und ihren Algorithmen. Diese bündeln Informations- und Unterhaltungsangebote neu, machen sie also anders verfügbar, als wir es gewohnt waren – aber sie bringen auch einen Prozess kreativer Zerstörung in Gang, der traditionelle Medienstrukturen umkrempelt und auflöst.

Aus dem halbwegs „friedlichen" Nebeneinander eines dualen Rundfunksystems – in dem öffentlich-rechtliche TV- und Radio-Anbieter das Medienangebot dort ergänzten, wo entweder der private Markt versagte oder aus historischen Gründen ein Marktsegment, nämlich das hochwertige im Rundfunkmarkt, bereits öffentlich-rechtlich besetzt war – droht ein Haifischbecken zu werden, in dem im Kampf aller gegen alle derjenige die anderen frisst,

---

zen, unter welchen Bedingungen Menschen (auch Wissenschaftler/innen) wenig oder gar nicht rational entscheiden. Drittens kumulieren individuelle Einzelentscheide gelegentlich zu gesellschaftlich unerwünschten Gesamtergebnissen – die Herausforderung besteht folglich darin, den Prozess der „schöpferischen Zerstörung" im Mediensektor in seiner Dynamik zu verstehen, statt nur den Status quo zu erfassen (Schumpeter, 1942; Kurz, 2011). Viertens versucht die Ökonomik zu rechnen, soll heißen Nutzen und Kosten zu bewerten. Wer Public Value erfassen will, kommt schon deshalb an ihr nicht vorbei: Es reicht nicht, den (relativ unstrittigen) Nutzen öffentlich-rechtlicher Medienangebote zu bescheinigen, sondern es ist klärungsbedürftig, ob derselbe Public Value nicht durch andere Produktionsmethoden und/oder andere Verfahren der Gebührenverteilung mit geringeren Kosten erzielbar wäre.

der über mehr Ressourcen verfügt. Dieser Umgestaltungsprozess hat erst vor wenigen Jahren, aber mit großer Wucht begonnen. Zumindest einige Trends sind inzwischen erkennbar und lassen sich zu einem Szenario verdichten, das den Ausgangspunkt bilden muss, wenn wir den künftigen Public Value öffentlich-rechtlicher Angebote bestimmen wollen, ohne uns dabei in die Tasche zu lügen:

Die ursprüngliche Rechtfertigung ihres Daseins ist für öffentlich-rechtliche Rundfunkanstalten bereits lange vor dem Siegeszug des Internets weggefallen. Statt knapper Frequenzen gibt es inzwischen Sendemöglichkeiten im Überfluss. Zudem sind die Produktionskosten für Medienangebote, auch für Video und Audio, drastisch gefallen. Um Angebote zu produzieren, bedarf es keiner Apparate mit hohen Fixkosten mehr, die eine Vielzahl von Menschen von vornherein von der Produktion ausschließen.[3]

Ungeklärt ist dagegen bisher die Frage, wer sich auf dem neuen Marktplatz der Ideen, dem Internet, auf Dauer Gehör zu verschaffen vermag. Die Vorstellung vom Netz als „demokratischem" Medium, in dem jeder gleiche Artikulationschancen hat, wie sie von Internetgurus wie Clay Shirky (2008; 2010) und Jeff Jarvis (2009; 2011) propagiert wird, ist naiv (vgl. Ross, 1997; Starkman, 2011). Im Gegenteil: Eine spezifische Gefahr der Netzwirtschaft besteht darin, dass sie oligopolistische Strukturen fördert: Netzwerkeffekte begünstigen jeweils die größten Anbieter. Andere Suchmaschinen haben gegen Google kaum noch eine Chance, unter den sozialen Netzwerken verdrängt Facebook die Mitbewerber, und bei den Anbietern journalistischer Inhalte ist auf dem größten, dem angelsächsischen Medienmarkt ebenfalls bereits absehbar, dass wenige Giganten (*CNN* und *BBC*, *New York Times*, *Huffington Post*, *Guardian*) eine Vielzahl bisheriger Anbieter vom Markt verdrängen werden.

Mächtige Einzelpersonen und finanzstarke Organisationen – sowohl Unternehmen wie staatliche Apparate und NGOs – investieren zudem in wachsendem Ausmaß in PR, um öffentlich Einfluss auszuüben. Bisherige Untersuchungen, die diesem Einfluss nachspüren, haben indes nicht zu zeigen vermocht, dass sich öffentlich-rechtliche Rundfunkanbieter erfolgreicher gegen ein solches „Kommunikationsmanagement" zu wehren vermögen als private Nachrichtenproduzenten (vgl. bereits den „Klassiker": Baerns, 1985; als aktueller Überblick: Merkel et al., 2007).

Journalistische Leistungen privater Medienanbieter lassen sich künftig nicht mehr oder nur zu einem geringen Teil durch Werbung finanzieren: Hubert Burda hat recht, die Online-Werbeerlöse für Verlage sind „lousy pennies". Der Löwenanteil wandert zu Suchmaschinen und sozialen Netzwerken. Denn für die Werbetreibenden herrschen im Internet paradiesische Zustände: Sie können online ihre Zielgruppen ohne Streuverluste erreichen – anders als Henry Ford, der sich sorgte, die Hälfte seines Werbebudgets sei zum Fenster

---

[3] Produktionstechnisch betrachtet besteht Pressefreiheit längst nicht mehr aus dem Privileg „von zweihundert reichen Leuten, ihre Meinung zu verbreiten", wie der Gründungsherausgeber der FAZ, Paul Sethe, einmal pointiert sagte. Außenpluralismus ist nicht nur möglich geworden, er ist durch ein werbefinanziertes Überangebot von Medienprodukten, aber auch durch eine lebhafte Bloggerszene längst Realität.

hinausgeworfen, er aber eben nicht wisse, welche Hälfte. Wenn aber privaten Medienanbietern hierzulande die (Print-)Werbeerlöse in vergleichbar rapidem Tempo wegbrechen sollten, wie das in den letzten Jahren in den USA bereits der Fall war (vgl. Ruß-Mohl, 2009), während öffentlich-rechtliche Anbieter von einem gesicherten Sockel an Gebühreneinkünften aus operieren können, führt dies zu einer drastischen Wettbewerbsverzerrung.

Diese Wettbewerbsverzerrung wird dadurch verschärft, dass den privaten Medienanbietern auch die Abo- und Einzelverkaufserlöse abhandenkommen. Jeder Konsument hat ein Medienbudget, das er nur einmal ausgeben kann. Im deutschsprachigen Raum ist der Kostenanteil, der in diesem Budget für öffentlich-rechtlichen Rundfunk zwangsweise „reserviert" ist, besonders hoch und steht damit für selbstbestimmten Medienkonsum nicht mehr zur Verfügung.

3   Medienvielfalt als Public Value

Angesichts dieses Szenarios könnte sich der öffentlich-rechtliche Rundfunk in Ländern, in denen er dank der historischen Entwicklung eine starke Marktposition hat, in einem konvergenten Mediensystem zur erdrückenden Übermacht auswachsen, wenn er in seinem Online-Expansionsdrang nicht gebändigt wird – auch wenn die Rundfunkintendanten beharrlich und betriebsblind das Gegenteil behaupten (vgl. Bougoust, 2010, S. 13; Gruber, 2005, S. 12 ff.). Zum einen verfügt er über die Bewegtbilder (=Videos) und die Radiobeiträge (=Podcasts), die für die Online-Nachrichten- und Informationsanbieter im Netz immer wichtiger werden. Um sie zu beschaffen, müssten Zeitungsverlage künftig mehr Geld ausgeben, als sie absehbar haben werden.

Mehr als acht Milliarden sichere Gebühreneinnahmen, über welche zum Beispiel ARD und ZDF in Deutschland verfügen (vgl. Hübner, 2011), verschaffen aber auch sonst einen Wettbewerbsvorteil, den private Anbieter nicht kompensieren können.[4] Kleineren und mittleren Verlagen wird in der direkten Konkurrenz zu ARD und ZDF die Puste ausgehen. Statt ein komplementäres Gegengewicht zu kommerziellen Medien zu bilden, könnten die Öffentlich-Rechtlichen zumindest die konzernunabhängigen Restbestände journalistischer Hochkultur und Vielfalt mit ihrer Übermacht Schritt für Schritt vom Markt verdrängen. Trotz aller sonntagsrednerischen Politiker-Lippenbekenntnisse zur Medienvielfalt würde ihnen „öffentlich subventioniert der Boden entzogen" (Hanfeld, 2007).

In Deutschland zeigt ja bereits das Schicksal der *Frankfurter Rundschau*, dass selbst mittelgroße Medienkonzerne wie M. Du Mont Schauburg solche Titel nicht auf Dauer durchzufüttern vermögen. Womöglich wird es dann bereits 2025 keine *FAZ* und keine *Süddeutsche*

---

4   Um an dieser Stelle wenigstens die Größenordnungen zu verdeutlichen: Die beiden größten deutschen privatwirtschaftlichen Medienunternehmen Bertelsmann und Springer erzielten 2010 rund elf Milliarden Euro bzw. knapp drei Milliarden Euro Umsatz, allerdings jeweils einen erheblichen Teil davon im Ausland (http://www.bertelsmann.de/bertelsmann_corp/wms41/bm/file_uploads/Q3_2010_engl.pdf; http://www.axelspringer.de/dl/446746/DB_ACC.pdf [11.06.2012]).

Zeitung mehr geben. In Österreich würden *Presse* und *Standard*, in der Schweiz die *Neue Zürcher Zeitung* und die *Basler Zeitung* verschwinden. *Der Spiegel, Die Zeit,* das *Handelsblatt, Die Welt* und der *Tages-Anzeiger* werden sich dagegen vermutlich als Aushängeschilder großer privater Medienkonzerne behaupten können. Lars Rinsdorf (2011, S. 237) resümierte kürzlich, die meisten Redaktionen, die für hochwertigen Journalismus bürgten, hätten inzwischen unter dem Dach großer Medienkonzerne Zuflucht gefunden und würden von ihnen mit einträglicheren Titeln quersubventioniert: „Damit ähneln sie bereits jetzt ein wenig Sterneköchen: Mit deren Kochkunst können sich auch fast nur noch große Hotels schmücken". Aber selbst Häusern wie Springer, Gruner+Jahr oder Burda, die derzeit noch auf dem Printmarkt eine sehr starke Stellung haben, werden sich schwer tun. Am Schicksal von *Welt* und *Financial Times Deutschland,* die beide mit anderen Redaktionen verschmolzen wurden, lässt sich erkennen, dass unter einem Konzerndach selbst die journalistischen Sterneköche zur Zusammenarbeit mit Küchenchefs gezwungen werden, die sich eher aufs Zubereiten von Kantinenfutter oder Fast Food verstehen.

Es wäre also erst einmal zu fragen, ob nicht Medienvielfalt den eigentlichen Public Value eines Medienangebots in freiheitlich-demokratischen Systemen ausmacht und inwieweit die Öffentlich-Rechtlichen diese Vielfalt gefährden, bevor wir uns auf das Abenteuer einlassen, den Public Value ihrer Medienangebote näher bestimmen zu wollen.

4 Subventionen für den Bestand – statt Innovationsförderung

Wer dieser Einschätzung zustimmt, müsste es wohl als vornehmste Aufgabe der Medienpolitik ansehen, Vielfalt und Innovation zu fördern, statt mit öffentlichen Geldern nur den Bestand zu sichern. Letzteres ist jedoch nirgendwo der Fall. Rasmus Kleis Nielsen und Geert Linnebank (2011) haben soeben analysiert, wie stark ringsum in Europa und in den USA der Staat die Medien subventioniert – und sie haben dabei Bemerkenswertes entdeckt. Beim Vergleich von fünf europäischen Ländern (Deutschland, Finnland, Frankreich, Italien und Großbritannien) sowie den USA kommen sie zu dem Befund, dass trotz des stürmischen Wandels unserer Medienwelt sich die Förderinstrumente seit den 1980er-Jahren kaum verändert haben.

Vor allem die Dinosaurier der Branche profitieren davon – seien das die öffentlich-rechtlichen Rundfunkanstalten, seien das die etablierten Presseverlage. Beide hängen in allen untersuchten Ländern seit langem am staatlichen Tropf: Die einen erhalten üppige Rundfunkgebühren, die anderen Vergünstigungen beim Postvertrieb sowie Steuererleichterungen oder -befreiungen und in einigen Ländern auch direkte Subventionen.[5] Wenn sich

---

[5] Selbst in den USA, das in der öffentlichen Diskussion stets als Land angeführt wird, in dem die Medien „kein" Geld vom Staat erhalten, fließen jährlich mehr als eine Milliarde Dollar Steuergelder in öffentliche TV- und Radioprogramme und nahezu gleich viel Geld in die Kassen der Zeitungshäuser.

Förderpolitik aber – angesichts geradezu revolutionärer Umbrüche in den Medien selbst – über 30 Jahre hinweg kaum ändert, so ist dies ein erstes Indiz dafür, dass vermutlich wenig Public Value generiert wird. Es ist jedenfalls ein Beweis dafür, wie gut das Lobbying der mächtigen Medienhäuser funktioniert, um sich die bestehenden staatlichen Futter- und Fördertöpfe zu erhalten. Nielsen und Linnebank (2011, S. 23) illustrieren dies am alten, aber immer noch instruktiven Beispiel Margaret Thatchers. Selbst sie habe sich nicht getraut, sich mit den Verlegern in den Clinch zu begeben und ihnen die Steuerprivilegien für britische Zeitungen zu streichen – so entschieden die eiserne Lady sonst Staatsinterventionismus bekämpft und reduziert habe.

Start-ups, die im Journalismus etwas Neues ausprobieren wollen und damit vielleicht ja auch Public Value entstehen lassen könnten, haben dagegen so gut wie keine Chance, an die Staatsknete heranzukommen. Das skurrilste Gesetz hierzu stammt aus Italien. Dort können Journalistenbüros, an denen sich mindestens zwei Parlamentarier (!) beteiligen, Fördermittel kassieren, wenn sie eine Zeitung (!) – nicht etwa eine Website – publizieren, aber nur dann, wenn sie sich bereits drei Jahre am Markt behauptet haben (!). (vgl. Nielsen & Linnebank, 2011, S. 15).

Fassen wir als erste Zwischenbilanz zusammen: Sowohl das Konvergenz-Szenario als auch die Evidenz staatlicher Unfähigkeit, bei der Verteilung öffentlicher Mittel auf künftige Herausforderungen zu reagieren, lassen Zweifel aufkommen, ob Ansätze, den Public Value des bestehenden öffentlich-rechtlichen Rundfunks zu erfassen, wirklich hilfreich sein können, um in offenen demokratischen Gesellschaften zukunftsweisend die Probleme der öffentlichen Kommunikation und des Journalismus zu bewältigen.

5   Öffentlich-rechtlicher Rundfunk zwischen Anspruch und Wirklichkeit

Dennoch braucht man nicht so weit zu gehen wie Helmut Thoma (zit. n. Lüscher, 2011) oder Gerhard Schwarz (2011), die dem öffentlich-rechtlichen Rundfunk inzwischen jedweden Public Value und damit seine Existenzberechtigung absprechen. Wer die Entwicklungen in den USA verfolgt, weiß, dass dort viele Medienexperten eher neidvoll nach Europa blicken und im öffentlich-rechtlichen Rundfunk angesichts der wegbrechenden journalistischen Infrastrukturen im eigenen Land ein stabilisierendes Element sehen. So erwägen zum Beispiel Leonard Downie und Michael Schudson (2009) in ihrer viel beachteten Studie für die USA eine öffentliche Teilfinanzierung des Journalismus.

Ob mehr oder eher weniger öffentliche Finanzierung sinnvoll ist, hängt allerdings nicht zuletzt davon ab, in welchem Umfang in ein Gemeinwesen bereits investiert ist: In den USA, wo es keine gebührenfinanzierten Medienangebote gibt, sollte man zu anderen Antworten kommen als im deutschsprachigen Raum, wo mit ARD und ZDF, mit ORF und SRG vier der wirkungsmächtigsten und finanzstärksten Medienorganisationen bereits öffentlich-rechtlich organisiert sind und diese zusammengenommen bereits weit mehr Programm und Inhalte anbieten, als bei jeder rationalen Diskussion um den Begriff „Grundversorgung" angesichts eines ohnehin bereits bestehenden Überangebots an Information und Unterhaltung angesagt wäre.

Wollten die zuständigen Parlamente im wohlverstandenen „öffentlichen Interesse" ihre Hausaufgaben erledigen, müssten sie in den USA wohl in der Tat über staatliche Rettungspakete für den Journalismus nachdenken. Im deutschen Sprachraum wäre dagegen eher zu fragen, ob all die öffentlich-rechtlichen Programme und Landesrundfunkanstalten, die es gibt, wirklich im öffentlichen Interesse sind – und ob nicht ein erheblicher Teil der Gebührengelder zweckentfremdet versickert.

Wer sich in Europa und in den USA umsieht, wird feststellen, dass eine große Diskrepanz besteht zwischen dem, was öffentlich-rechtlicher Rundfunk vorgibt zu sein, wenn er seine Existenzberechtigung nachweisen soll, und dem, was er tatsächlich ist. Den Anspruch, an dem sich öffentlich-rechtliche Sender messen lassen müssen, haben deren Intendanten immer wieder klar artikuliert: Der öffentlich-rechtliche Rundfunk habe „gesellschaftlichen Mehrwert zu schaffen", „einen Beitrag zur Wissensgesellschaft zu leisten" und „verstärkt jugendliche Zielgruppen anzusprechen," so Fritz Raff (2007, S. 14); der öffentlich-rechtliche Rundfunk stehe „exemplarisch für den hohen Stellenwert von Transparenz und Teilhabe sowie freiem Zugang zu Information und Bildung, Kultur und Unterhaltung" (Plog, 2005, S. 16; ähnlich auch: Boudgoust, 2010; Gruber, 2005).

Die drei wichtigsten Stichworte sind Qualität, Unabhängigkeit und Transparenz. Hier hätten Public-Value-Ermittlungen komparativ anzusetzen.

Qualität: Im Kern geht es darum, ob der öffentlich-rechtliche Rundfunk sich qualitativ vom privaten Programmangebot unterscheidet, oder ob „das öffentlich-rechtliche Fernsehen dem privaten Fernsehen in seiner ‚Quotengeilheit' immer ähnlicher wird" – so schon vor zwölf Jahren der Generalverdacht des Publizisten Robert Leicht (2000), den ein anderer Medienexperte, Harald Fidler, soeben am Beispiel des ORF neuerlich bestätigte.[6] Mit Gebührengeldern wird weitgehend dupliziert, was der Markt ohnehin bereitstellt: Es werden Fußball und Formel 1, Spielfilme, Soaps, Gottschalk, Musikantenstadl und Talkshows angeboten. Um dies tun zu können, konkurrieren obendrein auf der Zulieferseite die öffentlich-rechtlichen mit den privaten Anbietern um Senderechte, Showtalente und andere Ressourcen – und treiben dabei die Preise in die Höhe.

Der Löwenanteil der Gebühreneinkünfte kommt jedenfalls nicht der Grundversorgung einer Demokratie mit Information zugute, sondern dient einer Überversorgung mit Unterhaltung und Zirkusspielen, die von der Politik und vom „herrschaftsfreien Diskurs" öffent-

---

[6] Fidler (2011, S. 80) mokiert sich darüber, dass der ORF „wortreich erklären" würde, wie er „seinen öffentlich-rechtlichen Auftrag erfüllt und wie verachtenswert die Privatsender programmieren, auch wenn sie über weite Strecken dasselbe senden wie der gebührenfinanzierte ORF". Auch die ARD-Jahrbücher (vgl. Gruber, 2005 und 2006) sind voll von solcher Intendantenprosa. Besonders giftig – unmittelbar nachdem erste Schleichwerbungs- und Korruptionsskandale aufgedeckt wurden und bei der ARD eigentlich Demut und Nachdenklichkeit angesagt gewesen wären.

licher Angelegenheiten ablenken dürften. Andererseits mögen Unterhaltungsofferten – das wussten schon die alten Römer – für die Loyalitätsbeschaffung jedweden Herrschaftssystems nicht ganz unwichtig sein. Jedenfalls verschlingen Sportrechte, Unterhaltungsshows und anderer Glitzer weit mehr Geld, als die *Tagesschau* oder das *heute-journal*, als Korrespondentenposten und Qualitätsjournalismus kosten.

Sendungen, die nur kleinen Gruppen erkennbaren Zusatznutzen stiften, werden in die Spätabendprogramme oder in die Ghettos von 3sat und ARTE verbannt, wo sie dann über ein bis zwei Prozent Einschaltquoten nicht hinauskommen. Aber selbst bei solchen oftmals qualitätsvollen Angeboten, die ganz klar nicht für die Allgemeinheit, sondern für elitäre, gebildete Zielgruppen konzipiert sind, kann man streiten, ob auf diese Weise Public Value entsteht. Wären diese kleinen Zielgruppen nicht zahlungskräftig genug, um sich solche Inhalte auch auf einem freien Medienmarkt kaufen zu können?

Unabhängigkeit: Ob der öffentlich-rechtliche Rundfunk politisch so unabhängig ist, wie er vorgibt zu sein, ob und inwieweit er von den jeweils Regierenden als Sprachrohr instrumentalisiert werden kann, wäre ein spannendes Untersuchungsfeld. Die Gesamtbilanz in Europa fiele hier vermutlich negativ aus: In Südeuropa, insbesondere in Italien, aber auch in Frankreich und Osteuropa ist der Durchgriff der Regierenden auf das öffentliche Fernsehen stark. In Deutschland haben der Fall Brender und die Berufung des Regierungssprechers zum Intendanten des Bayerischen Rundfunks neuerlich gezeigt, wie die Öffentlich-Rechtlichen ihre Unschuld verloren haben. Alle Eingeweihten wissen seit langem, dass über öffentlich-rechtliche Karrieren nach dem Reißverschlusssystem entschieden wird: Sind Posten neu zu vergeben, besetzen die Regierungsparteien die jeweiligen Top-Positionen, während Stellvertreterjobs meist die Opposition zu vergeben hat. Wer politisch keinem Lager zurechenbar ist, geht leer aus. Ob Großbritannien, die Schweiz und die skandinavischen Länder tatsächlich eine öffentlich-rechtliche „Rundfunk-Kultur" entwickelt haben, die sich solchen Instrumentalisierungsversuchen erfolgreicher widersetzt, wäre eine der vornehmsten Untersuchungsaufgaben für Public-Value-Forscher.

Eine Forschungshypothese könnte lauten, dass der öffentlich-rechtliche Rundfunk dort seine Unabhängigkeit von der Politik am erfolgreichsten verteidigt, wo das jeweilige Führungspersonal über die Parteigrenzen hinweg zusammenarbeitet, sich „kartellisiert" und damit gemeinsam externe Einflussnahme abwehrt.

Angesichts der Vielzahl von Korruptionsskandalen, in die Anstalten des öffentlich-rechtlichen Rundfunks in den letzten Jahren verwickelt waren, wäre es auch wünschenswert, dass der Corruption Perception Index, den Transparency International jährlich erstellt, auf die Medien als Analyseobjekte ausgeweitet wird.

Transparenz: Medien machen sich selten zum Gegenstand von Berichterstattung – das gilt sowohl für etablierte private wie öffentlich-rechtliche Anbieter. Tun sie es doch, so thematisieren sowohl Fernsehsender als auch Printmedien am allermeisten und allerliebsten sich selbst, hat Stefan Weinacht herausgefunden – und das natürlich mit positivem und sehr selten mit kritischem Unterton. In den „öffentlich-rechtlichen Nachrichten wird stärker darauf geachtet, welcher TV-Sender thematisiert wird, als in den Privaten. Das kann tendenziell als stärkeres Konkurrenzverhalten der öffentlich-rechtlichen Anstalten auf dem TV-Markt gedeutet werden" (Weinacht, 2009, S. 136). Am nachhaltigsten würden journalistisch-professionelle Auswahlkriterien bei der Berichterstattung über Journalismus und Medien von den überregionalen Qualitätszeitungen gepflegt (vgl. Weinacht, 2009, S. 150). Es bleiben also Zweifel, ob öffentlich-rechtliche Anbieter für ein Mehr an Transparenz sorgen – die wenigen empirischen Belege deuten in die entgegengesetzte Richtung.

6 Schwierigkeiten bei der Bestimmung von Public Value

Wer Public Value wissenschaftlich erfassen will, muss freilich zunächst klarer definieren, worin er besteht. Erst dann lässt sich dieser in einem nächsten Schritt operationalisieren, also in messbare Komponenten zerlegen. Marlies Neumüller beschreibt die verschiedenen Konzepte zutreffend – ohne aber letztlich zu entscheiden, mit welchem der beiden „unscharfen und schwammigen" Ansätze sich gegebenenfalls wissenschaftlich arbeiten ließe – dem „engeren, ergänzenden und Marktversagen ausgleichenden" oder dem „entgrenzten, universalistischen Konzept". (Neumüller, 2010, S. 54 ff.; vgl. auch Gonser & Baier, 2010).

Deshalb im Folgenden ein paar Überlegungen, weshalb das entgrenzte Konzept eher ungeeignet sein dürfte: „Die Kernkompetenz des öffentlich-rechtlichen Systems liegt […] im Angebot an meritorischen publizistischen Gütern, die der Markt selbst nicht oder nicht in ausreichendem Umfang hervorbringt", so Miriam Meckel (2008). Per definitionem kann ein „Mehrwert" eigentlich nur dort entstehen, wo von öffentlich-rechtlichen Medien Themen und Programme offeriert werden, die private Anbieter nicht aus eigener Kraft zustandebrächten (vgl. Bardt, 2004). Solche Programme offeriert der Service public aber in seinen teuren Hauptprogrammen nur selten, zu den Hauptsendezeiten sogar sehr selten. Vorzugsweise werden in direkter Konkurrenz zu privaten TV-Anbietern Inhalte angeboten, die „marktfähig" sind und hohe Quoten sichern.

Stephen Whittle und Glenda Cooper (2010) haben kürzlich an eine Differenzierung erinnert, die für die weiteren Überlegungen nützlich sein könnte, auch wenn sie in einem anderen Kontext verwendet wurde.[7] Sie unterscheiden zwischen dem öffentlichen Interesse (Public Interest) und dem Interesse der Öffentlichkeit (Public's Interest) – wobei ja zudem umstritten ist, ob „die Öffentlichkeit" angesichts ihres Zerfalls in viele Öffentlichkeiten überhaupt noch eine nützliche Abstraktion darstellt.

Gelänge es, öffentlich-rechtlichen Rundfunk auf Inhalte und Programmangebote auszurichten, die zweifelsfrei „im öffentlichen Interesse" sind und nicht nur die Neugier und das Unterhaltungsbedürfnis von Öffentlichkeiten bedienen, und wäre es obendrein möglich,

---

[7]   Ihre Studie befasst sich damit, unter welchen Umständen sich im Konflikt zwischen Privatsphäre und öffentlichem Interesse der Paparazzi-Blick durchs Schlüsselloch rechtfertigen lässt.

mithilfe von Public-Value-Ermittlungen diese Differenz ausfindig zu machen, dann wären wir einen entscheidenden Schritt weiter. Analog könnte dann womöglich sogar zwischen „Public Value" und „Public's Value" (Einschaltquoten) bzw. „Publics' Value" (Einschaltquoten, auf Zielgruppen deaggregiert) unterschieden werden.

Auch Vinzenz Wyss (2009, zit. n. Troxler, 2010, S. 90) sieht im Public Value die „Orientierung des öffentlichen Rundfunks am Gemeinwohl". Weil zumindest dies unstrittig sein dürfte, kommen wir bei seiner Bestimmung von Public Value wohl nur weiter, wenn wir genauer erörtern, worin dieses Bonum comune bestehen könnte. Dies lässt sich jedoch *positiv* mit wissenschaftlichen Methoden nicht erfassen, wie Anthony Downs (1962) schon sehr früh aufgezeigt hat – und mit sehr überzeugenden Argumenten, die hier aus Platzgründen nicht wiederholt werden sollen. Eben weil sich wissenschaftlich nicht zweifelsfrei ermitteln lässt, was im Interesse aller „am besten" ist, vertrauen wir ja solche Entscheidungen dort, wo der Markt versagt, den gewählten Volksvertretern an, oder wir stimmen in der direkten Demokratie darüber nach der Mehrheitsregel ab – wohl wissend, wie unvollkommen „Gemeinwohl" bleibt, wenn im Extremfall 49,99 Prozent der Stimmbürger Entscheidungen nicht mittragen.[8]

Es lässt sich also allenfalls das *negativ* eingrenzen, was im Interesse des Gemeinwohls verteilungspolitisch kaum zu rechtfertigen ist: Ist es fair, vom Akkordarbeiter, der mit RTL und seiner *Bild*-Zeitung eigentlich ganz glücklich ist, zu erwarten, dass er Angebote auf ARTE und 3sat mitfinanziert, die vermutlich eher Universitätsprofessoren, Bankiersgattinnen und grüne Parlamentsabgeordnete konsumieren? Diese Zielgruppe könnte sich solche Offerten eigentlich auch als private Nachfrager per Bezahlfernsehen locker leisten. Ebenso wenig ist einzusehen, weshalb Sportmuffel den „Fußballfans das Unterhaltungsprogramm Bundesliga subventionieren müssen". Bardt (2004) spricht hier von einem „ökonomischen Rätsel".

Das bisherige Fazit: Es ist schon schwierig genug, die Qualität von Medienangeboten und Journalismus zweifelsfrei und intersubjektiv nachvollziehbar beurteilen zu wollen (vgl. Ruß-Mohl, 1992). Doch während sich dieser Pudding inzwischen halbwegs an die Wand nageln lässt, weil sich wichtige, wenn auch bei weitem nicht alle journalistischen Qualitätskriterien messen lassen, kann es nicht gelingen, den Mehrwert öffentlich-rechtlicher Medienangebote „wissenschaftlich" bestimmen zu wollen – schon weil wir nicht wissen können, welche Informations- und Unterhaltungsangebote der Medienmarkt zu welchen Preisen bereitstellen würde, wenn es keine Rundfunkgebühr und keine öffentlich-rechtlichen Anbieter mit großer Marktmacht gäbe.

---

[8]   Diese 49,99 Prozent beziehen sich auf eine einzige Entscheidungsalternative. Gibt es mehr als zwei Entscheidungsoptionen, wird die Sache noch komplizierter. Mit dem Arrow-Paradox (vgl. Arrow, 1951) ist belegt, dass in bestimmten Situationen das Abstimmungsverfahren darüber entscheidet, welche Mehrheit sich ergibt – es also überhaupt keinen zweifelsfreien Weg gibt, demokratische Mehrheiten eindeutig zu bestimmen.

7   Auf den Schultern anderer Riesen

Auch Wissenschaftler können Opfer von Herdentrieb werden (vgl. Kuhn, 1967) – ebenso wie gewöhnliche Sterbliche und Journalisten (vgl. Janis, 1972; Kepplinger, 2001; Stiglitz, 2011). Einige Lebenslügen von Medienforschern sind auch im Kontext der Public-Value-Diskussion relevant. An dieser Stelle könnte interdisziplinäres Arbeiten fruchtbar werden: Wer sich, statt sich in den vertrauten Zirkeln des eigenen Fachs im Umfeld von Habermas und Luhmann zu bewegen, auf die Schultern anderer Riesen (vgl. Merton, 1983) begibt, vermag auch das Mediensystem und die Weltläufe aus einem anderen wissenschaftlichen Blickwinkel zu sehen. Für Kommunikations- und Medienforscher würde sich die Mühsal lohnen, zumindest gelegentlich ihren Beobachterposten zu wechseln und beispielsweise auf dem Ausguck von Joseph A. Schumpeter, Kenneth Arrow, Anthony Downs, Dan Ariely oder Bruno Frey Position zu beziehen.

Im Folgenden seien einige Gewissheiten infrage gestellt, die zum „conventional wisdom" des Fachs zählen, ja fast schon „axiomatischen" Charakter haben.

7.1 Grundbedingung von Demokratie sind mündige, aufgeklärte, gut informierte Bürger

Es stimmt gewiss, dass gänzlich ohne solche Bürger Demokratie nicht gelingen kann. Sie funktioniert indes leidlich, ja, man könnte sagen, erstaunlich gut (und bereits über Jahrhunderte hinweg) auch dort, wo viele Bürgerinnen und Bürger vom Privileg „rationaler Ignoranz" (Downs, 1957) Gebrauch machen.

Ökonomen haben auch längst herausgefunden, weshalb das so ist: Solange es populistischen Rattenfängern nicht gelingt, politisch Ignorante gezielt für ihre Zwecke zu instrumentalisieren, ist davon auszugehen, dass sich der Effekt von Ignoranz politisch neutralisiert – entweder, weil Ignorante ihr Wahlrecht nicht ausüben, oder weil sich ihre Stimmen nach dem Zufallsprinzip auf alle politischen Lager verteilen und damit wechselseitig aufheben. Vielleicht auch deshalb kommt die amerikanische Demokratie ohne öffentlich-rechtlichen Rundfunk seit über 200 Jahren besser zurecht, als viele Statements von Rundfunkintendanten und Medienforschern vermuten lassen würden – womit allerdings nicht heruntergespielt werden soll, wie unverantwortlich rechtslastige Sender wie Fox oder Radio-Talkhosts wie Rush Limbaugh und andere missionarische Hassprediger agieren.

Die mündigen Bürger sind andererseits ganz offenbar so manchem Medienforscher doch ziemlich suspekt – ebenso wie vielen Politikern und anderen professionellen Bevormundern. Jedenfalls sind diese Staatsbürger offenbar nicht mündig, aufgeklärt und informiert genug, um selbst zu entscheiden, wie viel Geld sie für Information ausgeben wollen. Also müssen sie per Zwangsabgabe dazu verpflichtet werden, Medienangebote zu finanzieren, die sie gar nicht haben möchten. Irgendwelche „Gutmenschen" sollen statt ihrer und für sie dann paternalistisch entscheiden, was hochwertige Medienqualität (=Public Value) ist.

Die Schlussfolgerung für unsere Diskussion: Womöglich „schrumpft" der Public Value öffentlich-rechtlicher Angebote, wenn man sich einerseits mit dem Gedanken anfreunden kann, dass eine Demokratie auch schlecht informierte Wähler „aushält", und wenn man andererseits akzeptiert, dass, wer als Wähler für mündig gehalten wird, auch als Rezipient mündig genug ist, um selbst zu entscheiden, für welche Information und für welche Unterhaltung er sein Geld ausgeben möchte – zumal eine „Grundversorgung" mit Nachrichten und Unterhaltung ja dank des Überangebots im Internet fraglos gewährleistet ist.

7.2 Das Mediensystem ist einem fortschreitenden Prozess der Ökonomisierung unterworfen

Auch diese Einschätzung trifft nur partiell zu: Vordergründig sind mit Ökonomisierung meist Sparzwänge gemeint, und diese gibt es natürlich überall dort, wo die bisherigen Erlöse wegbrechen. Der Begriff enthält indes auch eine Trendaussage: In bester Tradition der Frankfurter Schule wird unterstellt, das („kapitalistische") System unterwerfe immer mehr Lebensbereiche und somit auch die Redaktionen dem Diktat des Ökonomischen. So komme Journalismus als „Kulturgut" unter die Räder: Er könne seinen publizistischen Auftrag immer schlechter erfüllen, die Bürger mit hinreichend geprüften Nachrichten zu versorgen, der Demokratie zu dienen und die Mächtigen zu kontrollieren.

Dabei wird gerne der falsche Eindruck erweckt, es sei möglich, sich des Zwangs zum Wirtschaften zu entziehen, ohne Dritte zur Kasse zu bitten. „Ökonomisierung" ist dabei allerdings eine Beschreibung aus der Sicht der Journalisten, also der Nachrichtenproduzenten – und nicht der Kunden. Journalisten waren es über Jahrzehnte hinweg gewohnt, sich nicht um Ökonomisches kümmern zu müssen. Sie konnten leben wie die Maden im Speck. Monopole und Oligopole haben vielen Medienunternehmen über Jahrzehnte hinweg Traumrenditen beschert, wie sie sonst nur Spielcasinos erzielten. Dank steigender Werbeumsätze ließen sich auch großzügig Redaktionen finanzieren.

Was Journalisten und Medienforscher jetzt als „Ökonomisierung" wahrnehmen, ist eher der raue Wind des Wettbewerbs. Aus dem Blickwinkel der Leser, Hörer und Zuschauer wäre es zutreffender, von einer Ent-Ökonomisierung des Mediensektors zu sprechen. Darauf deuten sowohl die abnehmende Zahlungsbereitschaft der Publika hin wie deren vielgerühmte Bereitschaft, als Blogger, Citizen Journalists oder Wikipedianer kommunitaristisch und unbezahlt Medieninhalte zu produzieren (vgl. Shirky, 2009 und 2010). Wo auf Publikumsmärkten insbesondere die junge Generation online „alles gratis" erwartet, macht es wenig Sinn, dies als „Ökonomisierung" oder „Kommerzialisierung" zu bezeichnen. Bis auf die Zwangsgebühr für den Rundfunk sind wir im Mediensektor den Utopien der 68-er vom Nulltarif für lebensessenzielle Güter und Dienstleistungen so nahe gekommen wie nie zuvor: Gratis gilt ja nicht nur für Pendlerzeitungen wie *Heute* (in Österreich) und *20 Minuten* (in der Schweiz), sondern im Internet längst auch für viele hochwertige Inhalte – von *faz.net* und *sueddeutsche.de* über *Spiegelonline* bis hin zum *Guardian* – gar nicht zu reden von *YouTube*, *Huffington Post* oder *ProPublica*.

„Ökonomisierung" – das Schlagwort vernebelt somit eher eine elementare Veränderung: Im Internet ist der Konkurrent, der auf dieselben Publika und Anzeigenkunden hofft, nur einen Mouseclick entfernt. Die Schlussfolgerung für unsere Diskussion: Wer Public Value nur bei den öffentlich-rechtlichen Anbietern vermutet, wirkt nicht der Ökonomisierung entgegen, sondern hebelt den Wettbewerb aus. Statt Public Value über öffentlich-rechtliche Zwangsangebote bereitstellen zu wollen, käme es wohl sehr viel mehr darauf an, das Bewusstsein bei den Publika zu schärfen, wie viel journalistische Qualität und Unabhängigkeit wert sind – und zwar nicht nur abstrakt fürs Gemeinwesen, sondern für jeden Einzelnen von uns, der als Konsument, Produzent und Stimmbürger letztlich Lotsen braucht, die ihm helfen, die Informationsfluten angemessen zu verarbeiten. Nur wenn diese Überzeugungsarbeit gelingt, kann die Re-Ökonomisierung gelingen, die einige Medien, darunter die *New York Times* und auch die *Neue Zürcher Zeitung*, eingeleitet bzw. avisiert haben und die für einen unabhängigen, professionellen und staatsfreien Journalismus Conditio sine qua non ist.

8   Der Markt versagt bei der Bereitstellung von Informations- und Unterhaltungsangeboten

Zu den Standardrechtfertigungen öffentlich-rechtlichen Rundfunks und damit implizit wohl auch zu den Voraussetzungen, Public Value nachweisen zu können, gehört der Verweis auf „Marktversagen": „Allein über den Markt lässt sich die für eine Demokratie besonders wichtige Vielfalt der Meinungen in den elektronischen Medien nicht sichern", heißt es etwa in der Intendantenriege (Raff, 2007, S. 13 f.; Gruber, 2005).

Da sich in den letzten 30 Jahren die Medienmärkte drastisch verändert haben, hat es wenig Sinn, diese Behauptung, die auch die wissenschaftliche Literatur durchzieht, einfach fortzuschreiben. Vielmehr gälte es, für sehr unterschiedliche Medienmärkte genauer zu untersuchen, ob und inwieweit Marktversagen vorliegt und worin dieses besteht. James T. Hamilton (2004, S. 10 f.) unterscheidet vier verschiedene Typen der Informationsnachfrage: Wir alle benötigen in unseren Rollen als Konsumenten, als Produzenten und Dienstleister, als Unterhaltungsbedürftige sowie als Staatsbürger Information. Sein Argument leuchtet ein, dass die Märkte für Konsumenten- und Produzenten-Information sowie für Unterhaltungsangebote leidlich gut ohne jedwede staatliche Intervention funktionieren können – dank des Internets sogar wohl besser denn je. Lediglich bei der Staatsbürger-Information gebe es das Problem, dass diese nicht hinreichend nachgefragt werde – auch weil letztlich die Chancen des Einzelnen, auf politische Entscheidungen tatsächlich Einfluss nehmen zu können, so außerordentlich gering seien. Hier also versage tatsächlich der Markt.

Diese Sicht ist zutreffend, aber ergänzungsbedürftig. Ein großer Teil des Medienmarktes funktioniert als *market for lemons*: Damit hat der Ökonom George A. Akerlof (1970) Märkte umschrieben, auf denen Käufer sehr viel weniger Information über die Produktqualität haben als die Verkäufer und deshalb der Qualitätswettbewerb beeinträchtigt ist. Auf solch einem Markt werden gerne Güter relativ schlechter Qualität angeboten, sogenannte „Zitronen". Sobald die Käufer dies realisieren, sind sie ihrerseits nur noch bereit, einen niedrigeren Preis zu entrichten. Dadurch aber verringert sich für kommerzielle Anbieter teurer hoher Qualität der Anreiz, für diesen Markt zu produzieren. Allmählich setzt sich so in einer Spiralbewegung die schlechte Qualität durch – im Medienmarkt sind das dank der Werbefinanzierung häufig „Gratisangebote" – und verdrängt die gute vom Markt. Hinzu kommt, dass auf einem Medienmarkt, auf dem ein erheblicher Teil des Angebots gar nicht durch individuelle Kaufentscheide beeinflusst werden kann, der Anreiz für die Nutzer entfällt, sich über die Produktqualität und das Preis-Leistungs-Verhältnis von Medienangeboten zu informieren.

Die Zwangsgebühr trägt also sicherlich ihr Scherflein dazu bei, dass Qualitäts- und Kostenbewusstsein beim Publikum fehlen, zumal ja auch noch gerne der Eindruck erweckt wird, öffentlich-rechtliche Angebote seien „kostenfrei" und trügen zur Verteilungsgerechtigkeit bei.[9]

9   Wie sich Marktversagen korrigieren ließe

Der Markt sind wir. Wenn er „versagt", versagen wir gemeinsam. Was sich am Medienmarkt behauptet, wird von uns, den Rezipienten, nachgefragt, entweder indem wir direkt dafür bezahlen oder indem wir unsere kostbare Zeit opfern und obendrein indirekt zur Kasse gebeten werden. Die Werbewirtschaft finanziert Medienangebote nur dort, wo sie uns – den für sie relevanten Teil der Rezipienten, ihre potenziellen Kunden und Zielgruppen – erreichen kann. Und obendrein überwälzt sie ihre Kosten für Werbung natürlich anschließend auf die Endverbraucher.

Fraglos gibt es einen großen Markt für Billigjournalismus, für Halbwahres und Halbgares, für Aufgebauschtes und Sensationalisiertes. Wer Pressefreiheit nicht infrage stellen möchte, wird das aushalten müssen, solange Dritte solche Produkte nachfragen. Fakt ist aber auch, dass ein kommerzielles Mediensystem nicht nur Schrott hervorbringt. Im Gegenteil: Einige private Medienunternehmen zählen weiterhin zu den zuverlässigsten Nachrichtenlieferanten, zu den Garanten journalistischer Qualität und auch zu den nachhaltigsten Finanziers von investigativem Journalismus. Es ist deshalb ein Skandal, wenn öffentlich-rechtliche Intendanten pauschalisierend gegen destruktive kommerzielle Logik, „digitalen Goldrausch" (Gruber, 2006, S. 12), die „totale Kommerzialisierung" und das „Expansionsstreben" privater Medien (Gruber, 2006, S. 12 f.) wettern, als säßen sie in einem marxistischen Oberseminar und als gäbe es keinen *Spiegel*, keine *FAZ* und keine *Süddeutsche*, kein *CNN*, keine *New York Times* und keinen *Guardian* auf dieser Welt.

---

[9]   „Denn nur wenn diese Angebote im Netz auch kostenfrei zur Verfügung stehen, wird die Schere zwischen Arm und Reich, zwischen denen, die sich alle Medien leisten können, und denen, die ein Informationsangebot nicht anklicken, weil sie nicht genug Geld haben, nicht noch weiter auseinanderklaffen", argumentiert beispielsweise Raff (2008, S. 13 f.); ähnlich Plog (2005, S. 16).

Wenn sich eine solche antimarktwirtschaftliche Schützengrabenmentalität in den Chefetagen öffentlich-rechtlicher Anstalten einnisten und ausbreiten konnte, dann kann man sich ausrechnen, wie die Mediengewaltigen mit Forschungsergebnissen zum Public Value umgehen werden, die ihnen nicht in den Kram passen. Die Aussage, „nur ein leistungsfähiger öffentlich-rechtlicher Rundfunk könne Garant sein für gut recherchierte, verlässliche, von kommerziellen Interessen freie Information" (Raff, 2008, S. 15; ähnlich Boudgoust, 2010, S. 14), ist ebenso anmaßend wie falsch. Selbst wenn die „chinesische Mauer" inzwischen vielerorts bröckelt: Es gab und gibt unter den privaten Medien weiterhin solche, die strikt zwischen Redaktion und Werbegeschäft trennen – und umgekehrt ist öffentlich-rechtlicher Rundfunk, solange er Werbung schalten darf, eben nicht frei von kommerziellen Interessen – und ohnehin nicht, wie wir inzwischen wissen, von eigennützigen Anfechtungen mancher seiner Mitarbeiter.

Weil aber die Nachfrage nach „gut recherchierter, verlässlicher" Information und „hochwertigen" Nischen-Unterhaltungsangeboten nicht genügt, um den bestehenden öffentlich-rechtlichen Produktionsapparat zu rechtfertigen, können die Anbieter nicht einfach „am Markt vorbei" produzieren: Um ihre Gebühreneinkünfte zu rechtfertigen, reicht es nicht aus, das Marktversagen privater Anbieter zu kompensieren, sie müssen in den direkten Wettbewerb mit den Privaten treten: Als massenattraktives Angebot kann öffentlich-rechtlicher Rundfunk nur funktionieren, wenn er all das ebenfalls macht, was private Anbieter machen. Doch wird so Public Value geschaffen?

10 Coopetition als Option, Public Value zu vermehren

Medien und Journalismus agieren häufig demeritorisch – leider gilt das angesichts der Konkurrenzsituation, in der sich öffentlich-rechtliche Anbieter mit den Privaten im Kampf um Aufmerksamkeit befinden, für beide Seiten. Aber alle Versuche, hier – wie von Kiefer (2011) vorgeschlagen – durch Expertenkommissionen Public Value ermitteln zu lassen und somit die „guten" hochwertigen meritorischen Angebote vom mittelmäßigen bis schlechten Rest zu scheiden, wären letztlich Akte der Zensur und sind schon deshalb unakzeptabel (vgl. Stöber, 2011; Ruß-Mohl, 2011).

Wer medienpolitisch Vielfalt sichern will und erreichen möchte, dass in der konvergenten Internetwelt öffentlich-rechtliche Anbieter zwar Marktversagen weiterhin korrigieren, aber nicht private Anbieter vom Markt verdrängen, der wird notgedrungen über Modelle begrenzter Zusammenarbeit nachdenken müssen – auch im Hinblick auf neue Mediengiganten wie *Google* und *Facebook*, die auf die konvergente Medienzukunft vermutlich mehr Einfluss haben werden als alle öffentlich-rechtlichen Anstalten und alle Printverlage im deutschsprachigen Raum zusammen. Von solchen Modellen begrenzter Zusammenarbeit könnten beide Seiten und vor allem die Mediennutzer profitieren – auch wenn Ordnungspolitiker Vorschläge, welche in diese Richtung zielen, für „giftige Früchte" halten mögen (Theurer, 2007).

Ich sehe vor allem folgende Chancen, Public Value zu generieren: Vor allem kleinere und mittelgroße Medienunternehmen sollten die Möglichkeit erhalten, zur *Qualitätssicherung und -steigerung* ihres Angebots mit öffentlich-rechtlichen Anbietern begrenzt zusammenarbeiten, um der weiteren Machtkonzentration im privaten Mediensektor entgegenzuwirken. Insbesondere öffentlich-rechtliche Videos und Podcasts würden dann die Websites privater Anbieter bereichern. „Coopetition" heißt das Stichwort. Von den Software-Unternehmen in Kalifornien ließe sich lernen, wie sich Kooperation unter Wettbewerbern organisieren lässt – zum Beispiel indem Konkurrenten, die zu Kooperationspartnern werden, jeweils das verstärken, was sie ohnehin schon am besten können. Erste Gehversuche in diese Richtung haben bekanntlich die WAZ-Gruppe und der Westdeutsche Rundfunk unternommen. Dass die Kooperation nach kurzer Zeit aufgekündigt wurde, zeigt allerdings, auf welch dünnem Eis sich die Akteure da vorerst noch bewegen. Denkbar wäre immerhin, dass öffentlich-rechtliche Anbieter auch für die Websites von Zeitungsverlagen Auslands- und Wissenschaftsberichterstattung beisteuern – also Inhalte breiter verfügbar machen, die wir mit unseren Gebührengeldern bereits bezahlt haben, und sich um Themenfelder kümmern, die Zeitungsverlage mangels Ressourcen stark vernachlässigen.

Unter privaten und öffentlich-rechtlichen Medien wäre ein Konsens herzustellen, dass *redaktionelle Unabhängigkeit* tatsächlich im öffentlichen Interesse und nicht nur Gegenstand von Sonntagsreden ist: Weil Medien mächtig sind, bedürfen sie aber zumindest wechselseitig journalistischer Kontrolle – gerade auch um Redaktionen vor dem Würgegriff der Machthungrigen zu schützen, seien das Medieneigentümer wie Silvio Berlusconi und Rupert Murdoch, seien das Politiker wie Roland Koch, Nicolas Sarkozy und – nochmals – der Cavaliere.

Auch im Blick auf mehr *Transparenz* ließe sich durch gemeinsame Anstrengungen privater und öffentlich-rechtlicher Qualitätsmedien Public Value generieren. Sie müssten beide daran interessiert sein, sich die Zahlungsbereitschaft ihrer Nutzer zu erhalten und dem Zitronenmarkteffekt entgegenzuwirken. Dies wiederum kann nur durch Aufklärung, also neuerlich durch verlässliche, kontinuierliche und unabhängige Berichterstattung über Medien und Journalismus gelingen. Nur anspruchsvolle Publika, die Kosten und Nutzen von Medienprodukten einschätzen können, werden zahlungsbereite Publika bleiben.

„Die Debatte um die Reform unseres öffentlich-rechtlichen Rundfunksystems wird seit Jahren nur noch in der Wissenschaft, allenfalls in Fachkorrespondenzen, auf jeden Fall aber unbemerkt von der Öffentlichkeit geführt", so klagte bereits vor 30 Jahren ausgerechnet der spätere langjährige NDR-Intendant Jobst Plog (1982). Den besten Beleg dafür, wie wenig die Publika für den Public Value von öffentlich-rechtlichem Rundfunk sensibilisiert sind, verdanken wir einer Forsa-Umfrage, die allerdings den Schönheitsfehler aufweist, dass sie im Auftrag des RTL-Werbevermarkters IP Deutschland erfolgte: 54 Prozent der Befragten in der Altersgruppe von 14 bis 49 bescheinigten den privaten Anbietern das bessere Programm, nur ganze 19 Prozent entschieden sich für ARD, ZDF und die dritten Programme als „beste Sender". 63 Prozent meinten, die Öffentlich-Rechtlichen kämen ihrem Bildungsauftrag „häufig nicht mehr nach", und 53 Prozent der Jüngeren halten heute die Nachrichten eines Senders wie RTL für ebenso seriös wie die von ARD und ZDF.

Aber es kommt noch schlimmer: Was die Gebühreneinkünfte anlangt, „tappen die Befragten (…) im Dunkeln": 34 Prozent glauben, es seien zwischen 100 Millionen und einer Milliarde Euro pro Jahr, 25 Prozent meinen gar, es seien weniger als 100 Millionen (zit. n. Hanfeld, 2009). Bevor wir wissenschaftlich weiter über Public Value diskutieren, ist also wohl erst einmal in der Bürgergesellschaft sehr viel Aufklärungsarbeit darüber zu leisten, wie viel Geld der öffentlich-rechtliche Rundfunk tatsächlich kostet. Solange im Publikum jedwedes Kosten- und Qualitätsbewusstsein für Medienprodukte fehlt und solange die Medien auch keinerlei Anstrengungen unternehmen, durch Berichterstattung über Medien und Journalismus ihre Publika aufzuklären, sind Bemühungen, den Public Value öffentlich-rechtlicher Angebote wissenschaftlich bestimmen zu wollen, letztendlich absurd. Ja schlimmer noch: Es keimt der Verdacht auf, dass hier ein Geschäft auf Gegenseitigkeit getätigt werden soll: Forscher, die dem öffentlich-rechtlichen Rundfunk wohlgesonnen sind, bescheinigen diesem Public Value und erhalten im Gegenzug dafür öffentliche Gelder, um solche Forschung zu finanzieren.

Last but not least wird man vor allem auf der öffentlich-rechtlichen Seite weiter rechnen lernen müssen: Zu oft kreist der Berg und gebärt Mäuslein. Die wenigen Medienexperten, die – wie etwa der unerschütterliche Medienkritiker der *FAZ*, Michael Hanfeld – immer mal wieder prüfen und nach- bzw. vorrechnen, wie viel das Kreisen kostet, finden bisher wenig Gehör in der Öffentlichkeit und müssen obendrein viel undifferenzierte Kritik einstecken (vgl. Walther, 2011). Die Zeit ist aber reif für eine Grundsatzdiskussion, wie viel Gebührengeld die Bürger in Zukunft für öffentliche Informations- und Unterhaltungsangebote ausgeben sollen – und ob diese Angebote weiterhin auch beworben werden dürfen. Es wird sich vermutlich ein Konsens erzielen lassen, dass der Japan- oder Afrika-Korrespondent, den sich private Verlage kaum noch leisten können, weiterhin öffentlich finanziert werden sollte. Worin aber besteht der Public Value, wenn öffentlich-rechtliche Anbieter in Konkurrenz mit den Privaten die Preise für Sportrechte ins Astronomische treiben? Und liefern all die oftmals trivialen Soaps und Unterhaltungsshows der Öffentlich-Rechtlichen einen Mehrwert? Sind sie wirklich im wohlverstandenen öffentlichen Interesse?

Die konkrete Ausgestaltung der Coopetition wird allerdings viel Fantasie erfordern, die Antworten werden sehr unterschiedlich ausfallen – je nach Größe des Markts, je nach gesellschaftlichem Integrationsbedarf, je nach Journalismus-Kultur und auch je nach Bildungsstand und -bedürfnis der Publika. Roger de Weck (2011), der als Generaldirektor der SRG SSR in der diskussionsfreudigen, direkt-demokratischen Schweiz dem Diskurs um die öffentlich-rechtliche Zukunft in der konvergenten Mediengesellschaft neue Impulse gibt, weist auf folgende Besonderheiten in kleinen Ländern hin: Der Markt ist zu klein, um die kostspielige audiovisuelle Produktion zu rentabilisieren, weshalb sie zwangsläufig öffentlich finanziert werden muss: auch dort, wo der Public Value nicht so groß ist.

Das wirtschaftliche Potenzial für ein werbefinanziertes Radio und Fernsehen oder ein qualitätsvolles Pay-TV (wie zum Beispiel in Frankreich Europe1 und Canal+) fehlt, weshalb kommerzielle Anbieter strukturell auf Boulevard setzen müssen, um höchste Aufmerksamkeit zu Tiefstkosten zu erzielen.

Ausländische Kanäle sind viel potenter als eigene Kanäle, erst recht in Ländern ohne Sprachschutz wie der Schweiz, Österreich, Belgien oder Irland, deren größere Nachbarn dieselbe Sprache sprechen.

In manchen Fällen beherrschen ausländische Medienhäuser den Medienplatz, weswegen den Öffentlich-Rechtlichen die Aufgabe zukommt, ein autochthones, eigenständiges, unabhängiges Angebot zu sichern.

Speziell auf die Schweiz bezogen, kommt als wohl stärkster Public Value hinzu, dass die SRG SSR dafür sorgt, dass die italienisch- und französischsprachigen Minderheiten ein vergleichbares gutes Radio und TV haben wie die deutschsprachige Mehrheit.

Und noch einen Hinweis, ja Denkanstoß: Unter dem Stichwort „Libertarian Paternalism" (Thaler & Sunstein, 2003) haben Verhaltensökonomen in Experimenten nachgewiesen, dass sich Menschen durchaus erfolgversprechend beeinflussen lassen, ohne sie mit Zwangsabgaben zu behelligen. Bisher fehlt es jedoch, von wenigen Ausnahmen wie der *taz* abgesehen, in der Medienbranche sowohl bei den privaten wie bei den öffentlichen Anbietern an Phantasie und Kommunikationskonzepten – und wohl auch an einer Medienpolitik und damit an staatlicher Unterstützung für Ansätze zur Förderung journalistischer Qualität, welche die Wahlfreiheit mündiger Bürger nicht „über Gebühr" beeinträchtigt. Es gibt also viel zu tun, auch ohne Public Value in Heller und Münze dingfest machen zu können. Packen wir es an!

Literatur

Akerlof, George A. (1970). The Market for Lemons. Quality, Uncertainty and the Market Mechanism. In Quarterly Journal of Economics, o. Jg. (84), S. 488–500.

Arrow, Kenneth (1951). Social Choice and Individual Values. New York: Wiley.

Bardt, Hubertus (2004). Eine Friedensgrenze im Rundfunk. In Frankfurter Allgemeine Zeitung (12.06.2004).

Boudgoust, Peter (2010). Mit 60 in Best Ager. In ARD-Jahrbuch 2010 (S. 13–14). Hamburg: Verlag Hans Bredow Institut.

Chesney, Robert W. & Pickard, V. (Hrsg.). (2011). Will the last reporter, please, turn the light out. New York: The New Press.

De Weck, Roger (2011). Persönliche E-Mail an den Verfasser vom 31.12.2011.

Downs, Anthony (1957). An Economic Theory of Democracy. New York: Harper & Brothers.

Downs, Anthony (1962). The Public Interest: Its Meaning in a Democracy. In Social Research, 29 (1), S. 1–36.

Fengler, Susanne; Ruß-Mohl, Stephan (2005). Der Journalist als „Homo oeconomicus". Konstanz: UVK.

Fidler, Harald (2011). An Trennen reiches Jahr von A bis Z. In Der österreichische Journalist, o. Jg. (12), S. 80–87.

Gonser, Nicole & Baier, Barbara (2010). Deutschland. In Christl, Reinhard & Süssenbacher, Daniela (Hrsg.), Der öffentlich-rechtliche Rundfunk in Europa (S. 99–134). Wien: Falter Verlag.

Gruber, Thomas (2005). Konsequent in schwieriger Zeit. In ARD-Jahrbuch 2005 (S. 11–14). Hamburg: Verlag Hans Bredow Institut.

Gruber, Thomas (2006). Die Zukunft der demokratischen Medienkultur. In ARD-Jahrbuch 2005 (S. 11–14). Hamburg: Verlag Hans Bredow Institut.

Hamilton, James T. (2004). All The News That's Fit to Sell: How the Market Transforms Information Into News. Princeton, New Jersey: Princeton University Press.

Hanfeld, Michael (2007). Die Enteignung der freien Presse. In Frankfurter Allgemeine Zeitung (22.06.2007), S. 1.

Hanfeld, Michael (2009). Private sind besser. Umfrage unter jungen Zuschauern. In Frankfurter Allgemeine Zeitung (09.01.2009).

Hübner, Bernhard (2011). Jetzt kracht's. In Financial Times Deutschland (04.08.2012), S. 23.

Janis, Irving Lester (1972). Victims of Groupthink. Houghton Mifflin: Boston.

Jarvis, Jeff (2009). What would Google Do. New York: Harper Business.

Jarvis, Jeff (2011). Public Parts: How Sharing in the Digital Age Improves the Way We Work and Live. New York: Simon & Schuster.

Kepplinger, Hans Mathias (2001). Die Kunst der Skandalierung und die Illusion der Wahrheit. München: Olzog Verlag.

Kiefer, Marie Luise (2011). Die schwierige Finanzierung des Journalismus. In Medien & Kommunikationswissenschaft, 59 (1), S. 5–22.

Kirchgässner, Gebhard (1991). Homo oeconomicus. Tübingen: Mohr Siebeck.

Kuhn, Thomas S. (1981). Die Struktur wissenschaftlicher Revolutionen (5. Auflage). Frankfurt: Suhrkamp.

Kurz, Heinz D. (2011). Das Prinzip „schöpferische Zerstörung". In Frankfurter Allgemeine Zeitung (19.12.2011), S. 12.

Levy, David A. L. & Nielsen, Rasmus Kleis (Hrsg.). (2010). The Changing Business of Journalism and its Implication for Democracy. Oxford: Reuters Institute for the Study of Journalism.

Lüscher, Christian (2011). Die öffentlich-rechtlichen Sender sind nicht mehr notwendig: Interview mit Helmut Thoma (23.12.2011). Verfügbar unter http://www.tagesanzeiger.ch/kultur/fernsehen/Die-ffentlichrechtlichen-Sender-sind--nicht-mehr-notwendig/story/14751171 [25.02.2013].

Meckel, Miriam (2008). Für einen digitalen Marshallplan (21.10.2008). Verfügbar unter http://www.faz.net/aktuell/feuilleton/medien/rundfunkaenderungsstaatsvertrag-fuer-einen-digitalen-marshallplan-1709949.html [25.02.2013].

Merton, Robert K. (1983). Auf den Schultern von Riesen. Frankfurt: Suhrkamp.

Neumüller, Marlies (2010). Österreich. In Christl, Reinhard & Süssenbacher, Daniela (Hrsg.), Der öffentlich-rechtliche Rundfunk in Europa (S. 19–31). Wien: Falter Verlag.

Nielsen, R. Kleis & Linnebank, Geert (2011). Public Support for the Media: A Six-Country Overview of Direct and Indirect Subsidies. Oxford: Reuters Institute for the Study of Journalism. Verfügbar unter http://reutersinstitute.politics.ox.ac.uk/fileadmin/documents/Publications/Working_Papers/Public_support_for_Media.pdf [25.02.2013].

Plog, Jobst (1982). Gebt die Reform nicht verloren! In Die Zeit (22.01.1982), S. 48.

Plog, Jobst (2005). Mehr Wert für alle. In Raff, Fritz (2007). Rundfunk ist Kulturgut. In ARD-Jahrbuch 2007 (S. 13–16). Hamburg: Verlag Hans Bredow Institut.

Raff, Fritz (2008). Viel mehr als nur „Programm", in: ARD-Jahrbuch (S. 13–15). Hamburg: Verlag Hans Bredow Institut.

Rinsdorf, Lars (2011). Vom Zugewinn der Marken: Potentiale überregionaler Qualitätszeitungen auf dem Nutzermarkt und ihre Voraussetzungen. In Blum, Roger; Bonfadelli, Heinz; Imhof, Kurt & Jarren, Otfried (Hrsg.), Krise der Leuchttürme öffentlicher Kommunikation. Vergangenheit und Zukunft der Qualitätsmedien (S. 221–238). Wiesbaden: VS Verlag.

Roß, Dieter (1997). Traditionen und Tendenzen der Medienkritik. In Weßler, Hartmut; Matzen, Christiane; Jarren, Otfried & Hasebrink, Uwe (Hrsg.), Perspektiven der Medienkritik (S. 29–46). Opladen: Westdeutscher Verlag.

Ruß-Mohl, Stephan (1992). Am eigenen Schopfe. Qualitätssicherung im Journalismus – Grundfragen, Ansätze, Näherungsversuche. In Publizistik, 37 (1), S. 83–96.

Ruß-Mohl, Stephan (2009). Kreative Zerstörung. Niedergang und Neuerfindung des Zeitungsjournalismus in den USA. Konstanz: UVK.

Ruß-Mohl, Stephan (2011). Der Dritte Weg – eine Sackgasse in Zeiten der Medienkonvergenz. Replik auf den Beitrag von Marie Luise Kiefer in M&K 1/2011. In Medien & Kommunikationswissenschaft, 59 (3), S. 401–414.

Schumpeter, Joseph A. (1942). Capitalism, Socialism, and Democracy, New York: Harper & Brothers.

Schwarz, Gerhard (2011). Ein meritorisches Gut (01.10.2011). Verfügbar unter http://www.medienspiegel.ch/archives/002940.html [25.02.2013].

Shirky, Clay (2009). Here comes everybody. New York: Penguin.

Shirky, Clay (2010). Cognitive Surplus. Creativity and Connectivity in a Connected Age. New York: Penguin.

Starkman, Dean (2011). Confidence Game. The limited vision of the news gurus. Verfügbar unter: http://www.cjr.org/essay/confidence_game.php [25.02.2013].

Stiglitz, Joseph (2011). The Media and the Crisis: An Information Theoretic Approach. In Schirrfin, Anya (Hrsg.), Bad News. How America's Business Press Missed the Story of the Century (S. 22–36). New York, London: The New Press.

Stöber, Rudolf (2011). Eine gefährliche Finanzierung des Journalismus. Replik auf den Beitrag von Marie-Luise Kiefer in M&K 1/2011. In Medien & Kommunikationswissenschaft, 59 (3), S. 415–419.

Thaler, Richard H. & Sunstein, Cass R. (2003). Libertarian Paternalism Is Not An Oxymoron. The University of Chicago Law Review, 70 (4), S. 1159–1202.

Theurer, Marcus (2007). Giftige Früchte von ARD und ZDF. In Frankfurter Allgemeine Zeitung (27.11.2007), S. 1.

Troxler, Regula (2010). Schweiz. In Christl, Reinhard & Süssenbacher, Daniela (Hrsg.), Der öffentlich-rechtliche Rundfunk in Europa (S. 65–98). Wien: Falter Verlag.

Walther, Rudolf (2011). Zwei Arten von Medienkritik. In Neue Gesellschaft/Frankfurter Hefte, o. Jg. (10), S. 44–46.

Weinacht, Stefan (2009). Medienmarketing im Redaktionellen. Medienthematisierungen als Instrument der Unternehmenskommunikation von Medienorganisationen. Baden-Baden: Nomos.

Whittle, Stephen & Cooper, Glenda (2010). Privacy, probity and public interest, Oxford: Reuters Institute for the Study of Journalism. Verfügbar unter http://reutersinstitute.politics.ox.ac.uk/fileadmin/documents/Publications/Privacy__Probity_and_Public_Interest.pdf [25.02.2013].

Wer gewinnt durch Public Value?

Konrad Mitschka

1   Einleitung

In Deutschland scheint die Antwort auf die im Titel gestellte Frage klar: Bremen, Berlin und Filderstadt. Diese drei Städte haben in Stuttgart 2010 den „Public Value Award" verliehen bekommen. Den für das öffentliche Schwimmbad. So amüsant das klingen mag, so offenbar wird der dem Public Value zugrundeliegende Sinn: In Stuttgart ging es um das *öffentliche* Bad, nicht um den privaten Pool, insgesamt geht es um das Gemeinwohl, nicht um private oder kommerzielle Absichten, um infrastrukturelle Fragen, die alle betreffen, nicht um Geschäftsmodelle für wenige. So auch in den Medien.

Von der BBC 2004 aufgegriffen, gewann der von Mark Moore erstmals verwendete Begriff „Public Value" rasch Bedeutung in der politischen und wissenschaftlichen Mediendebatte. Als Kompensation von Marktversagen, Kulturgut oder Teil demokratischer Öffentlichkeit wird Public Value verstanden, als Ausdruck des Interesses, Güter oder Dienste für ein übergeordnetes Bedürfnis zu erstellen, oder auch als Summe jener Leistungen, die die Massenmedien im Dienste der Selbstverständigung demokratischer Gesellschaften erbringen. In Österreich hat der ORF im Rahmen seiner Qualitätssicherung erstmals 2007 das Verständnis von Public Value aus Mediensicht dargelegt und das ORF-Public-Value-Kompetenzzentrum gegründet. Dessen Maßnahmen zielen darauf ab, das öffentlich-rechtliche Profil zu schärfen, so etwa durch Veröffentlichung der Public-Value-Berichte (im Internet unter zukunft.ORF.at), zahlreiche innerbetriebliche Veranstaltungen zu Zukunftsfragen, öffentliche Dialogforen zu Medienbelangen oder die Publikation *TEXTE*, die dem Diskurs zu öffentlich-rechtlicher Qualität eine Plattform bietet.

2011 wurde auf Basis des § 4a ORF-G ein neues Qualitätssicherungssystem beschlossen, das das Bekenntnis zu Public Value als Begriff der Qualitätssicherung bekräftigt und den Public-Value-Bericht („Wert über Gebühr") als Dokumentation öffentlich-rechtlicher Leistungen fortschreibt. Hier stehen nicht Werbeeinnahmen bzw. sie begründende Marktanteile und Quoten im Mittelpunkt, sondern vielmehr relevante universelle Werte, die für den demokratischen, sozialen und kulturellen Zusammenhalt der Gesellschaft wesentlich sind. Insgesamt werden fünf Qualitätsdimensionen bzw. 18 Leistungskategorien dargelegt, die die Gemeinwohlorientierung des öffentlich-rechtlichen Rundfunks definieren (siehe dazu **Tabelle 1**). Die öffentlich-rechtliche Leistung wird über die Dokumentation öffentlich zugänglich und dadurch für Rezipient/innen, für Bürger/innen nachvollziehbar gemacht. In weiteren Bestandteilen der ORF-internen Qualitätssicherung, z. B. den Publikums- und Expert/innengesprächen, findet diese Evaluierung qualitativ statt; diese Gespräche orientieren sich an den ORF-Leistungen zu den Programmbereichen Information, Unterhaltung, Wissenschaft/Lebenshilfe, Kultur/Religion und Sport und werden (wie alle Maßnahmen der ORF-Qualitätssicherung) jährlich von einem/r unabhängigen Experten/in begutachtet. Die Definition der Leistungskategorien macht es aber auch möglich, die Standpunkte der Bürger/innen dazu empirisch zu erfassen (vgl. Gundlach, 2011). Genau das geschah 2011 mithilfe einer repräsentativen Studie, in der die Werte in ihrer Bedeutung bestätigt wurden (vgl. Gonser, 2011).

Tabelle 1   Wertedimensionen des ORF (vgl. ORF, 2011b, 2012)

Qualitätsdimension	Leistungskategorie	Broadcasting
Nutzen für Gesellschaft: „Gesellschaftswert"	Vielfalt	Wahrnehmung der gesellschaftlichen, kulturellen, ethnischen und religiösen Diversität etc.
	Orientierung	Reportagen, Dokumentationen, Gesprächssendungen, Themenschwerpunkt etc.
	Integration	Volksgruppen, Migration und Globalisierung etc.
	Bürgernähe	Bürgerrechtssendungen, Publikumskontakte und -partizipation, Off-air-Aktivitäten etc.
	Kultur und Kunst	Kulturberichterstattung, Reportagen und Dokumentationen zum österreichischen und internationalen kulturellen und künstlerischen Leben etc.
Nutzen für Österreich: „Österreichwert"	Identität	Österreichische Zeitgeschichte, Tradition, Brauchtum, Musik, Sport und gesellschaftliche Entwicklung etc.
	Wertschöpfung	Förderung österreichischer Kreativwirtschaft, Filmförderung, Kooperationen etc.
	Föderalismus	Produktionen der neun ORF-Landesstudios; regionale Diversität im Programm etc.
Nutzen im Hinblick auf Integration in Europa und in der Welt: „Internationaler Wert"	Europa	Europa-Berichterstattung, europäischer Film, Koproduktionen, ARTE, 3sat und EBU etc.
	Globale Perspektive	Internationale Berichterstattung, Korrespondent/innen, Koproduktionen etc.
Nutzen für Erhaltung des Unternehmens: „Unternehmenswert"	Innovation	Medienentwicklung, neue Technologien etc.
	Transparenz	Öffentlichkeitsarbeit, Kommunikation mit dem Publikum etc.
	Kompetenz	Personalentwicklung, Mitarbeiter- und Mitarbeiterinnenschulung etc.

Nutzen für Bürger/in: „*Individueller Wert*"	Vertrauen	u. a. zuverlässige, aktuelle Information für alle Bevölkerungsschichten und ganz Österreich zu Politik, Wirtschaft, Kultur, Wissenschaft, Sport und Gesellschaft
	Service	u. a. Lebenshilfe, Konsumentenschutz und Beratungssendungen, Verkehrsservice
	Unterhaltung	u. a. anspruchsvolle, gesellschaftlich relevante Unterhaltung, preisgekrönte Filme & Serien, österreichische Veranstaltungen und Events, Sportübertragungen
	Wissen	u. a. Bildung für alle, Kinderprogramme, Dokumentationen
	Verantwortung	u. a. Barrierefreiheit, Service für sinnesbehinderte Menschen, Humanitarian Broadcasting

Im Folgenden sollen jene Kriterien exemplarisch beschrieben werden, die für die Praxis der Medienproduktion besonderes Gewicht haben; es sind dies Vertrauen, Vielfalt und Verantwortung.

2 Vertrauen

Unter *Vertrauen* wird der Bedarf der Seher/innen, Hörer/innen und User/innen an glaubwürdiger Information verstanden. In der vielzitierten Datenflut braucht es verlässliche Filter für relevante Information. Fraglos können auch kommerzielle oder private elektronische Medien Nachrichten senden. Die Reduktion der Nachrichtenredaktion bei gleichzeitigem Rekordgewinn (ProSiebenSat.1-Gruppe) sowie die „italienischen Verhältnisse" im Zusammenhang mit den kommerziellen Medien des ehemals regierenden Ministerpräsidenten bekunden aber, dass auf Information basierende Gesellschaften mehr brauchen, wenn sie die Erfüllung des Informationsbedarfs sicherstellen wollen, wenn es gilt, zuverlässig über Hintergründe, Zusammenhänge, Abhängigkeiten und hinter kommerziellen oder politischen Botschaften liegende Interessen – und das nicht nur in urbanen Zentren – zu berichten. Einige Wissenschaftler/innen gehen sogar so weit, den öffentlich-rechtlichen Rundfunk auch als „Schule der Demokratie" (Ucakar, 2010) oder als „Grundvoraussetzung für eine funktionierende Marktgesellschaft" (Blömeke, 2010) zu betrachten. Unbestritten bleibt jedenfalls die Wichtigkeit journalistischer Unabhängigkeit als Voraussetzung für Glaubwürdigkeit.

In Österreich ist im Verfassungsgesetz über die „Sicherung der Unabhängigkeit des Rundfunks" geregelt, dass Rundfunk eine öffentliche Aufgabe ist. Die Unabhängigkeit der Journalist/innen ist im vom ORF-Gesetz zur „Sicherstellung der Eigenverantwortlichkeit und der Freiheit der journalistischen Berufsausübung" verlangten Redakteursstatut festgeschrieben, im 2011 beschlossenen Verhaltenskodex gestärkt und wird von einem weisungsfreien Ethikrat ORF-intern überwacht. So heißt es beispielsweise im Redakteursstatut:

> *Die Freiheit der journalistischen Berufsausübung besteht darin, ausschließlich aufgrund der nach bestem Wissen und Gewissen erhobenen Tatsachenlage zu handeln; diese Freiheit ist vor rechtswidrigen Eingriffen von innen und von außen, insbesondere des Staates, parteipolitischer, wirtschaftlicher sowie gesellschaftlicher Interessengruppen zu schützen.* (ORF, 2002, Präambel)

Im Verhaltenskodex steht dazu zudem: „Es ist strikt zu achten auf Unabhängigkeit von (partei-)politischen Interessen, Unabhängigkeit von wirtschaftlichen Interessen, Trennung von Programm und Werbung/Marketing, Authentizität." (ORF, o. J.b). Der Public-Value-Bericht (vgl. ORF, 2011b) weist auf die diesbezüglichen Leistungen des ORF hin; erwähnt wird z. B. die Informationsleistung in allen Medien, etwa die über 30.000 Hörfunknachrichtensendungen, die über 1.000 Informationsfernsehstunden oder die über 32.000 Storys auf ORF.at. Hinzu kommen die Daten der Berichtsleistung im Rahmen von Wahlen in Österreich sowie Veröffentlichungen zur grundlegend unabhängigen Haltung der Redakteur/innen des Unternehmens, die sich nicht zuletzt rund um eine *Am Schauplatz*-Sendung über Skinheads in Österreich[1] manifestierte.

3   Vielfalt

Für Vielfalt werden als Qualitätsindikatoren zumeist „Themenvielfalt", „Meinungsvielfalt" und Akteursvielfalt" (vgl. Imhof, 2010) herangezogen, wobei die jeweilige Relevanz gegeben sein muss.

> *Der Degeneration der öffentlichen Kommunikation muss der gemeinnützige, vom Gewinnstreben unabhängige öffentlich-rechtliche Rundfunk entgegenwirken, indem er die gesamte Palette der gesellschaftlich relevanten Themen, also der Themen, die Mehrheiten wie Minderheiten wirklich etwas angehen, in den gesellschaftlichen Diskurs einbringt. Dies ist sein Auftrag und seine Legitimation, und dies macht ihn auch in Zukunft für die Gesellschaft wertvoll und unentbehrlich.* (Ridder, 2005, S. 205)

---

[1]   In der Causa *Am Schauplatz* wurde die Medienfreiheit in Österreich von ORF-Redakteur/innen und der ORF-Geschäftsführung verteidigt, als ein – wie sich später herausstellte: zu Unrecht ergangenes – Urteil die Herausgabe von Rohmaterial, dem „Notizbuch" elektronischer Journalist/innen, verlangte und diesem Verlangen trotz Strafandrohung nicht stattgegeben wurde. Ein richtungsweisendes, die Medienfreiheit sicherstellendes und dem ORF Recht gebendes Urteil steht nunmehr am vorläufigen Ende der Causa.

So bringt etwa Christa Maria Ridder die „Themenvielfalt" auf den Punkt. Zu den Vielfalts-
begriffen, die vor allem in Verbindung mit Informationsleistungen stehen, kommt ein weiterer, genereller Aspekt, den andere Autorinnen bzw. Autoren einbringen. Diese beziehen
den Begriff explizit bzw. implizit auf Genres, so etwa Thomas Bauer, der nicht nur Information als wesentliche Aufgabe des öffentlich-rechtlichen Rundfunks sieht, sondern vielmehr
mediale Unterhaltung als „gesellschaftliches Muster der Sinnbestimmung" bezeichnet:
„Unterhaltung ist ein öffentliches Gut, das öffentliche Investitionen rechtfertigt." (Bauer,
2010, S. 13).

Zu den oben beschriebenen Indikatoren für Vielfalt wird folglich auch die *Genrevielfalt* zu
setzen sein. Die diversen gesellschaftlichen Bedürfnisse nach Information, nach Orientierung, nach Entspannung, nach Unterhaltung, nach Bildung, nach Zerstreuung usw. brauchen eben auch diverse Genres und unterschiedliche Formate. Medien, die die gesellschaftlichen Bedürfnisse zu erfüllen haben – eben öffentlich-rechtliche Medien –, müssen diese
Genres und Formate senden. Das umfasst im Fall des ORF etwa nicht nur die *ZiB* und andere Informationssendungen, sondern auch publikumswirksame Shows, österreichische
Spielfilme und Serien, aber auch hochwertige, allenfalls preisgekrönte Filme und Serien aus
anderen Staaten (2009 waren es 1.367 Filme aus 28 Ländern). Ein Ja zur Information ist kein
Nein zur Unterhaltung, ein Ja zu Österreich kein Nein zu Hollywood; die Gesellschaft hat
Anspruch auf beides, kurz: Der Rundfunk ist im Optimalfall so heterogen wie die Gesell-
schaft, was der Gesetzgeber wie folgt formuliert: „Das Angebot hat sich an der Vielfalt der
Interessen aller Hörer und Seher zu orientieren und sie ausgewogen zu berücksichtigen."
(ORF-G, 2012, § 4, Abs. 2). Fragt man die „Hörer und Seher", zeigt sich der Bedarf nach
Themenvielfalt, nach Akteursvielfalt, nach Genrevielfalt anhand unterschiedlicher Aussa-
gen: Über 60 Prozent der Befragten wollen preisgekrönte Serien sehen, knapp drei Viertel
der Befragten legen Wert auf Berichte aus aller Welt durch Korrespondent/innen, auf Be-
richte aus ganz Österreich und auf die Abbildung der kulturellen Vielfalt des Landes (vgl.
Gonser, 2011).

Im Public-Value-Bericht des ORF wird konsequent Vielfalt vielfältig reportiert, etwa durch
Dokumentation von Interviewpartner/innen, Musikgenres, behandelten Glaubensfragen,
Sportarten, preisgekrönten Unterhaltungssendungen und dergleichen mehr. Hinzu kommt
die Erfüllung der besonderen Aufträge entsprechend dem ORF-Gesetz: Der ORF berichtet
in den Sprachen aller autochthonen Volksgruppen, nicht nur auf Deutsch, sondern auch auf
Slowenisch, Kroatisch, Ungarisch, Slowakisch, Tschechisch und Romanes und sendet mit
FM4 ein überwiegend fremdsprachiges (i.d.R. englisches) Hörfunkprogramm. Berichte aus
ganz Österreich, die Abbildung der kulturellen Vielfalt des Landes – diese Bedürfnisse
werden nicht zuletzt von den ORF-Landesstudios abgedeckt, die der föderalen Struktur
Österreichs, der regionalen Vielfalt mit ihren Bundesland-TV-Sendungen, den Internetauf-
tritten und den regionalen Hörfunkprogrammen Rechnung tragen.

4   Verantwortung

Mitunter scheint es, als wären die Begriffe Medien und Verantwortung untrennbar miteinander verbunden. Sei es in Bezug auf Teilgruppen, indem etwa Medien bei der Integration von Migrantinnen und Migranten unterstützen[2], oder in Bezug aufeinander, indem etwa die „Verantwortung des öffentlich-rechtlichen Systemteils steigt, je mehr die gesellschaftliche Verantwortung des Gegenteils (gemeint: der kommerziellen Medien, Anm. d. V.) sinkt." (Stolte, 2004, S. 110).

Der ORF hat den Begriff der Verantwortung in sein Leitbild aufgenommen:

> Der ORF ist sich seiner gesellschaftlichen und insbesondere sozialen Verantwortung und des in ihn gesetzten Vertrauens der österreichischen Bevölkerung bewusst und leistet einen wertvollen Beitrag zur öffentlichen Meinungsvielfalt und Kommunikationsqualität und damit zu Toleranz, Solidarität und Integration in der Gesellschaft. (ORF, o. J.a)

und weist im Public-Value-Bericht die Erfüllung seines Auftrags hinsichtlich des Verantwortungsbegriffs in erster Linie anhand der Interpretation der Rezipient/innen aus (vgl. Gonser, 2011). Diesen zufolge soll der ORF Hilfsprojekte initiieren, Menschen zur Mithilfe aufrufen (76,6%) und sein Programm für Menschen mit Hör- und Sehbehinderung zugänglich machen (84%).

Folgerichtig werden der Ausbau der Untertitelung der Fernsehprogramme (zusätzliche 545 Sendungen 2010), die barrierefreie Gestaltung des Online-Angebotes (Relaunch ORF.at, insbesondere Seiten der österreichischen Volksgruppen 2010) oder die Ausstrahlung von Sozialspots (2.882 im Hörfunk, 271 im Fernsehen 2010) und die Initiierung von Hilfsprojekten (*Licht ins Dunkel*, Hilfsprojekte für Pakistan anlässlich der Flutkatastrophe und für Haiti in Folge des Erdbebens) herausgestellt. Zusätzliche Maßnahmen, wie etwa die Sozialhilfeprojekte von Ö3 (*72 Stunden ohne Kompromiss, Team Österreich, Österreichtafel, Kummernummer*) und der Regionalradios (*Licht ins Dunkel*-Projekte, Verkehrssicherheit) oder das Servicetelefon *Rat auf Draht*, werden im Bericht nicht nur dokumentiert, sondern auch anerkannt; so meint etwa Caritas-Präsident Franz Küberl: „Verantwortung übernehmen zahlt sich aus. Für den Einzelnen, für die Gesellschaft und zuletzt: für die Unterstreichung der Sinnhaftigkeit des ORF." (ORF, 2011a, S. 64).

Belege finden sich aber auch für die Erfüllung seiner demokratiepolitischen Funktion: Dass der öffentlich-rechtliche Rundfunk mit seinen Informations- und Unterhaltungsangeboten relevante Vermittlungsfunktion für die erfolgreiche Integration von Migrant/innen erfüllen soll und kann, belegen z. B. der Integrationspreis und fiktionale Angebote (vgl. ORF, 2011b, S. 73 ff.). Dass er seiner Orientierungsfunktion nicht im Sinne vereinheitlichender Lehrmeisterei, sondern im Sinne eines Aufarbeitens von Zusammenhängen und eines Verständlichmachens komplizierter Sachverhalte nachkommt, zeigen neben Themenschwerpunkten

---

[2]   Monika Piehl, damals Intendantin des WDR, führte zur Preisverleihung des CIVIS-Preises aus, die Verantwortung für Integration liege insbesondere bei den Medien.

(2010 z. B. „Armut", „bewusst gesund", „Biodiversität") zahlreiche weitere Beispiele, wie etwa die vertiefenden Ö1-Sendungen *Dimensionen* und *Radiokolleg* oder die investigativen Berichte in *Report, €co* und *Bürgeranwalt*.

5   Wer gewinnt durch Public Value?

Gibt es etwas zu gewinnen, ringen viele um Aufmerksamkeit. Doch Werbebotschaften lassen sich leicht als das identifizieren, was sie sind: eben Werbung und nicht Inhalt, nicht ernsthaftes Bemühen. Public Value ist ein Prinzip, das mit Profitstreben nichts zu tun hat. Public Value, das ist nicht die Ausbeute eines Geschäftsmodells, sondern das strukturelle Ergebnis von Gemeinwohlorientierung.

Bremen, Berlin und Filderstadt, diese drei haben schon gewonnen. In Österreich mit seinen noch immer starken öffentlich-rechtlichen Medien, mit seinem „Rundfunk der Gesellschaft" gibt es eine größere Menge an Gewinner/innen. Es sind schlicht – alle.

Literatur

Bauer, Thomas A. (2010). Der öffentlichkeitspolitische Wert von Unterhaltung. Was hat das Konzept von Public Value mit dem Medienkonzept der Unterhaltung zu tun? In TEXTE – öffentlich-rechtliche Qualität im Diskurs, o. Jg. (1), S. 13–16.

Blömeke, Markus L. (2010). Trau! Schau! Wem? In Zeiten des globalen Jahrmarkts ist Vertrauen die wichtigste Währung. In TEXTE – öffentlich-rechtliche Qualität im Diskurs, o. J.g. (1), S. 6–12.

Gonser, Nicole (2011). Integrativ und individuell – Unterschiedliche Ansprüche verschiedener Publikumsgruppen. In TEXTE – öffentlich-rechtliche Qualität im Diskurs, o. J.g. (6), S. 20–23.

Gundlach, Hardy (2011). Public Value in der Medienökonomie. In Gundlach, Hardy (Hrsg.), Public Value in der Digital- und Internetökonomie (S. 11–24). Köln: von Halem.

Imhof, Kurt (2010). Die Qualität der Medien in der Demokratie. In Forschungsbereich Öffentlichkeit und Gesellschaft/Universität Zürich [fög] (Hrsg.), Jahrbuch 2010. Qualität der Medien. Schweiz (S. 11-20). Basel: Schwabe Verlag.

ORF (2002). ORF-Redakteurstatut. Verfügbar unter http://zukunft.orf.at/rte/upload/texte/veroeffentlichungen/komm_kommunikation/redakteustatut.pdf [25.02.2013].

ORF (2011a). Wert über Gebühr. Public Value Pocketguide des ORF 2010/11. Wien: ORF.

ORF (2011b). Wert über Gebühr. Public Value Bericht 2010/11. Verfügbar unter http://zukunft.orf.at/ show_content.php?sid=93&pvi_id=967 [25.02.2013].

ORF (2012). Warum. Public Value Bericht des ORF 2011/12. Verfügbar unter http://zukunft.orf.at/ index.php?hid=30&pvi_id=1293 [25.02.2013].

ORF (o. J.a). Das Leitbild des ORF. Verfügbar unter http://zukunft.orf.at/rte/upload/texte/veroeffentlichungen/komm_kommunikation/leitbild.pdf [25.02.2013].

ORF (o. J.b). Verhaltenskodex. Verfügbar unter http://zukunft.orf.at/rte/upload/texte/veroeffentlichungen/public_value/110712_orf_verhaltenskodex.pdf [25.02.2013].

ORF-G (Bundesgesetz über den Österreichischen Rundfunk) idF BGBl. I Nr. 15/2012. Verfügbar unter http://www.rtr.at/de/m/ORFG [25.02.2013].

Ridder, Christa-Maria (2005). Ist der öffentlich-rechtliche Rundfunk es wert, dass ihn sich die Gesell-
    schaft leistet? Eine Bilanz seiner Leistung und Kosten. In Langenbucher, Wolfgang R.; Ridder,
    Christa-Maria; Saxer, Ulrich & Steininger, Christian (Hrsg.), Bausteine einer Theorie des öffent-
    lich-rechtlichen Rundfunks (S. 203–221). Wiesbaden: VS Verlag.
Stolte, Dieter (2004). Wie das Fernsehen das Menschenbild veränderte. München: C. H. Beck.
Ucakar, Karl (2010). Öffentlich-rechtlicher Rundfunk als gesellschaftlicher Mehrwert und Verfassungs-
    auftrag. In TEXTE – öffentlich-rechtliche Qualität im Diskurs, o. Jg. (2), S. 4–9.

Regionale Vielfalt durch Landesstudios

Gerhard Rettenegger

1 Einleitung

Die neun Landesstudios des ORF haben die Aufgabe, die regionale Vielfalt in der Berichterstattung in den Programmen der unterschiedlichen Distributionskanäle – Radio, Fernsehen, Internet – sicherzustellen. Und zwar nicht nur im jeweiligen Bundesland, sondern
auch bundesweit, als Zulieferer für nationale Programme (vgl. ORF-G, § 3, Abs. 2 (Versor-
gungsauftrag), Z. 2).

2 Vielfalt als Kriterium für Programmqualität

„Vielfalt als Programmanforderung und Qualitätskriterium ist weitgehend unumstritten,
und zwar nicht nur in der Bundesrepublik Deutschland, sondern auch in anderen demokratischen Staaten." (Schatz & Schulz, 1992, S. 693). Schatz & Schulz zitieren in diesem
Zusammenhang auch Denis McQuail, der die Forderung nach Vielfalt in unmittelbarem
Zusammenhang mit den demokratischen Grundwerten Freiheit und Gleichheit sieht (vgl.
McQuail, 1992, zit. n. Schatz & Schulz, 1992, S. 693). Deshalb bewerten sie Vielfalt als eine
von fünf Dimensionen für die Qualität in Fernsehprogrammen. Allerdings bedarf der Begriff „Vielfalt" einer umfassenden Differenzierung, die Schatz & Schulz folgendermaßen
vornehmen (vgl. Schatz & Schulz, 1992, S. 693 ff.):

Die Autoren unterscheiden zwischen struktureller Vielfalt (*range*) und inhaltlicher Vielfalt
(*diversity*). Erstere bezeichnet die Vielfalt der Programmsparten, wie Information, Unterhaltung oder Beratung. Jede dieser Programmsparten erfährt durch die unterschiedlichen
Programmformen eine zusätzliche Differenzierung der Vielfalt.

Unter inhaltlicher Vielfalt

> [...] ist erstens die Berücksichtigung der die verschiedenen Lebensbereiche betreffenden Ereignisse,
> Informationen und Themengebiete zu verstehen (‚gegenständliche Vielfalt) [...], zweitens der Be-
> zug auf verschiedene geographische bzw. regionale Räume oder Schauplätze, drittens auf verschie-
> dene kulturelle bzw. ethnische Gruppen und viertens auf verschiedene gesellschaftliche bzw. poli-
> tische Interessen. Letztere sind – zumindest teilweise – organisiert, so daß sie sich in der Berück-
> sichtigung von Organisationen oder auch von nicht organisierten Akteuren manifestieren. Dar-
> über hinaus finden Interessen ihren Niederschlag in Themen und Problemen (‚issues'), so daß die
> Beachtung oder Mißachtung bestimmter Themen im Programm auch über die Berücksichtigung
> verschiedener gesellschaftlicher Interessen entscheidet. (Schatz & Schulz, 1992, S. 694)

Schatz & Schulz erweitern die Aufsplittung programmlicher Vielfalt um weitere Unterebenen, sodass sich in der Gesamtheit die in **Abbildung 1** gezeigte Struktur ergibt:

Abbildung 1   Die unterschiedlichen Aspekte von Vielfalt

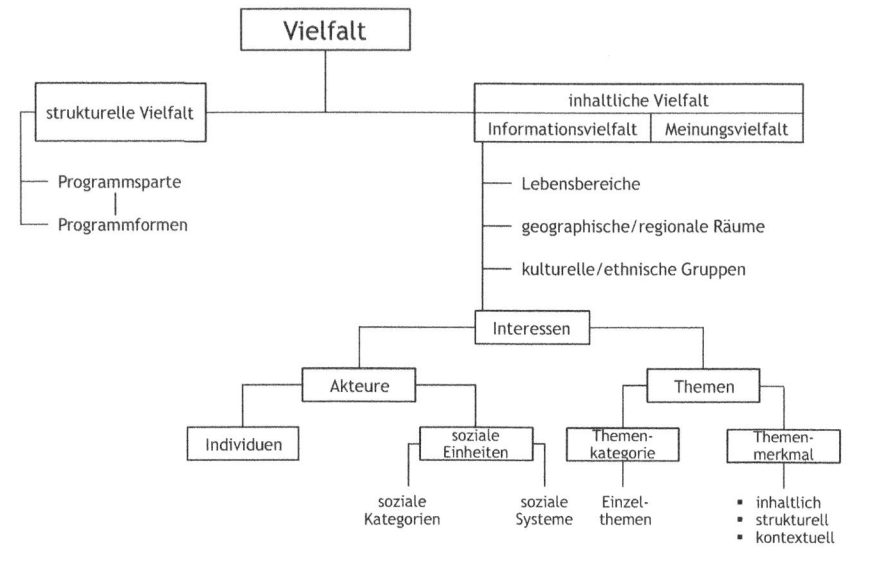

nach Schatz & Schulz (1992, S. 694)

Im zitierten Aufsatz merken Schatz & Schulz auch an, dass die einzigen allgemeingültigen Verbindlichkeiten für die Qualität von Programmen die gesetzlichen Grundlagen des Rundfunks bilden. Für Österreich respektive für den ORF findet sich die entsprechende Festlegung im ORF-Gesetz in den Bestimmungen des § 4 (öffentlich-rechtlicher Kernauftrag) und des § 10 (Programmgrundsätze/Inhaltlich Grundsätze) (vgl. ORF-G, 2012). In den ORF-Programmrichtlinien manifestieren sich die gesetzlichen Vorgaben in folgendem Anspruch an das eigene Programm:

> *Der ORF liefert Vielfalt für alle. Macht Unterschiede sichtbar und Besonderheiten wahrnehmbar. In Kultur, Wissenschaft, Gesellschaft, Umwelt und Politik, nicht zuletzt im Alltag der Menschen. Der ORF berichtet von den Hauptschauplätzen ebenso wie von den Schattenseiten, aus den urbanen Zentren ebenso wie den versteckten regionalen Winkeln, über Trendsetter/innen ebenso wie über Nonkonforme, über Gläubige und Sinnsuchende, über Gamsbart- und Kopftuchträger/innen. Toleranz und kulturelle Vielfalt sind keine Nebenaspekte, sondern Grundlagen für ORF-Information und ORF-Unterhaltung.* (ORF, 2010, S. 77)

3 Redaktionelle Vielfalt als entscheidendes Kriterium für die redaktionelle Planung im ORF Salzburg

Salzburg ist mit seinen 530.000 Einwohnern und Einwohnerinnen ein betriebsames, geschäftiges Bundesland: Transitland, Tourismushochburg, Standort vieler akademischer Bildungseinrichtungen, Zentrum der Hochkultur, fest verwurzeltes Brauchtum, Heimat erfolgreicher Skisportler, Sitz von Eishockey- sowie Fußballmeistern und vieles mehr.

Im Printbereich berichten drei Tageszeitungen – *Salzburger Nachrichten, Neue Kronen Zeitung Salzburg, Salzburger Volkszeitung* – und etliche Wochenzeitungen (vgl. Media Analyse, 2010a) über Ereignisse und Entwicklungen im Bundesland. Im elektronischen und Online-Bereich sind Radio Salzburg, die tägliche Fernsehsendung *Salzburg Heute* und der Nachrichtenkanal salzburg.orf.at die Plattformen, auf denen sich die Vielfalt des politischen, wirtschaftlichen, kulturellen, sportlichen und gesellschaftlichen Lebens in Stadt und Land Salzburg tagtäglich widerspiegelt.

Sicherlich versorgen auch viele der privaten Radio- und Fernsehanbieter die Salzburger und Salzburgerinnen mit Nachrichten aus dem Bundesland. Gemeinsam ist den privaten Anbietern bei allem Engagement für die Sache, dass ihre Berichterstattung aus Salzburg über Kurznachrichten nicht hinausgeht. Kurznachrichten sind aber nicht in der Lage, die Vielfalt der Ereignisse in diesem Bundesland widerzuspiegeln.

Regionale Vielfalt braucht ausreichend Sendezeit, damit die Redakteure und Redakteurinnen den Zusehern und Zuseherinnen nicht nur die nackten Daten und Fakten, sondern vor allem die Relevanz von Ereignissen vermitteln können. Zur Verdeutlichung habe ich, ohne Anspruch auf statistische Exaktheit, zur Stoppuhr gegriffen: *Salzburg Heute* hat in der willkürlich herausgegriffenen Sendung vom 11. Oktober in 23 Minuten Sendezeit acht Themen aus dem Bundesland aufgegriffen, aufbereitet und ab 19.00 Uhr gesendet. Die Nachrichten von *Salzburg Plus*[1] haben in gerade einmal vier Minuten Sendezeit vier journalistische Einheiten, vor allem Bildmeldungen, on air geschickt.[2]

Regionale Vielfalt braucht ausreichend Sendezeit. Nicht nur im Fernsehen, sondern auch im Radio. Radio Salzburg leistet sich zur Primetime in der Früh und zu Mittag immer noch Nachrichtenjournale in der Länge von bis zu acht Minuten,[3] um die Hörerinnen und Hörer über die aktuellen Ereignisse, vor allem über deren Bedeutung und Hintergründe zu informieren. Und in den Programmflächen davor und danach werden die Salzburgerinnen und Salzburger über die regionale Vielfalt der Ereignisse und Veranstaltungen in den unterschiedlichsten Bereichen des Zusammenlebens auf dem Laufenden gehalten.

---

[1] Der Lokalsender hat am 31.01.2012 seinen Betrieb eingestellt.
[2] Eine repräsentative Untersuchung zu diesem Thema steht noch aus. Ansätze finden sich in Woelke (vgl. Woelke, 2012).
[3] Konkrete Länge der Nachrichtenjournale: 6.30 Uhr = acht Minuten, 7.30 = acht Minuten, 8.30 Uhr = drei Minuten 30 Sekunden, 12.30 Uhr = sechs Minuten, 16.30 Uhr = fünf Minuten.

Regionale Vielfalt findet auch außerhalb der Sendungen in Radio und Fernsehen sowie der Beiträge im Internet statt. Das Landesstudio Salzburg versteht sich auch als Plattform für Diskussion, Kultur, Unterhaltung und Zusammensein rund um für Salzburg relevante Themen und Anliegen. Die breite Palette der Veranstaltungen im Publikumsstudio reicht vom politischen Diskurs mit den Bürgern und Bürgerinnen zu kontroversiellen Themen über die Verleihung des Kinderrechtspreises und der Tradition, dass die Salzburgerinnen und Salzburger alljährlich am Heiligen Abend das Licht aus Bethlehem bei uns entzünden können, bis hin zu einem Vortrags- und Diskussionsabend, den der Autor dieses Beitrags im Juni 2010 mit dem bekannten Nachhaltigkeitsforscher Ernst Ulrich von Weizäcker über dessen neues Buch „Faktor fünf" bestritten hat (vgl. Salzburger:Zukunfts:Dialoge, 2010).

4   Regionale Vielfalt als wesentliches Kriterium in allen Landesstudios

Salzburg ist nur *ein* Bundesland. Die beschriebene regionale Vielfalt wird in *allen neun* Landesstudios, in ihren Programmen in Radio, Fernsehen und Internet gepflegt. Dies schlägt sich in der Statistik mit beeindruckenden Zahlen der ORF-Medienforschung nieder: Die Landesstudios produzieren rund 1.600 Stunden Programm im Fernsehen pro Jahr und 75.500 Stunden im Hörfunk. Natürlich spiegelt sich die Kompetenz der Redaktionen in den Landesstudios auch in der österreichweiten Berichterstattung wider: Bei Ereignissen von nationalem Interesse liefern die Reporterinnen und Reporter Beiträge an die bundesweit ausgestrahlten Sendungen. Die Nähe zu den Ereignissen, das Wissen um die Zusammenhänge auf lokaler Ebene sichern so auch die Qualität der Berichterstattung, wie sie aus der Distanz der Zentrale wohl nie geleistet werden könnte. Die Redakteurinnen und Redakteure in den Landesstudios sind auch Korrespondent/innen an Ort und Stelle.

Die Landesstudios sichern die regionale Vielfalt, und die Rezipienten und Rezipientinnen schätzen dies in messbarer Weise: Trotz der hohen Dichte an regionalen und überregionalen Hörfunkanbietern[4] schenken täglich zweieinhalb Millionen Österreicherinnen und Österreicher den neun Regionalradios Gehör (vgl. Media Analyse, 2010b).

Die Internetangebote der Landesstudios erreichen rund ein Viertel der österreichischen Internetnutzerinnen und -nutzer.[5] Diese Zahlen stammen noch aus der Zeit vor dem 1. Oktober 2010, der mit dem neuen ORF-Gesetz massive Einschränkungen für die Berichterstattung brachte, die dem ORF im Internet erlaubt ist.

---

[4]   Seit der flächendeckenden Einführung privater Regional- und Lokalsender in Österreich ist deren Zahl nach Angabe der ORF-Medienforschung auf mehr als 80 gestiegen (vgl. ORF-Medienforschung, 2010).

[5]   Dieser Kennwert beruht auf einer ORF-internen unveröffentlichten Auswertung der Zugriffszahlen.

Und *Bundesland heute*, die Summe der neun regionalen Fernsehsendungen, ist an den meisten Tagen des Jahres überhaupt die von den Zuschauern und Zuschauerinnen meist gesehene Fernsehsendung in Österreich mit einem durchschnittlichen Marktanteil von 59 Prozent. Die Spitzenwerte variieren mitunter beträchtlich. So hat der Teletest, mit dem die Einschaltquoten gemessen und berechnet werden, für *Salzburg heute* am 24. September 2010 einen Marktanteil von 80 Prozent ausgewiesen.[6]

Dieser Erfolg kommt nicht von ungefähr: Die Ereignisse im lokalen Bereich, im unmittelbaren oder mittelbaren Umfeld der Menschen haben bereits große Bedeutung und werden noch größere Bedeutung bekommen. Zumindest in den USA gilt „hyper local journalism" als eine der möglichen Stützen für die Zukunft unserer Branche. Und auch außerhalb von Österreich verstärken das ZDF, der Norddeutsche Rundfunk und die BBC ihre Aktivitäten im lokalen Bereich: „Es verdichten sich weltweit die Hinweise, dass Lokaljournalismus [...] zu einem der großen Trends im modernen Journalismus avancieren könnte." (Nowak & Renner, 2011)

Bereits jetzt bezeichnen 92 Prozent der Bevölkerung Nachrichten und Informationen aus dem eigenen Bundesland, die vom öffentlich-rechtlichen ORF geliefert werden, als „sehr wichtig" und „wichtig". Das ist das Ergebnis einer Market-Untersuchung von Herbst 2009 (vgl. „ORF ist der Lieblingssender", 2009). Dieses Ergebnis unterstreicht zum einen die Wertschätzung der Österreicherinnen und Österreicher für die ORF-Berichterstattung in Radio und Fernsehen und ist zum anderen ein gewichtiges Argument in der immer wieder aufflammenden Diskussion über die Notwendigkeit und Existenzberechtigung von Landesstudios.

5   Inhaltliche Vielfalt als Public Value

Der geografische Aspekt ist nur einer in der Diskussion über die Vielfalt in der Berichterstattung, in Radio- und Fernsehprogrammen überhaupt. Wie eingangs angeführt umfasst Programmvielfalt nach Schatz & Schulz nicht nur geografisch-räumliche Aspekte, sondern auch inhaltliche (vgl. Schatz & Schulz, 1992). Inhaltliche Vielfalt meint dementsprechend auch die Lebensräume des Publikums und die Berichterstattung über kulturelle/ethnische Gruppen (siehe **Abbildung 1**).

Der ORF kommt dieser wissenschaftlichen Erkenntnis und dem gesetzlichen Auftrag, sich in seinem Programmangebot „an der Vielfalt der Interessen aller Hörer und Seher zu orientieren und sie ausgewogen zu berücksichtigen" (ORF-G, 2012, § 4, Abs. 2), in vielfältiger Weise nach: Zum Beispiel in den Volksgruppensendungen, die in den Landesstudios in Kärnten, Burgenland und Wien in slowenischer, kroatischer, tschechischer, slowakischer und ungarischer Sprache sowie in Romani produziert werden. Knapp 25.500 Sendeminuten

---

[6]   Diese Zahlen beruhen ebenfalls auf ORF-internen unveröffentlichten Detailauswertungen der täglichen Teletestergebnisse.

im Radio füllen diese Beiträge pro Jahr (ORF, 2010, S. 104). Oder die Sendung *Heimat, fremde Heimat*, deren 42 Folgen jeweils am Sonntagnachmittag im Fernsehprogramm ORF 2 im vergangenen Jahr drei Millionen Zuseherinnen und Zuseher gesehen haben (ORF, 2010, S. 104). Oder der *African Press Day*, der Ende September 2010 unter dem Titel „Afrikas Dimension in der westlichen Medienlandschaft" im ORF-Zentrum in Wien abgehalten wurde. Oder die Religionssendungen *Orientierung* und *Kreuz & quer*. Die Liste ließe sich beliebig verlängern.

Public Value heißt Vielfalt, heißt letztlich thematische Vollversorgung für die Gesellschaft. Oder griffiger formuliert: Der ORF versteht sich als Rundfunk, der für alle da ist. Public Value heißt, der Vielfalt in unserer Gesellschaft Rechnung zu tragen und ihr in den Radio- und Fernsehprogrammen Sendezeit einzuräumen. Also Geschichten auf Sendung zu bringen, die in rein privatwirtschaftlichen, auf Gewinn ausgerichteten Rundfunkbetrieben niemals auf Sendung gebracht würden, weil sie nicht in das Mainstream-Denken passen, das möglichst hohe Werbeeinnahmen sicherstellen soll.

In den kleinräumigen österreichischen Bundesländern fällt so ein Großteil der regionalen Themen durch den Bedingungsraster für rentables, privatwirtschaftliches Fernsehen. Damit bleiben die Landesstudios des ORF die Garanten für die regionale Vielfalt in der Fernseh- und Radioberichterstattung.

6 Regionale Vielfalt braucht ausreichend redaktionelle Ressourcen

Regionale Vielfalt braucht aber nicht nur ausreichend Sendezeit. Um regionale Vielfalt in der Berichterstattung sicherzustellen, bedarf es auch ausreichender personeller und finanzieller Ressourcen in den Redaktionen der Landesstudios. Die Sparprogramme der vergangenen Jahre haben auch und vor allem hier ihre Spuren hinterlassen: Personalabbau und weniger Budget (vgl. „ORF plant Personalabbau", 2010).

Weniger Redakteurinnen und Redakteure und weniger Geld heißt entweder: Weniger Menschen machen gleich viele Beiträge in derselben Zeit. Wenn aber weniger Zeit für die Recherche, die Aufbereitung und die Produktion der Geschichten sowie für die Informantenpflege zur Verfügung steht, dann leidet darunter über eher kurz als lang die journalistische Qualität der Beiträge.

Weniger Geld und weniger Redakteurinnen/Redakteure kann auch heißen: Weniger Menschen produzieren weniger Beiträge für die Radio- und Fernsehsendungen. Wenn aber auch nur ein Fernsehbeitrag pro *Salzburg heute*-Sendung weniger produziert wird als bisher, dann bedeutet dies 364 Beiträge weniger aus Stadt und Land Salzburg pro Jahr. 364 Themen, die nicht behandelt werden können. Das käme einer Einschränkung der regionalen Vielfalt gleich, die wir heute bieten können und die von unserem Publikum gewollt, wertgeschätzt und auch gefordert wird. Es tut sich viel in Stadt und Land Salzburg – natürlich auch in den anderen Bundesländern –, und die Menschen wollen es in „ihren" Radio-und Fernsehsendungen vermittelt bekommen.

Da es außerdem das Bekenntnis gibt, dass die Vision des ehemaligen Generalintendanten Gerd Bacher, man könne die Landesstudios auf die Größe einer Telefonzelle zusammen-schrumpfen lassen (vgl. Bacher, o. J., zit. n. Burtscher, 2009), keine Option für die Zukunft des ORF darstellt, gilt es, die regionale Vielfalt in der Berichterstattung der Landesstudios zu sichern. Sparen ist in Zeiten des fundamentalen Medienwandels auch für den öffentlich-rechtlichen Rundfunk ein Gebot der Stunde, allerdings darf Sparen nicht zu Lasten der Kernaufgaben gehen, des Public Values, der die Gebühreneinnahmen des ORF legitimiert. Regionale Vielfalt durch die Landesstudios ist eine solche Kernaufgabe – noch dazu eine, die von den Zuschauern und Zuschauerinnen stark nachgefragt wird. Eine Einschränkung des Angebots wäre weder für das Publikum nachvollziehbar noch für die Diskussion über die Legitimation eines gebührenfinanzierten Rundfunks dienlich.

Literatur

Burtscher, Wolfgang (2009). Öffentlich-rechtlicher Rundfunk – Medienvielfalt in Österreich. Parlamen-tarische Enquete des Nationalrates (Stenographisches Protokoll, 17.09.2009). Verfügbar unter: http://www.parlament.gv.at/PAKT/VHG/XXIV/VER/VER_00002/fnameorig_168905.html [25.02.2013].

Media-Analyse [MA] (2010a). MA 2010 – Regionale Wochenzeitung Salzburg. Verfügbar unter http://www.media-analyse.at/studienPublicPresseRegionaleWochenzeitungBundeslandSalz burg.do?year=2010&title=Tageszeitungen&subtitle=BundeslandSbg [25.02.2013].

Media-Analyse [MA] (2010b). MA 2010 – Radio Total. Verfügbar unter: http://www.media-analyse.at/studienPublicRadioTotal.do?year=%202010&%20title=Radio%20&subtitle=Total [25.02.2013].

Nowak, Rainer & Renner, Georg (2011). Hoffnungsmarkt Lokaljournalismus (30.08.2011). Verfügbar unter: http://diepresse.com/home/kultur/medien/689471/Hoffnungsmarkt-Lokaljournalismus [25.02.2013].

ORF (2010). Wert über Gebühr. Public Value Bericht 2009/2010. Verfügbar unter: http://zukunft.orf.at/ modules/orfpublicvalue/upload/09r0031.pdf [06.06.2012].

ORF-G (Bundesgesetz über den Österreichischen Rundfunk) idF BGBl. I Nr. 15/2012. Verfügbar unter http://www.rtr.at/de/m/ORFG [25.02.2013].

ORF-Medienforschung (2010). Radiolandschaft in Österreich. Verfügbar unter: http://medien forschung.orf.at/c_radio/console/blank.htm?c_radio_radiolandschaft [25.02.2013].

„ORF ist der Lieblingssender der Österreicher" (14.09.2009). In Die Presse. Verfügbar unter: http://diepresse.com/home/kultur/medien/508148/ORF-ist-der-Lieblingssender-der-Oesterreicher- [25.02.2013].

„ORF plant Personalabbau und Umstrukturierungen" (17.12.2010). Verfügbar unter http://www.digital fernsehen.de/ORF-plant-Personalabbau-und-Umstrukturierungen.45722.0.html [25.02.2013].

Salzburger:Zukunfts:Dialoge (2010). Der Faktor Fünf. Die Formel für ein nachhaltiges Wachstum. Vortrag und Diskussion mit Ernst Ulrich von Weizsäcker (10.06.2010), Salzburg. Programm verfügbar unter http://www.salzburg.gv.at/themen/se/salzburg/szd/faktor5.htm [25.02.2013].

Schatz, Heribert & Schulz, Winfried (1992). Qualität von Fernsehprogrammen. Kriterien und Methoden zur Beurteilung von Programmqualität im dualen Fernsehsystem. In Media Perspektiven, o. Jg. (11), S. 690–712.

Woelke, Jens (2012). TV-Programmanalyse: Fernsehvollprogramme in Österreich 2011. Schriftenreihe der Rundfunk und Telekom Regulierungs-GmbH, Band 1/2012. Wien: RTR. Verfügbar unter http://www.rtr.at/de/komp/SchriftenreiheNr12012/Band1-2012.pdf [25.02.2013].

Die sozialen Aktivitäten von Ö3 und das *Team Österreich* als Paradebeispiel für Public Value

Albert Malli

1 Soziales Engagement als Grundhaltung von Ö3

Ö3 hat Jahrzehnte vor der aktuell geführten Debatte über Public Value mit seinen Aktionen gesellschaftlichen Mehrwert geschaffen, der auch im internationalen Vergleich weit über den üblichen Wirkungskreis eines Radiosenders hinausgeht. Diese Haltung, dass ein Radiosender zu mehr gut sein muss, als seine Hörer und Hörerinnen zu informieren und zu unterhalten, ist in dieser Radioredaktion tief verwurzelt. Ö3 will als nationaler Sender in Österreich etwas bewegen und Bleibendes schaffen – eine schwierige Herausforderung bei einem so flüchtigen Medium wie dem Radio.

Ich darf das aus eigener Erfahrung beurteilen, denn ich gehöre dieser größten Radioredaktion des Landes seit 1983 an und bin seit 1997 der stellvertretende Programmchef und maßgeblich für den Bereich mitverantwortlich, der noch nicht so lange treffend als „Humanitary Broadcasting" bezeichnet wird.

Exemplarisch sind hier die *Ö3-Kummernummer* zu nennen, die schon 1983 gegründet wurde, sowie die Lehrlingsaktion *Chance 9*, durch die knapp 200 neue Lehrstellen geschaffen wurden. Vielen ist auch noch die *Aktion Großglockner* in Erinnerung, die als spontane Programmaktion angesichts der Hochwasserkatastrophe 2002 entstanden ist. Die von Ö3 ins Leben gerufene *Ö3-Wundertüte* ist die mit Abstand größte Handysammelaktion Österreichs und hat nachhaltig zwölf Dauerarbeitsplätze bei der Caritas geschaffen.

Alle diese Initiativen werden im folgenden Kapitel vorgestellt. Im dritten Kapitel werden ausführlich das *Team Österreich* sowie die Überlegungen der Initiatoren beleuchtet, weil das *Team Österreich* von seiner Grundidee her ein Paradebeispiel darstellt, wie ein öffentlich-rechtlicher Sender mit einer Programmaktion nachhaltig Public Value, also gesellschaftlichen Mehrwert, schaffen kann.

2   Erfolgsbeispiele für nachhaltiges soziales Engagement

In diesem Kapitel werden exemplarisch einige Ö3-Initiativen vorgestellt, die den Grundstein für das *Team Österreich* gelegt haben. Es handelt sich um soziale Initiativen, die eindrucksvoll das jahrzehntelange Wirken von Ö3 im sozialen Bereich belegen. Bei allen diesen Aktionen stützte sich Ö3 auf mächtige Partner, wie etwa die *Oesterreichische Nationalbank*, die *Österreichische Post*, die *Caritas* oder das *Österreichische Rote Kreuz*. Ö3 ist aber stets mehr als nur Medienpartner, Ö3 ist stets Träger und in den meisten Fällen auch Erfinder der Aktionen.

2.1   Aktion Großglockner

Als der damalige *Ö3-Wecker*-Moderator Hary Raithofer am 23. August 2002 im *Ö3-Wecker* die verhängnisvollen Worte: „Komm Andi (Anm.: zu Andreas Jäger, Ö3-Meterologe), wir radeln auf den Großglockner – und wer mitfahren will, fährt mit –, es geht um die gute Sache […]" sagte, konnte niemand abschätzen, welche Welle der Solidarität er damit lostreten würde. Aus einer Idee, geboren im *Ö3-Wecker*, der Morgensendung des Hitradio Ö3, wurde eine der größten Charity-Aktionen des Landes. Die Ö3-Redaktion war überwältigt von der großartigen Menschlichkeit und Hilfsbereitschaft der österreichischen Bevölkerung und Wirtschaft und organisierte in nur vier Tagen diese spontane Hilfsaktion für die Hochwasseropfer, was wiederum nur aufgrund der spontanen Bereitschaft, der großen Flexibilität und des enormen persönlichen Engagements aller Beteiligten möglich war.

11.664 Österreicher und Österreicherinnen setzten schließlich am Freitag, dem 30. August 2002, ein nationales Symbol für die vom Hochwasser betroffenen Mitbürger (siehe **Abbildung 1**). Die *Oesterreichische Nationalbank* spendete 100 Euro für jede/n Radfahrer/in, Läufer/in, ja sogar Rollstuhlfahrer/in, der das Fuscher Törl bis 14.00 Uhr erreichte, an die *Ö3-Hochwasser Soforthilfe*.

Diese Aktion hat dank der Kooperation mit der Nationalbank die Spendensumme von 1,2 Millionen Euro für die Opfer der Flutkatastrophe eingebracht. Gleichzeitig wurde aber das gesamte Land dazu motiviert, sich mit den Hochwasseropfern solidarisch zu zeigen. Damit wurde ein wesentlicher Beitrag zur gemeinsamen Bewältigung dieser Katastrophe geleistet.

Abbildung 1   11.664 Österreicherinnen und Österreicher radelten am 30. August 2002
für einen guten Zweck auf den Großglockner

Kommt es zu nationalen Katastrophen, rücken die Bürger und Bürgerinnen gerne näher zusammen, sie versammeln sich am sprichwörtlichen Lagerfeuer. Das Lagerfeuer stellt in diesem Bild der nationale Radiosender dar, der nicht umsonst das Bild der „Ö3-Gemeinde" geprägt hat. Österreich als Dorf steht hier symbolisch für den nationalen Zusammenhalt, für den Ö3 ein Stück weit sorgt. Alle Österreicher und Österreicherinnen erleben sich getreu dem Senderslogan „Neun Länder, ein Sender" als Bürger in einem gemeinsamen Dorf, eben der „Ö3-Gemeinde". Deshalb kommt gerade Ö3 bei Katastrophen und Großereignissen die Funktion einer zentralen Schaltstelle zu. Bei Ö3 melden sich Opfer und potenzielle Helfer und Helferinnen gleichermaßen. Hilfsbereite Hörer und Hörerinnen fordern regelrecht ein, dass ihr Lieblingssender nicht nur ausführlich informiert, sondern auch Taten setzt. Aufgerüttelt durch die Berichterstattung erkundigen sie sich, wo und wie sie selbst helfen können. Dies sollte später auch den Ausschlag für die Gründung des *Team Österreich* geben.

2.2 Ö3-Kummernummer

Schon am 18. November 1983 wurde die *Ö3-Kummernummer* als gemeinsame Aktion von Ö3, der Caritas und dem Sozialministerium gegründet. Die *Ö3-Kummernummer* – seit 2011 unter der internationalen Kurzrufnummer 116 123 erreichbar – wird seither von Ö3 ohne Unterbrechung betrieben. Dies ist dem Engagement des Senders zu verdanken, denn mit dem politischen Aus des sogenannten „Akademikertrainings" im Jahr 1997 war der Bestand der *Ö3-Kummernummer* gefährdet. Das Akademiker-/Akademikerinnentraining war eine Förderung des *Arbeitsmarktservice* (AMS) für arbeitslose Absolventen und Absolventinnen eines Studiums. So konnten arbeitslose Akademiker und Akademikerinnen als Telefonberater/innen eingesetzt werden; ihr Dienstort war das Sozialservice des Sozialministeriums.

Nach dem Ausstieg des Sozialministeriums sprang der Österreichische Bundesverband für Psychotherapie, die Berufsgruppenvertretung der Psychotherapeut/innen, ein. Ausgebildete Psychotherapeuten und Psychotherapeutinnen und Therapeuten und Therapeutinnen in Ausbildung übernahmen auf Initiative von Ö3 die Telefonberatung. Die Therapeuten und Therapeutinnen nahmen die Anrufe in keiner Einrichtung, sondern in ihrer eigenen Praxis – quer verstreut über ganz Österreich – entgegen. Das komplexe Telefonkonzept entwickelte Ö3. 107 Therapeuten und Therapeutinnen wurden damals mit einem Mobiltelefon ausgestattet und die *Mobilkom Austria* (heute: A1) als fixer Partner gewonnen.

2004 konnte Ö3 nach dem Ausstieg des Bundesverbandes für Psychotherapie das *Österreichische Rote Kreuz* als Partner gewinnen. Die Existenz der mittlerweile traditionsreichen Telefonberatungseinrichtung war damit für Jahre gesichert. Gut ausgebildete ehrenamtliche Rot-Kreuz-Mitarbeiter und -Mitarbeiterinnen sind seither in den Dienststellen des Roten Kreuzes in ganz Österreich für die Sorgen und Nöte der Ö3-Hörer und -Hörerinnen erreichbar.

Ao. Univ.-Prof. Dr. Barbara Juen und Dipl. Ing. Peter Kaiser, die damals beide für die psychosozialen Dienste im Roten Kreuz verantwortlich waren, haben das Beratungskonzept entwickelt. Es sieht vor, dass nur gut ausgebildete ehrenamtliche Mitarbeiter und Mitarbeiterinnen des Roten Kreuzes in der nächstgelegenen Rettungsdienststelle zum Einsatz kommen. Diese Variante wurde gewählt, weil es während des Dienstes auch zu kritischen Situationen kommen kann, wenn zum Beispiel ein Anrufer oder eine Anruferin suizidgefährdet ist. Den Telefonberatern wird darüber hinaus eine umfangreiche Supervision zur Verfügung gestellt.

Mit kontinuierlich 20.000 Beratungsgesprächen jährlich ist die *Ö3-Kummernummer* zu einer fixen Einrichtung in Österreich geworden. Das von Ö3 entwickelte Telefonkonzept kommt weiterhin zur Anwendung; es prüft, ob und unter welcher Nummer ein Berater oder eine Beraterin erreichbar ist, und verbindet erst dann das Gespräch.

2.3 Ö3-Wundertüte

Im Advent 2004 startete Ö3 eine Sammelaktion von alten Handys zugunsten der ORF-Aktion *Licht ins Dunkel*; heute ist diese Initiative die mit Abstand größte Handysammelaktion Österreichs. Da der Erlös aus der Verwertung der Altgeräte dem Soforthilfefonds von *Licht ins Dunkel* zugute kommt, hat der Sender folgenden Slogan entwickelt: „Die Ö3-*Wundertüte* verwandelt alte Handys in Spenden für Familien in Not." Die Aktion von Ö3 in Zusammenarbeit mit der Caritas und der *Österreichischen Post* ist die größte und erfolgreichste Einzelspendenaktion der Geschichte von *Licht ins Dunkel*.

Die Lagerhalle im Althandy-Verwertungszentrum der *Caritas* in Wien-Floridsdorf war auch Ende Jänner 2011 wieder bis an die Decke gefüllt. 260.000 *Ö3-Wundertüten* mit 420.000 Handys hatte die Post aus ganz Österreich angeliefert. Zwölf ehemalige Langzeitarbeitslose sind das ganze Jahr über mit der Aufarbeitung des Handyberges beschäftigt. Mit dem Erlös leisten *Licht ins Dunkel* und die *Caritas* Soforthilfe. Es werden die Miete oder die Stromrechnung für Menschen in einer akuten Notlage bezahlt oder Behelfe für Menschen mit Behinderung angeschafft. Immer wieder gelingt es, mit dem Erlös aus der Aktion die Lebenssituation von Menschen in akuten Notlagen zu stabilisieren.

Im Rahmen der Aktion des Jahres 2011 wurden in Summe 1,9 Millionen Handys abgegeben, dadurch konnten allein durch die *Ö3-Wundertüte* Spenden in der Höhe von 630.000 Euro für *Licht ins Dunkel* und die *Caritas* lukriert werden. Die Spendensumme aller Ö3-Aktionen für *Licht ins Dunkel* inklusive der Aktion 2011 betrug 930.000 Euro.

Die *Caritas* der Erzdiözese Wien übernimmt bei dieser Ö3-Aktion das gesamte operative Projektmanagement und kontrolliert die Spendenweitergabe. Im Kooperationsvertrag ist geregelt, dass die *Caritas* pro Althandy 1,5 Euro an den Verein *Licht ins Dunkel* überweist. Die *Österreichische Post AG* übernimmt kostenlos die zeitgerechte Zustellung der *Ö3-Wundertüte* (**Abbildung 2**).

Abbildung 2   *Caritas*-Chef Michael Landau, Post-Generaldirektor Georg Pölzl sowie Ö3-Moderatorin Daniela Zeller und Ö3-Moderator Andi Knoll präsentierten 2009 die *Ö3-Wundertüte*

Die *Ö3-Wundertüte* begann 2002 nicht als Handysammelaktion. Anlässlich des größten Währungsumtausches in der Geschichte Europas hatte Ö3 gemeinsam mit den Partnern *Münze Österreich AG* und *Österreichische Post AG* die Bevölkerung aufgerufen, altes Kleingeld für den Soforthilfefonds von *Licht ins Dunkel* zu spenden. Die Aktivierung der Kleingeldreserven wurde in der Planung als zentraler Erfolgsfaktor der Aktion gesehen. Nur durch ein für die Spender und Spenderinnen einfaches und leicht zu kommunizierendes Sammelsystem konnte sie auch verwirklicht werden.

Die *Ö3-Wundertüte* wurde daraufhin als auffällig gestaltetes Sammelsackerl konzipiert, das per Postwurfsendung an 3,5 Millionen Haushalte verteilt wurde und somit möglichst nahe an die Kleingeldreserven von Herrn und Frau Österreicher (Schubladen, Marmeladegläser, Sofaritzen, etc.) gelangte. Durch die strategische Partnerschaft mit der *Österreichischen Post AG* konnte die reibungslose Verteilung der *Ö3-Wundertüte* ebenso wie ein österreichweites dichtes und sicheres Netz an Abgabestellen (Postamt, Post-Partner, Post-Box und Post.at) garantiert werden. *Die Münze Österreich AG* übernahm neben der Produktion der Wundertüten den gesicherten Transport des gesammelten Kleingelds nach Wien und zur *Coin Company International* nach London.

Schon das Ergebnis der ersten *Ö3-Wundertüte* übertraf alle Erwartungen: Während intern mit einem Rücklauf von 10.000 Wundertüten gerechnet worden war, wurden tatsächlich weit mehr als 230.000 Stück abgegeben. Das entspricht 100 Tonnen Kleingeld (2,3 Millionen Euro), die dem Soforthilfefonds von *Licht ins Dunkel* zur Verfügung gestellt werden konnten. Auf eine sympathische und lustige Art bot sich den Österreichern und Österreicherinnen die Gelegenheit, sich vom Schilling zu verabschieden und mit ihrem alten Kleingeld Gutes zu tun. Die Spenden aus der *Ö3-Wundertüte* kamen von Anfang an dem Soforthilfefonds von *Licht ins Dunkel* zugute. Schon im ersten Jahr der Aktion konnte so 5.500 Familien und Einzelpersonen in Österreich rasch und unbürokratisch geholfen werden.

Die folgenden drei Beispiele zeigen, wie das Geld verwendet wurde:

- Die Familie Huber (Anm.: Name geändert) aus Wien hat fünf minderjährige Kinder im Alter von einem, drei, vier, fünf und sechs Jahren zu versorgen. Der Vater ist selbstständig und verfügt nur über ein sehr geringes Einkommen. Die Mutter ist in Karenz. Aufgrund des geringen Familieneinkommens konnten verschiedene Rechnungen wie die letzten Stromrechnungen nicht mehr bezahlt werden. *Licht ins Dunkel* sorgte dafür, dass der kinderreichen Familie nicht der Strom abgedreht wurde.

- Herr Fellmann (Anm.: Name geändert) aus Niederösterreich ist im Alter von 32 Jahren infolge einer Krebserkrankung verstorben. Er hinterließ seiner Frau vier minderjährige Kinder (vier Monate, zwei, vier und fünf Jahre alt), sein jüngster Sohn kam drei Wochen nach seinem Tod zur Welt. Zum tragischen Verlust des Familienvaters kamen nun auch finanzielle Sorgen auf die Familie zu. *Licht ins Dunkel* half in der schwierigen Situation.

- Der Lebensgefährte von Frau Meixner (Anm.: Name geändert) erlitt im Jänner einen Herzstillstand und ist seither im Spital. Der vierjährige Sohn der Familie ist herzkrank und hatte bereits drei Herzoperationen hinter sich. Nachdem die Mutter nur ein geringes Einkommen hat, war die finanzielle Situation sehr angespannt. Außerdem musste der Sohn erneut ins Krankenhaus. Da die Mutter bei ihrem Sohn bleiben wollte, entstanden Mehrkosten, die vom Soforthilfefonds übernommen wurden.

Diese Liste von Einzelschicksalen ließe sich beliebig fortsetzen und zeigt auf, wie dringend Aktionen wie die *Ö3-Wundertüte* benötigt werden, um Not zu lindern, für die keine andere Institution die Verantwortung übernimmt.

3 Das *Team Österreich* als neue Form der ehrenamtlichen Mitarbeit

Wenn im Fernsehen die Bilder von Naturkatastrophen zu sehen sind und das Radio in Sonderformaten durchgehend darüber berichtet, entsteht beim Publikum eine überwältigende Bereitschaft, sofort zu helfen. Nicht nur mit Geld, sondern auch mit den eigenen Händen. Doch wohin wendet man sich in so einem Fall? Wer sagt einem, wo man wie von großem Nutzen sein kann?

Diese Hilfsbereitschaft sollte im *Team Österreich* kanalisiert werden. Es handelt sich dabei um das erste Projekt, das diese Form der Nachbarschaftshilfe sinnvoll ermöglicht und professionell organisiert. Dabei müssen die Teammitglieder keine dauerhaften Verpflichtungen eingehen.

Hitradio Ö3 und das Rote Kreuz gründeten 2007 gemeinsam das *Team Österreich* und suchten Menschen, die bereit sind, anzupacken.

3.1 Das Konzept des *Team Österreich*

Das *Team Österreich* besteht aus Menschen, die sich online auf oe3.ORF.at/teamoesterreich in einer Datenbank registrieren und einen Einführungskurs zum Thema Katastrophenhilfe beim Roten Kreuz absolvieren, danach können sie bei Katastrophen im Inland kontaktiert und angefragt werden.

Im August 2007 startete Ö3 eine groß angelegte Public-Value-Kampagne, um Menschen zu finden, die bereit sind, im Falle eines Falles anzupacken und als Mitglied des neuen *Team Österreich* zu helfen. Das Ziel: 10.000 Österreicher und Österreicherinnen, die die professionellen Helfer und Helferinnen (Rotes Kreuz, Freiwillige Feuerwehr, Exekutive, Bundesheer, etc.) in ihrer Arbeit unterstützen:

- Anpacken bei einfachen manuellen Tätigkeiten (Sortieren von Hilfsgütern, Schneeschaufeln, Aufräumungsarbeiten, Unterbringung, Kinderbetreuung, Formulare ausfüllen, Beladen von Hilfstransporten etc.), die nicht die Expertise professioneller Helfer und Helferinnen benötigen.

- Zusätzlich gibt es für die Helfer und Helferinnen die Möglichkeit, berufsspezifische Kenntnisse einzubringen (Beispiel: Elektriker/innen, Tischler/innen, Jurist/innen, etc.).

Zusammenfassend lässt sich das *Team Österreich* so beschreiben:

- Das *Team Österreich* nimmt die Hilfsbereitschaft aus der Bevölkerung an und organisiert sie sinnvoll und professionell.

- Das *Team Österreich* verbindet die Herausforderungen der Zukunft mit der in der Gesellschaft vorhandenen Bereitschaft zu helfen.

- Das *Team Österreich* ist die Verbindung von professioneller Hilfe und der direkten aktiven Beteiligung der Bürger und Bürgerinnen (Solidargesellschaft), bei der die Katastrophen- und Selbsthilfefähigkeit der Gesellschaft gestärkt wird – eine Neuheit in Österreich, die auch auf gesamteuropäischer Ebene Vorbildfunktion haben kann.

- Das Team Österreich ist eine neue und gemeinsame Idee von Hitradio Ö3 und dem Österreichischen Roten Kreuz.

Freiwilliges Engagement hat in Österreich eine große Tradition. Man denke nur an die Freiwillige Feuerwehr mit ihren 255.431 Mitgliedern (Österreichischer Bundesfeuerwehrverband, 2011). Dennoch stellen die Hilfsorganisationen fest, dass immer weniger Menschen bereit sind, sich ein Leben lang für ein und dieselbe Sache in ein und demselben Verein zu engagieren. Mag. Gerry Foitik, der Katastrophenkommandant des *Österreichischen Roten Kreuzes*, argumentiert, dass in unserer Gesellschaft die Bereitschaft für ehrenamtliches Engagement weiter steigen werde, während gleichzeitig die Loyalität und Bereitschaft zu lebenslangen Beziehungen zu Organisationen kontinuierlich abnehme. Mit anderen Worten: Immer weniger Menschen werden ein Leben lang Mitglied beim Roten Kreuz oder bei der Freiwilligen Feuerwehr sein, obwohl sie mehr denn je bereit sind, sich projektbezogen ehrenamtlich zu engagieren.

Dieser Aspekt wird auch im „1. Freiwilligenbericht" des Bundesministeriums für Arbeit, Soziales und Konsumentenschutz angesprochen. Dort wird die These aufgestellt,

> *dass freiwilliges Engagement mit geänderten motivationalen Zugängen vollzogen wird. […] Es ist zu einer Pluralisierung der Motive gekommen, die unter anderem eine kürzere Bindungsdauer zur Folge haben kann. Individuen sind heute stärker für die aktive Konstruktion ihrer Lebensläufe zuständig, wodurch berufliche ‚Verwertbarkeit' von ehrenamtlichen Aktivitäten und Ausgleich zum beruflichen Feld an Bedeutung gewinnen. Insbesondere beim Einstieg in das Berufsleben können junge Erwachsene Wert darauf legen, dass sich das freiwillige Engagement in ihren persönlichen Lebenslauf einfügt.* (Bundesministerium für Arbeit, Soziales und Konsumentenschutz, 2008, S. 177 f.)

Dieser Paradigmenwechsel stellt die Hilfsorganisationen vor die große Herausforderung, wie sie künftig ihre wertvollen Leistungen im gleichen Umfang für die Gesellschaft anbieten können. Das von Ö3 gemeinsam mit dem Roten Kreuz entwickelte *Team Österreich* ist ein innovativer Lösungsansatz und eine Antwort auf diesen Paradigmenwechsel, der vorzeigt, wie soziales Engagement in unserer Gesellschaft künftig zielgerichtet gebündelt werden kann.

Die modellhafte und intensive Zusammenarbeit zwischen dem öffentlich-rechtlichen Rundfunk und dem *Österreichischen Roten Kreuz*, die im Hochwassersommer 2002 seinen Ausgang gefunden hat, ist die Basis für diese einmalige und inzwischen international viel beachtete Zusammenarbeit. Basis des gemeinsamen Erfolges sind die Nutzung der jeweiligen Stärken der beteiligten Partner und das gegenseitige Vertrauen.

3.2 Die Gründung des *Team Österreich*

Ö3 startete seine Kampagne am 21. August 2007. Das Ziel der Kampagne war und ist es, möglichst viele Menschen dazu zu bewegen, sich online für das *Team Österreich* anzumelden und sich in einer Datenbank zu registrieren. Nur wer anschließend einen Einführungskurs zum Thema Katastrophenhilfe beim Roten Kreuz absolviert, ist fixes Mitglied im *Team Österreich*. Erst dann können die Mitglieder bei großen Katastrophen im Inland kontaktiert werden. Wer Zeit hat, hilft. Das *Team Österreich* ist damit das erste Projekt, das eine neue Form der Nachbarschaftshilfe sinnvoll ermöglicht und professionell organisiert, ohne dass die Teammitglieder dabei dauerhafte Verpflichtungen eingehen müssen.

Team-Österreich-Mitglieder müssen in Österreich leben, älter als 18 Jahre sein, ein inländisches Mobiltelefon haben, mit dem man die Alarmierungs-SMS empfangen kann, sowie eine aktive E-Mail-Adresse haben, unter der man Details zu eventuellen Einsätzen empfangen kann. Alle Daten, die gebraucht werden, um identifiziert und alarmiert zu werden, müssen online auf der Ö3-Homepage selbst eingegeben werden. Im Rahmen des Kurses werden die Arbeitsweisen der Katastrophenhilfe, der konkrete Einsatzablauf und rechtliche Fragen besprochen.

Die Alarmierung der Mitglieder erfolgt in der Regel per SMS, im Einzelfall auch via Telefon oder E-Mail. Bei Verfügbarkeit des freiwilligen Helfers bzw. der Helferin erhält dieser/diese Informationen über den Einsatz, den Auftrag, den Treffpunkt zum Briefing sowie Ansprechpartner/Ansprechpartnerin und Einsatzdauer zugesandt.

Vier Wochen lang wurde in Spots zum Mitmachen eingeladen:

Ich bin im Team Österreich (viele Stimmen, wie ein Kettensatz).

Im Jahr 2007 ist Österreich ein glückliches Land: keine Lawinen, kein Hochwasser, keine großen Naturkatastrophen.

Aber ist Österreich bereit für morgen?

Bin ich bereit für morgen?

Einer alleine kann doch keine Dämme bauen – denke ich!

Einer alleine kann sich doch nicht um 500 Flutopfer kümmern?

Einer alleine kann doch kein ganzes Dorf vom Schlamm befreien?

Doch. Ich kann! Ich bin im Team Österreich.

Ich bin da, wenn Österreichs Katastrophenhelfer meine Hilfe brauchen.

Ich packe an und spende meine Zeit.

Hitradio Ö3 und das Rote Kreuz suchen jetzt Menschen, die anpacken.

Gleich anmelden auf oe3.ORF.at/teamoesterreich.

Denn ich bin im Team Österreich!

In einem anderen Spot meldet sich der Ö3-Chef zu Wort:

Guten Tag. Georg Spatt, ich bin Ö3-Senderchef. Immer wenn in Österreich eine Naturkatastrophe passiert, melden sich hunderte Menschen beim Ö3-Hörerservice. Es entsteht eine überwältigende Bereitschaft in der ‚Ö3-Gemeinde‘, sofort helfen zu wollen. Nicht nur mit Geld, sondern mit den eigenen Händen: Sandsäcke befüllen, Flutopfer betreuen, Schlamm wegschaufeln.

Wir von Ö3 wollen gemeinsam mit dem Roten Kreuz Ihre vorhandene Hilfsbereitschaft schon heute – ohne aktuelle Katastrophe – organisieren, um im Ernstfall noch besser helfen zu können.

Dafür gründen wir das Team Österreich.

Hitradio Ö3 und das Rote Kreuz suchen Menschen, die anpacken.

Oe3.ORF.at/teamoesterreich.

Melden Sie sich jetzt an und spenden Sie Ihre Zeit!

Die Resonanz übertraf alle Erwartungen. Nach vier Wochen hatten sich 20.200 Österreicher und Österreicherinnen registriert. Bundespräsident Dr. Heinz Fischer zeigte sich im *Ö3-Wecker* erfreut über die aktuellen Anmeldezahlen: „Ich bedanke mich bei allen, die bereit sind, im *Team Österreich* mitzutun und gratuliere zur Aktion."

3.3 Die Einsätze des *Team Österreich*

Die Alarmierung von *Team-Österreich*-Mitgliedern erfolgt, wie schon ausgeführt, in der Regel per SMS. Bei Verfügbarkeit des freiwilligen Helfers oder der freiwilligen Helferin erhält diese/r folgende Informationen zugesandt:

- Einsatz („Welches Ereignis?")
- Auftrag („Was soll der Mitarbeiter/die Mitarbeiterin tun?")
- Treffpunkt zum Briefing
- Ansprechpartner/in

- Voraussichtliche Gesamteinsatzdauer

- Schichtdauer („Wie lange muss der/die Mitarbeiter/in durchgehend einsetzbar sein?")

- Was ist mitzubringen?

- Rückmeldeweg (Antwort-E-Mail, SMS, Rückrufnummer, etc.)

Nach erfolgter Rückmeldung findet sich der Helfer bzw. die Helferin am vereinbarten Treffpunkt ein. Das *Team Österreich* untersteht im Einsatz einem Betreuer oder einer Betreuerin, der/die im Regelfall vom Roten Kreuz gestellt wird, aber auch von einer anderen Einsatzorganisation kommen kann. Zum Einsatzbeginn werden die Mitarbeiter und Mitarbeiterinnen instruiert, außerdem werden die Mitglieder des *Team Österreich* über ihre Rechte und Pflichten aufgeklärt, die sie in einer eidesstattlichen Erklärung unterzeichnen. Ab sofort sind sie für den Einsatz bereit und werden für folgende Tätigkeiten herangezogen: Verteilen und Einholen von Informationen, Schadensevaluierung, Einsammeln, Sortieren und Verteilen von Sachspenden, Mithilfe bei der Betreuung von Evakuierten sowie einfache manuelle Tätigkeiten.

Für diese Tätigkeiten ist meist keine Ausbildung erforderlich, außerdem setzt das Rote Kreuz *Team-Österreich*-Mitglieder nur in Bereichen ein, in denen das Risiko, einen Unfall zu erleiden oder krank zu werden, genauso gering ist wie im täglichen Leben. Alle Gefahrenbereiche bleiben den Spezialisten und Spezialistinnen der Einsatzkräfte vorbehalten.

Nach dem Ende des Einsatzes erfolgt die Nachbesprechung. Das Rote Kreuz nutzt die psychosozialen Betreuungskräfte, die auch für die eigenen Mitarbeiter und Mitarbeiterinnen Sorge tragen, für die Mitarbeiter des *Team Österreich*. Geschulte Laienhelfer und -helferinnen (Peers) und psychosoziale Fachkräfte stehen während und nach dem Einsatz zur Verfügung, um bei Bedarf „erste Hilfe für die Seele" zu leisten.

Bislang hat es keine nationalen Einsätze des *Team Österreich* gegeben, weil glücklicherweise seit seinem Bestehen nationale Katastrophen ausgeblieben sind, dennoch gab es zahlreiche lokale Einsätze:

Im November 2007 waren *Team-Österreich*-Mitglieder beim Schneechaos auf der Wiener Außenringautobahn im Einsatz. Lkws, die quer auf der Fahrbahn standen, machten die Autobahn unpassierbar. Tausende Fahrzeuge steckten auf der A21 fest, und ein Ende der Sperre war nicht absehbar. 100 Katastrophenhelfer und -helferinnen des Roten Kreuzes und Mitglieder des *Team Österreich* waren auf der gesperrten A21 im Einsatz. Ihre Aufgabe war es, ausharrende Lenker und Insassen mit Decken, Tee und Würsteln zu versorgen.

Im März 2008 unterstützte das *Team Österreich* die Einsatzkräfte bei den Aufräumarbeiten nach dem Sturmtief „Emma". Das Rote Kreuz Oberösterreich hatte das *Team Österreich* im Bezirk Gmunden alarmiert. Metallteile von Dächern, die durch den Sturm abgedeckt worden waren, waren in vielen kleinen Stücken über Futterweiden verteilt und gefährdeten die Gesundheit der Tiere, für die das Futter vorgesehen war. Etwa 60 bis 70 Mitglieder des *Team Österreich* waren im Einsatz, mit Suchketten suchten sie die betroffenen Felder nach den für die Tiere gefährlichen Metallteilen ab.

Zur Vorbereitung der Einsatzkräfte auf die Fußball-Europameisterschaft „Euro 08" wurden gezielt einige *Team-Österreich*-Mitglieder angeschrieben, die über Fremdsprachenkenntnisse verfügen. Sie unterstützten das Rote Kreuz bei der Erstellung eines Übersetzungs-Guides: Medizinische Grundbegriffe, wie die Bezeichnung für Körperteile und verschiedene Symptome, in allen Sprachen erleichterten den Rotes-Kreuz-Mitarbeiter/innen die Arbeit. Aber auch allgemeine Phrasen wie „Ich habe mich verlaufen" waren im Übersetzungs-Guide in den Sprachen Englisch, Französisch, Italienisch, Spanisch, Portugiesisch, Holländisch, Kroatisch, Polnisch, Tschechisch, Türkisch, Griechisch und Russisch zu finden.

Im Dezember 2008 unterstützte das *Team Österreich* die Einsatzkräfte nach den starken Schneefällen in Raum Spittal/Drau. Für dringende Schneeräumungsarbeiten nach dem Mittelmeertief „Tine" hat das Rote Kreuz Kärnten das *Team Österreich* alarmiert; seine Aufgabe war es, den Weg zu den Häusern von den Schneemassen frei zu schaufeln und bei verschiedenen öffentlichen Gebäuden Schnee zu räumen. Viele ältere, gebrechliche oder kranke Personen schafften es nicht, ihre Zufahrten von den Schneemassen frei zu bekommen, daher wurde zusätzliche Hilfe benötigt.

Im Juni 2009 wurde das *Team Österreich* nach einem Hochwasser eingesetzt. Straßensperren, überflutete Keller und Umsiedelungen in Notquartiere waren die Folgen der starken Regenfälle im Raum Feldbach in der Steiermark gewesen. *Team-Österreich*-Mitglieder waren bei den Aufräumarbeiten im Einsatz, wie **Abbildung 3** verdeutlicht.

Abbildung 3   Einsatz des *Team Österreich* am 7. Juni 2009 bei einem lokalen Hochwasser im Raum Feldbach in der Steiermark

---

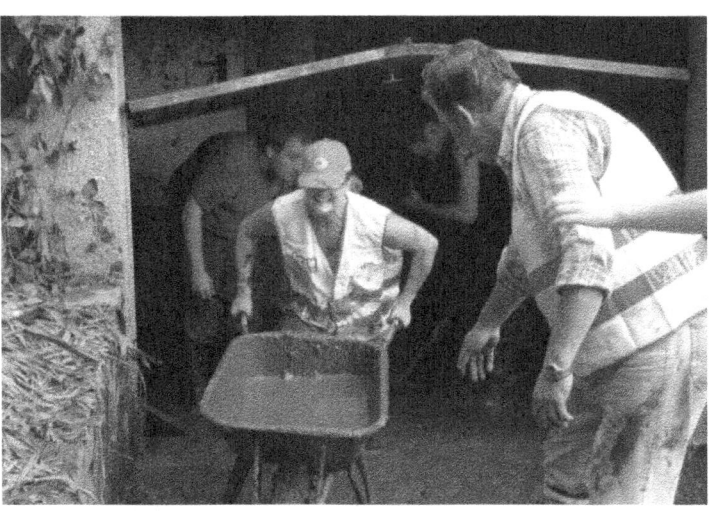

Seit dem Bestehen des *Team Österreich* hat es in Summe 31 Einsätze gegeben, bei denen die Ö3-Hörer und Hörerinnen ehrenamtlich und gezielt geholfen haben. Die besondere Stärke des *Team Österreich* ist es, dass die spontane Hilfsbereitschaft, die durch die Berichterstattung ausgelöst wird, kanalisiert wird. So waren beim Hochwasser im Jahr 2002 noch viele Österreicher und Österreicherinnen unkoordiniert mit dem eigenen Pkw in die betroffenen Gebiete gefahren, mit der ehrenwerten Absicht, bei den Aufräumarbeiten zu helfen. Da der Wasserspiegel aber weiterhin angestiegen war, mussten letztlich auch die Pkw dieser spontanen Helfer und Helferinnen von den Einsatzkräften aus dem Gefahrenbereich gebracht werden. Die spontanen Helfer und Helferinnen benötigten die Hilfe der professionellen Einsatzkräfte und verursachten letztlich mehr Arbeit, als sie abnehmen konnten. Ihr Wirkungsgrad war damit gering. Mit dem *Team Österreich* wird diese spontane Hilfsbereitschaft in sinnvolle Bahnen gelenkt: Jeder/jede, der/die den Impuls verspürt, spontan zu helfen, kann sich darauf verlassen, dass er/sie auch verständigt wird, wenn die professionellen Einsatzkräfte Unterstützung brauchen.

Die Idee des *Team Österreich* begeistert nicht nur im eigenen Land, auch andere europäische Länder sind von der Idee überzeugt. Im Rahmen des von der EU kofinanzierten Projektes „Team Civil Protection" sollen die Idee und das Konzept in andere europäische Länder exportiert werden.

3.4 Die Team-Österreich-Tafel

Die *Team-Österreich-Tafel* ist die konsequente Weiterentwicklung der *Team-Österreich*-Idee. Genau zwischen Überfluss und Mangel wollen die freiwilligen Helfer und Helferinnen des *Team Österreich* mit einer denkbar einfachen Idee ein Stück weit helfen. Sie sammeln überschüssige Lebensmittel ein, die von Supermärkten, lokalen Lebensmittelgeschäften, Bäckern, Gemüsebauern und den Produzenten kostenlos zur Verfügung gestellt werden, und verteilen diese noch am selben Tag im Rahmen der *Team-Österreich-Tafel* (siehe **Abbildung 4**) direkt an die Bedürftigen.

Ö3 („Das Leben ist ein Hit") hat mit dieser Aktion die große Armut in Österreich thematisiert und gleichzeitig gezeigt, wie dagegen angekämpft werden kann. Mehr als eine Million Österreicher und Österreicherinnen sind arm oder armutsgefährdet, oft reicht das Geld, das monatlich zur Verfügung steht, nicht aus, um ausreichend Lebensmittel zu kaufen. Auf der anderen Seite wird in unserer Gesellschaft immer mehr weggeworfen, zig Tonnen von einwandfreien Lebensmitteln werden entsorgt. Jedes fünfte Brot landet in Österreich im Müll! Allein mit dem Brot, das in Wien weggeworfen wird, könnte man Graz ernähren.

Abbildung 4   *Team-Österreich-Tafel* in der Bezirksstelle Neusiedl am See

Der Begriff „Wegwerfgesellschaft" ist nicht nur ein gelernter, sondern auch ein gelebter: Tonnen an Lebensmitteln, die noch einwandfrei und frisch sind, werden entsorgt, weil sie nicht mehr verkauft werden können. Lebensmittel, die am Samstag noch frisch sind, können nach dem Wochenende in den Geschäften nicht mehr verkauft werden.

Das *Team Österreich* hat es sich zum Ziel gesetzt, Überschuss und Mangel mit einer denkbar einfachen Idee zusammenzubringen: Überschüssige Lebensmittel werden vom *Team Österreich* eingesammelt und zum größten Teil kostenlos an bedürftige Menschen verteilt. Das *Team Österreich* holt die Lebensmittel ab, sortiert diese und gibt sie noch am selben Tag an Bedürftige ab.

Der Start der *Team-Österreich-Tafel* war am 27. März 2010 mit 45 Ausgabestellen. Heute gibt es 58 Ausgabestellen, die über ganz Österreich verteilt sind (mit Ausnahme von Vorarlberg, wo es ähnliche lokale Initiativen gibt). Anlässlich des ersten Jahres des Bestehens konnten folgende, in **Tabelle 1** angeführte Zahlen veröffentlicht werden:

Tabelle 1   Statistik: Ein Jahr *Team-Österreich-Tafel*, März 2011

Kunden und Kundinnen der *Team-Österreich-Tafel*	111.800
Kundendurchschnitt pro Ausgabetag	2.150
Team-Österreich-Mitglieder im Einsatz pro Ausgabetag	450
Team-Österreich-Mitglieder im Einsatz insgesamt	2.200
Arbeitsstunden von *Team-Österreich*-Mitgliedern im Einsatz für die *Team-Österreich-Tafel*	283.755
Verteilte Lebensmittel	893.837

Rund 112.000 Kunden und Kundinnen konnten also im ersten Jahr des Bestehens mit Lebensmitteln versorgt werden. Noch bemerkenswerter ist aber, dass Samstag für Samstag 450 Ö3-Hörer und Hörerinnen ehrenamtlich Lebensmittel von den Supermärkten abholen und in den Ausgabestellen des Roten Kreuzes verteilen. Das sind allein im ersten Jahr des Bestehens 284.000 ehrenamtlich geleistete Arbeitsstunden, die ohne die Initiative von Ö3 und dem Roten Kreuz nicht geleistet worden wären. Der Dank gebührt auch jenen Lebensmittelketten, die das *Team Österreich* von Anfang an unterstützt haben, allen voran sind dies *Billa* und *Spar*. Die beiden größten Lebensmittelhändler Österreichs haben die Idee von Anfang an mitgetragen.

Will man Ö3 anhand seiner Taten beurteilen, wie man das bei Menschen gemeinhin tut, müssen auch Kritiker und Kritikerinnen dem *Hitradio Ö3* ein exzellentes Zeugnis ausstellen. Ö3 setzt seit Jahrzehnten Akzente durch seine sozialen Programmaktionen, die weit über den öffentlich-rechtlichen Kernauftrag hinausgehen. Die Mehrzahl der hier vorgestellten Aktionen passiert nicht einmalig, sondern wird über viele Jahre erfolgreich fortgesetzt. Ö3 schafft damit nachhaltig Public Value in großem Ausmaß. Wer die Leistungen des öffentlich-rechtlichen Rundfunks in Bezug auf den Public Value beurteilt, muss dem ORF daher auch die eben ausführlich vorgestellten sozialen Initiativen des *Hitradio Ö3* und seine nachhaltigen positiven Auswirkungen auf das Zusammenleben in Österreich zugute rechnen. Ohne einen starken nationalen Rundfunksender, der seinen öffentlich-rechtlichen Auftrag über Gebühr wahrnimmt, wären diese wertvollen Aktionen und Initiativen mit großer Wahrscheinlichkeit nicht entstanden.

Literatur

Bundesministerium für Arbeit, Soziales und Konsumentenschutz [BMASK] (2008). Freiwilliges Engagement in Österreich: 1. Freiwilligenbericht. Verfügbar unter http://www.bmask.gv.at/cms/site/attachments/3/4/0/CH0016/CMS1245323761951/freiwilligenbericht.pdf [25.02.2013].

Österreichischer Bundesfeuerwehrverband [OBFV] (2011). Statistik des Österreichischen Bundesfeuerwehrverbandes 2010. Verfügbar unter: http://www.bundesfeuerwehrverband.at/fileadmin/user_upload/Downloads/Statistiken/Statistik_2010.pdf [25.02.2013].

Verrückte Ordnung – Public Value im dualen Rundfunksystem

Markus Breitenecker

1   Der ORF sprengt das duale Rundfunksystem

In Österreich hinkt die Diskussion zum Thema Qualität im Fernsehjournalismus und Public-Value-Inhalte dem Stand in den meisten anderen westeuropäischen Ländern hinterher, was unter anderem darauf zurückzuführen ist, dass Österreich als eines der letzten Länder Privatfernsehen zugelassen hat. Die Verwirklichung des in Europa vorherrschenden Grundsystems einer dualen Rundfunkordnung befindet sich daher noch in einem sehr unterentwickelten Stadium.

Das System der dualen Rundfunkordnung ist nicht nur in Europa geübte Praxis, sondern auch im österreichischen Verfassungsrecht verankert. Das Prinzip des dualen Rundfunks besagt, dass es zwei Säulen des Rundfunksystems gibt, nämlich den privaten Rundfunk, der kommerziell agiert und bei dem Medieninhalte Quote erzeugen müssen, um Werbeeinnahmen zu erzielen. Diese Seite des Rundfunkmarkts finanziert sich fast völlig aus Werbeeinnahmen, weshalb die Maximierung der Reichweiten im Vordergrund stehen muss. Auf der anderen Seite steht der öffentlich-rechtliche Rundfunk, für den spezielle Anforderungen gelten, der aber auch besondere Privilegien genießt. Der öffentlich-rechtliche Rundfunk soll Inhalte und Leistungen erbringen, die im Interesse der Allgemeinheit liegen und strengen Qualitätskriterien unterliegen. Da diese Inhalte nicht durchgängig marktfähig sind, erhält der öffentlich-rechtliche Rundfunk staatliche Beihilfen, die ihrerseits jedoch wettbewerbsverzerrend wirken können und denen daher besondere (Funktions-)Aufträge im Dienste einer allgemeinen Öffentlichkeit gegenüberstehen müssen.

Der Begriff Public Value wird als Maßstab zur Bewertung der Befriedigung der Allgemeininteressen verwendet, der einem Rundfunkveranstalter in normativer Hinsicht auferlegt wird. Ausgehend vom Europarecht wurde dieser allgemeine Standard in den Rechtsordnungen der Mitgliedstaaten immer weiter durchgesetzt.

Der ORF als öffentlich-rechtlicher Rundfunkveranstalter in Österreich orientiert sich in der Strukturierung seines Programms und der Gestaltung seiner Inhalte nicht nur an seinem Kernauftrag. Er ist aufgrund der hohen Abhängigkeit von der Werbewirtschaft zusätzlich sehr stark auf quotenmaximierende Programme fokussiert. Hieraus ergibt sich ein Zielkonflikt für das ORF-Management, dessen Lösung die vordringliche Aufgabe der österreichischen Medienpolitik ist, wenn ein dualer Rundfunkmarkt mit fairen Wettbewerbsbedingungen auch hierzulande Realität werden soll.

Daraus resultieren zwei unterschiedliche Handlungsmaximen für den ORF, die zumindest teilweise im Widerspruch zueinander stehen. Einerseits ist der ORF per Gesetz der Gesellschaft als Ganzes verpflichtet und muss sich daher vor allem auf Inhalte konzentrieren, die im gesamtgesellschaftlichen Interesse liegen. Dies ist der öffentlich-rechtliche Kernauftrag. Teilweise fallen hierunter durchaus reichweitenstarke Sendungen (wie etwa *Bundesland Heute*). Jedoch können auch solche Programme im öffentlichen Interesse liegen, die keine hohen Quoten erzielen, wie etwa Kultur- oder Religionssendungen. Andererseits ist der ORF aufgrund des hohen Ausmaßes an Werbefinanzierung auch stark von den Interessen der Werbewirtschaft abhängig. Hieraus ergibt sich eine Fokussierung auf massenattraktive Programme, mit denen möglichst hohe Quoten erzielt und die dadurch optimal vermarktet werden können. Dass sich solche Programme mit denen der rein kommerziell finanzierten Privatsender überschneiden, liegt auf der Hand. Dass die Unverwechselbarkeit des ORF dadurch stark leidet, ebenfalls.

Aufgrund der späten Entwicklung dieses dualen Systems in Österreich ist der ORF historisch immer schon eine Rundfunkanstalt gewesen, die versucht hat, beide Aspekte des Rundfunks – Kommerz und Kultur – gleichsam in Form einer *inneren Dualität* anzubieten. Dadurch ist der ORF kein rein öffentlich-rechtliches Rundfunkunternehmen, das mit Anstalten wie BBC, ARD oder ZDF vergleichbar wäre, sondern eine historisch gewachsene Mischform zwischen staatlich subventioniertem Kommerzanbieter und werbefinanziertem Public-Value-Service.

Diese *innere Dualität* des ORF ist in einem funktionierenden dualen Rundfunksystem, das heißt einem gleichberechtigten und gleich starken Nebeneinander von öffentlich-rechtlichen und kommerziellen Sendern, nicht angebracht und auch gesetzlich nicht erwünscht, geschweige denn normiert. Auch die historische Entwicklung des österreichischen Rundfunkmarkts kann zehn Jahre nach Zulassung von privaten Fernsehsendern nicht mehr als Erklärung für die gesetzlich nicht normierte innere Pluralität herhalten. Vielmehr ist es notwendig, die in Europa erfolgreich etablierte und ebenso in Österreich vorgeschriebene Dualität des Rundfunks auch in Österreich herzustellen. Dies bedeutet, dass der ORF den gesetzlichen Auftrag zur Unabhängigkeit und Unverwechselbarkeit nicht mehr länger vernachlässigen darf und ein Programm anbieten muss, das dem Vergleich mit anderen öffentlich-rechtlichen Referenzsendern standhält.

Das ORF-Gesetz hält in § 4 Abs. 2 klar fest, dass der ORF

> *ein differenziertes Gesamtprogramm von Information, Kultur, Unterhaltung und Sport für alle anzubieten [hat]. Das Angebot hat sich an der Vielfalt der Interessen aller Hörer und Seher zu orientieren und sie ausgewogen zu berücksichtigen. Die Anteile am Gesamtprogramm haben in einem angemessenen Verhältnis zueinander zu stehen.* (ORF-G, 2012)

§ 4 Abs. 3 ORF-G präzisiert dies noch, indem Public Value sogar im institutionellen Sinn festgehalten wird:

Das ausgewogene Gesamtprogramm muss anspruchsvolle Inhalte gleichwertig enthalten. Die Jahres- und Monatsschemata des Fernsehens sind so zu erstellen, dass jedenfalls in den Hauptabendprogrammen (20.00 bis 22.00 Uhr) in der Regel anspruchsvolle Sendungen zur Wahl stehen. Im Wettbewerb mit den kommerziellen Sendern ist in Inhalt und Auftritt auf die Unverwechselbarkeit des öffentlich-rechtlichen Österreichischen Rundfunks zu achten. Die Qualitätskriterien sind laufend zu prüfen. (ORF-G, 2012)

Wenngleich dem ORF also zuzugestehen ist, dass er (auch) Unterhaltungsprogramme senden kann, so hat er doch darauf zu achten, dass diese nicht in einem unverhältnismäßig hohen Ausmaß vorkommen. Insbesondere ORF eins ist jedoch in seiner Unterhaltungsorientierung sogar noch kommerzieller ausgerichtet als private Sender. Und auch wenn der Schwestersender ORF 2 deutlich ausgewogener programmiert ist, so reicht das TV-Programm des ORF in einer kombinierten Betrachtung von ORF eins und ORF 2 nicht an vergleichbare öffentlich-rechtliche Standards heran.

Dem ORF wird durch die gesetzlichen Vorgaben im Hinblick auf den Public Value im Rahmen des Programmauftrags sogar auferlegt, einen gewissen Qualitätsmaßstab im Hauptabendprogramm zu erfüllen (vgl. Kogler et al., 2011, S. 46).

Eine wissenschaftliche Studie der unabhängigen RTR Rundfunk und Telekom Regulierungs-GmbH kommt hier jedoch regelmäßig zu anderen Ergebnissen. In der TV-Programmanalyse 2011 wird ORF eins attestiert, der Sender „mit den mit Abstand geringsten zeitlichen Anteilen bei fernsehpublizistischen Sendungen in Österreich" zu sein (Woelke, 2012, S. 60). ORF eins wird zudem ein „Spitzenplatz" im Bereich der Unterhaltungssendungen bestätigt. Bei Betrachtung der Programmstruktur liegt ORF eins mit einem Anteil der Unterhaltungssendungen von 63,9 Prozent „weiterhin deutlich vor den österreichischen privatkommerziellen Fernsehvollprogrammen ATV, PULS 4 und ServusTV" (Woelke, 2012, S. 62). Noch deutlicher offenbart der Blick auf das Programmprofil die Unterhaltungsorientierung von ORF eins: Hier wird dem Sender ein Unterhaltungsanteil von 83 Prozent bescheinigt (vgl. Woelke, 2012, S. 84).

Zu ähnlichen Ergebnissen kam auch die Programmstrukturanalyse des Verbands Österreichischer Privatsender (VÖP) aus dem Jahr 2011, die Gegenstand einer anhängigen Beschwerde des VÖP bei der KommAustria ist. Ebenfalls im Rahmen der VÖP-Beschwerde wurden die Unverwechselbarkeit des ORF und das hohe Ausmaß paralleler Ausstrahlungen beanstandet.

Auch die RTR-Studie hinterfragt: „Die bisher vorliegenden TV Programmanalysen [...] geben aber Anlass, kritisch zu fragen, ob die (öffentlich-rechtlichen) Fernsehvollprogramme in Österreich ausreichend unverwechselbar sind." (Woelke, 2012, S. 51). Der Studienautor konstatiert sogar einen Anstieg der parallelen Ausstrahlungen auf ORF eins: „Während im Jahr 2007 die parallel (,am selben Tag') zu einem anderen [...] Fernsehvollprogramm ausgestrahlten Sendungen bei ORF eins einen zeitlichen Anteil von 13,7 Prozent [...] ausmachten, liegt der Anteil im Frühjahr 2011 bei 28,2 Prozent." (Woelke, 2012, S. 51). Kein anderer Sender weist einen auch nur annähernd so hohen Anteil an Parallelprogrammierungen auf.

Im Rahmen der Betrachtung der Programmprofile wird ORF eins in der RTR-Studie nicht als „Vollprogramm im klassischen Sinne" bewertet:

> *Das als Folge der Annahme von Programmkonkurrenz sowie Ausrichtung an (vermeintlichen) Präferenzen der jüngeren Zielgruppen weitgehend eindimensionale Programm von ORF eins bietet wenig strukturelle Vielfalt und kaum Fernsehpublizistik. Inwiefern die als Ausgleichsmechanismus erwünschte und angenommene komplementäre Ergänzung durch ORF 2 grundsätzlich gegeben ist und sich faktisch einstellt, ist fraglich – die hohe strukturelle Vielfalt von ORF 2 und die aus kumulierten Reichweitenbetrachtungen bekannte Zielgruppensegmentierung, die sich auf der Ebene einzelner Sendungen fortsetzen dürfte, sprechen dagegen. (Woelke, 2012, S. 92)*

Der Anteil von Sendungen, die außerhalb der EU produziert wurden, liegt bei ORF eins laut RTR-Studie insgesamt bei 50 Prozent – ein Wert, dessen Gewicht vor allem im Vergleich mit deutschen öffentlich-rechtlichen Sendern deutlich wird, die lediglich 2,4 Prozent (ARD) bzw. 5,2 Prozent (ZDF) ihrer Sendungen außerhalb der EU produzieren (lassen) (vgl. Woelke, 2012, S. 120). Unter diese ausländischen Produktionen fallen vor allem Blockbuster-Filme und Serien aus den USA, deren Beitrag zur Erfüllung des öffentlich-rechtlichen Auftrags als eher gering einzuschätzen ist, die die Unverwechselbarkeit des ORF weiter aushöhlen und die zudem dazu führen, dass ein beträchtlicher Teil des ORF-Budgets ohne jegliche Wertschöpfung im Inland ins Ausland abfließt. Die exzessive Überbetonung des Programmbestandteils Unterhaltung durch den ORF bewirkt, dass die kommerzielle Ausrichtung des öffentlich-rechtlichen Anbieters das Grundgerüst eines Public-Service-Anbieters untergräbt und damit diese wichtige Säule des dualen Rundfunksystems ins Wanken gerät.

2   Privatsender füllen die Public-Value-Lücke

Aufgrund der starken Orientierung des ORF-Programms auf massenattraktive Unterhaltungsinhalte rücken die klassischen *Königsdisziplinen* öffentlich-rechtlicher Sender beim ORF teilweise aus dem Fokus. Dies führt zur äußerst seltenen Situation, dass private Sender in Österreich in Programmbereichen Fuß fassen, die sonst fest in öffentlich-rechtlicher Hand sind. Private Sender bieten in zunehmendem Maße Public-Value-Inhalte in Form von Qualitätsinhalten im fernsehpublizistischen Bereich an.

PULS 4 hat beispielsweise die gesamte Montags-Primetime Inhalten gewidmet, die unter Public Value zu subsumieren sind: *Spiegel TV Österreich* vereint Dokumentation, Magazin und Reportagen in einer Sendung. Die politische Diskussionssendung *Pro und Contra* widmet sich wöchentlich aktuellen politischen, wirtschaftlichen oder gesellschaftlichen Themen. Täglich widmen sich die *AustriaNews* dem aktuellen Nachrichtengeschehen in Österreich und der Welt.

Dazu kommen steigende Investitionen von PULS 4 in die Produktion von österreichischem fiktionalem Programm, wodurch die österreichische Produktionswirtschaft gestärkt und die Wertschöpfung am Produktionsstandort Österreich erhöht wird.

So attestiert Woelke PULS 4 aufgrund seines vergleichsweise hohen Anteils an fernsehpublizistischen Sendungen ein besonderes Alleinstellungsmerkmal: PULS 4 ist nach ORF 2 ein Fernsehvollprogramm mit einem der umfangreichsten Informationsanteile in Österreich (vgl. Woelke, 2012, S. 79).

Mit diesem überdurchschnittlichen Angebot von Public-Value-Inhalten ist PULS 4 in der österreichischen Privatsenderlandschaft nicht alleine. Auch der Sender ServusTV setzt zu einem großen Teil auf Qualitätsproduktionen, vor allem im Dokumentations- und Kulturbereich. Auch ATV hat Nachrichten, Dokumentationen, Reportagen und Diskussionen und sogar eine Kultursendung im Angebot. Insgesamt werden österreichische Produktionen und der Filmproduktionsmarkt Österreich auch gerade durch private (österreichische) Rundfunkveranstalter enorm gefördert. Die Tatsache, dass sich private Fernsehanbieter in einem solchen steigenden Ausmaß im Public-Value-Segment etablieren, obwohl sie aufgrund der fast ausschließlichen Werbefinanzierung quotenorientiert sein müssen, zeigt, welche Marktlücke der öffentlich-rechtliche Anbieter ORF hier unbesetzt lässt.

Nachrichtensendungen gehören zu den TV-Produktionen mit den höchsten relativen Kosten, während gleichzeitig so gut wie keine direkten Refinanzierungsmöglichkeiten zur Verfügung stehen. Dies gilt umso mehr, wenn es sich um anspruchsvolle Sendungen mit hoher Qualität handelt. Die Frage der Finanzierung von Qualitätsjournalismus und Public-Value-Inhalten ist somit von zentraler Bedeutung.

Wie oben erwähnt, finanzieren sich private Rundfunkveranstalter fast ausschließlich über Werbeeinnahmen. Der Verband Österreichischer Privatsender geht eigenen Schätzungen zufolge davon aus, dass allen privaten Rundfunkveranstaltern zusammen ca. 300 Millionen Euro zur Verfügung stehen. Hierzu kommen im Jahr 2012 noch 12,5 Millionen Euro, die der Bund im Rahmen des Privatrundfunkförderungsfonds ausschüttet. Dieser Fonds wurde 2010 eingerichtet, um das österreichische duale Rundfunksystem zu fördern und die Sender bei der „Erbringung eines vielfältigen und hochwertigen Programmangebots, welches insbesondere einen Beitrag zur Förderung der österreichischen Kultur, der kulturellen Vielfalt, des österreichischen und europäischen Bewusstseins sowie der Information und Bildung der Bevölkerung leistet" (RTR, 2011, S. 2), zu unterstützen.

Den 12,5 Millionen Euro aus dem Privatrundfunkförderungsfonds stehen 596 Millionen Euro gegenüber, die der ORF vom Staat bzw. den Gebührenzahlern erhält. Hinzu kommen weitere 218 Millionen Euro, die der ORF im Rahmen der Werbevermarktung lukriert, sowie 111 Millionen Euro an sonstigen Erlösen. Insgesamt stehen dem ORF somit etwa 925 Millionen Euro zur Verfügung, was dem dreifachen Wert der Finanzausstattung aller Privatsender zusammen entspricht.

Die wettbewerbsverzerrende Wirkung der Gebührenfinanzierung ist deutlich erkennbar, ebenso wie die zu geringen Einschränkungen des ORF im Bereich der Werbevermarktung. Umso überraschender ist daher die oben skizzierte Entwicklung in Bezug auf Public-Value-Inhalte bei ORF und Privatsendern.

3   Fazit

In vielen europäischen Ländern geht der Trend hin zu einer klaren rechtlichen und medienpolitischen Differenzierung der beiden Säulen des dualen Rundfunksystems. Auf der einen Seite existieren öffentlich-rechtliche Anbieter, die durch staatliche Beihilfen in Form von Gebühren subventioniert werden und für dieses Privileg quantitative und qualitative Qualitätskriterien ihrer Public-Value-Inhalte erfüllen müssen. Auf der anderen Seite stehen private Rundfunkunternehmen, die rein durch Werbung finanziert werden und ohne staatliche Beihilfen auskommen müssen. Bedauerlicherweise entwickelt sich die österreichische medienpolitische Realität in eine entgegengesetzte Richtung. Der öffentlich-rechtliche Anbieter ORF hat weiterhin eine der geringsten Werbebeschränkungen aller öffentlich-rechtlichen Sender in Europa und hat sogar die Möglichkeit, Product-Placement ins Programm zu integrieren, was einen Bruch eines der Grundprinzipien des qualitativ hochwertigen und unabhängigen Journalismus darstellt (Stichwort: Trennung von Programm und Werbung). Gleichzeitig hat der ORF eines der höchsten Gebührenaufkommen im Verhältnis zur Bevölkerungszahl aller europäischen Länder. Demgegenüber füllen die privaten Anbieter die Qualitäts- und Public-Value-Lücke, die der ORF aufgemacht hat, mit im zunehmenden Ausmaß fernsehpublizistischen Inhalten und erhalten dafür zwar im Vergleich zu den ORF-Subventionen sehr geringe, aber doch staatliche Beihilfen.

Diese Vermischung der Grundprinzipien der beiden Säulen des dualen Rundfunksystems ist eine medienpolitische Fehlentwicklung, die vom Gesetzgeber korrigiert werden muss, um nicht den Anschluss an die europäische und internationale medienpolitische Zukunft zu verpassen. Dabei sollten folgende Weichenstellungen getroffen werden:

Dem ORF muss ein Totalverbot von Product-Placement aufgetragen werden sowie eine sukzessive Reduzierung der klassischen Werbung. Die Einnahmen der sukzessive rückgeführten klassischen Werbung sollen die Fördertöpfe der RTR für Content- und Fiction-Produktionen füllen und die Finanzierung der KommAustria und RTR ermöglichen.

Dem ORF sind 100 Prozent aller unter dem Titel *Rundfunkgebühr* eingehobenen Abgaben der TV-Haushalte zukommen zu lassen. Die von Bund und Ländern abgezogenen Teile der Rundfunkgebühr müssen dem ORF als Ausgleich für den Verlust der Werbeeinnahmen zufließen.

Es müssen geeignete Kontroll- und Exekutionsmechanismen geschaffen werden, die die Einhaltung der Qualitätskriterien des ORF-Gesetzes für das ORF-Programm ermöglichen. Nur so kann sichergestellt werden, dass sich der ORF an die derzeit schon gesetzlich normierten Qualitätskriterien der Unabhängigkeit und Unverwechselbarkeit sowie an die

Qualitätskriterien des öffentlich-rechtlichen Kernauftrags, der anspruchsvolle Programme in der Primetime verlangt, auch tatsächlich hält. Damit wird unter anderem sichergestellt, dass der ORF die Segmente Information, Kultur, Sport und Unterhaltung in einem ausgewogenen und angemessenen Verhältnis kombiniert und nicht den Unterhaltungsbereich in einem exzessiven Ausmaß betont, sodass die Unverwechselbarkeit nicht mehr gegeben ist. Denn die Tatsache, dass der ORF in einem stark steigenden Ausmaß vor allem deutsche Privatsender kopiert und dabei zunehmend gleiche Programme wie die Privatsender zur gleichen Zeit parallel programmiert, ist nicht nur ein eklatanter und unfairer Wettbewerbsnachteil für die Privaten, sondern vor allem auch eine Selbstbeschädigung des öffentlich-rechtlichen Anbieters. Durch die Austauschbarkeit und Verwechselbarkeit mit kommerziellen Anbietern untergräbt der ORF sein Selbstverständnis eines identitätsstiftenden österreichischen eigenständigen Kulturinstituts. Die Auslagerung von Public-Value-Inhalten in Spartenkanäle kann dabei kein Ausweg sein, da die Gesamtbevölkerung im differenzierten Gesamtprogramm aller ORF-Sender mit anspruchsvollen und qualitativen Public-Value-Inhalten zu versorgen ist.

Literatur

Kogler, Michael R.; Traimer, Matthias & Truppe, Michael (2011). Österreichische Rundfunkgesetze (3. Auflage). Wien: Verlag Medien und Recht.

ORF-G (Bundesgesetz über den Österreichischen Rundfunk) idF BGBl. I Nr. 15/2012. Verfügbar unter http://www.rtr.at/de/m/ORFG [25.02.2013].

Rundfunk und Telekom Regulierungs-GmbH [RTR] (2011). Richtlinien für den Fonds zur Förderung des Privaten Rundfunks (PRRF). Verfügbar unter http://www.rtr.at/de/foe/RichtlinienPRRF_Fonds/PRRF_Richtlinien.pdf [25.02.2013].

Woelke, Jens (2012). TV-Programmanalyse: Fernsehvollprogramme in Österreich 2011. Schriftenreihe der Rundfunk und Telekom Regulierungs-GmbH, Band 1/2012. Wien: RTR. Verfügbar unter http://www.rtr.at/de/komp/SchriftenreiheNr12012/Band1-2012.pdf [25.02.2013].

Zu guter Letzt – ein kurzes Nachwort

Nicole Gonser

Zum Anlass und Inhalt dieses Buches

Der vorliegende Band geht zum einen zurück auf eine Tagung zum Thema „Die multimediale Zukunft des Qualitätsjournalismus – Wer gewinnt durch Public Value?", die im Herbst 2010 an der FHWien der WKW stattfand. Zum anderen steht das Buch auch für einen Abschluss des vierjährigen Forschungsprojekts „Public Value – Die Zukunft des Qualitätsjournalismus zwischen öffentlich-rechtlichem Mehrwert-Gebot und wachsendem Wettbewerbsdruck", das im Herbst 2012 endete.[1] Die hier gesammelten Aufsätze sind teils aktualisierte Verschriftlichungen der damaligen Konferenzvorträge, teils Beiträge über gegenwärtige Studien und Positionen. Das Projekt, das am Institut für Journalismus & Medienmanagement der FHWien der WKW angesiedelt war, hatte sich stets vorgenommen, praxisnahe Wissenschaft umzusetzen und hier zur Diskussion anzuregen. Entsprechend finden sich in diesem Sammelband Texte, die Personen aus der Wissenschaft wie Medienpraxis verfasst haben. Ihnen sei an dieser Stelle für ihre Beteiligung herzlich gedankt![2]

Die Textreihenfolge liegt der folgenden Systematik zugrunde: Die ersten Beiträge entstammen wissenschaftlichen Studien, die sich konkret mit speziellen Inhalten des österreichischen Medienangebots (Fernsehnachrichtensendungen: Neumüller & Gonser; Politikvermittlung in Information und Unterhaltung des österreichischen Fernsehens: Kleinen-von Königslöw) oder dem Publikum (Stark) bzw. Teilpublikum (nämlich Jugendliche: Troxler) vor dem Hintergrund von Public Value beschäftigen. Theoretische Auseinandersetzungen folgen zum einen für eine Ausweitung auf einen Public Value im Internet (Steinmaurer; Neuberger), für das für einige Aktivitäten öffentlich-rechtlicher Medien bislang Einschränkungen vorliegen. Der Wissenschaftsblock endet mit dem Zwischenruf zur Skepsis gegenüber einer Public-Value-Bestimmung bzw. Messung, aber zur Stärkung eines Public-Value-Bewusstseins gerade beim Publikum (Ruß-Mohl). Im Anschluss folgen vier Beiträge der (österreichischen) Medienseite, die im Zusammenhang mit der vertretenden Säule, öffentlich-rechtlich bzw. privat, zu sehen sind – umso wichtiger, dass hier beide Seiten zu Wort kamen und Leserinnen und Leser sich eine eigene Meinung bilden können. Die hier aufgeführten Beispiele – allgemein zu den Public-Value-Kriterien, die der ORF aufgreift (Mitschka), konkreter an regionalen (Rettenegger) oder sozialen ORF-Beispielen sowie an einer

---

[1]   Das vierjährige Projekt wurde von der Österreichischen Forschungsförderungsgesellschaft (FFG) und der MA 23 der Stadt Wien gefördert. Es startete 2008 und umfasste eine Reihe von Teilstudien bzw. Projektabschnitten, siehe dazu auch http://www.journalismusdreinull.at/public-value/.

[2]   Nicht zu vergessen sind auch diejenigen Personen, welche im Hintergrund einer solchen Publikation wirken: Hier ist Markus Grammel, BA, für die Manuskripterstellung besonders zu danken.

Positionierung der privaten Säule im Rundfunksystem (Breitenecker) dargestellt – spiegeln anschaulich Standpunkte wider, die nicht nur die jeweiligen Gegenseiten zum Weiterdenken anregen können bzw. werden. Auch wenn insgesamt die Beispiele und Beteiligten in diesem Band einen österreichischen Schwerpunkt aufweisen, lassen sich die Erkenntnisse auch übergeordnet interpretieren.

Public Value schnell ermittelt

Mit diesem Schlusswort soll auch noch einmal unterstrichen werden, dass die Public-Value-Debatte nicht nur älter (siehe auch im Vorwort von Langenbucher in diesem Band), sondern immer noch aktuell und keineswegs als abgeschlossen zu beurteilen ist. Die in den letzten Jahren hitzig geführte Diskussion, in der es meist mit Blick auf öffentlich-rechtliche Medienangebote um die Generierung von gesellschaftlichem Mehrwert einerseits und Gebührenlegitimation andererseits ging und weiterhin geht (vgl. Gundlach, 2011; Karmasin et al., 2011), mündet einiger berechtigter Bedenken zum Trotz (siehe auch Ruß-Mohl in diesem Band) in einem: In der Frage nach Bewertungskriterien. Ideal wie oft gewünscht wäre hier eine einfache Messapparatur, die mit wenigen bestimmten bzw. leicht bestimmbaren Hinweisen gefüttert wird und danach eine Public-Value-Note für einen Sender oder ein Angebot ausspuckt. Bei Bestnoten gibt es Gebühren, bei Nicht-Erreichen des Public-Value-Ziels schlimmstenfalls keine.

Wenn sich alle Beteiligten einig wären, müsste das Messverfahren noch nicht einmal, böse gesprochen, valide sein – in anderen Medienbereichen wird bisweilen eine historisch gewachsene, in Ermanglung von Alternativen nicht unbedingt aussagekräftige Referenz akzeptiert. An Reichweiten von Medien bzw. Quotenmessungen wird z. B. trotz bestehender Bedenken, dass Ungenauigkeiten vorliegen oder zumindest Grenzen vorliegen, seitens der Teilnehmenden weiter festgehalten (ein Aspekt zu Schwächen dieser Messungen vgl. z. B. Röser, 2007, S. 17).

Vielleicht ist „Kompromiss" das Zauberwort. In Anbetracht komplexer Bewertungsebenen, geschweige umständlicher, zeitraubender und damit nachträglicher Erhebungsverfahren bei der Beurteilung von Angeboten sind Näherungswerte unter Umständen der zielführende Weg – allerdings nur, wenn sie Konsens bei allen Beteiligten finden. Vor einer solchen Abstimmung aber muss zunächst Inhalt für diese geschaffen werden.

Public-Value-Anforderungen, aus denen auch Medienstrukturen ablesbar sind, sind nicht eindimensional und mono-methodisch zu erfassen. Mindestens drei Ebenen wären – vorbehaltlich ihrer Zugänglichkeit – zu berücksichtigen: eine Ebene zur Organisation, eine Produktionsebene sowie die Ebene der Adressaten. Auf der ersten Ebene sind als Input entsprechend unternehmerische Angaben betreffend Finanzen, Struktur etc. zu erfassen. Bereits hier sind Public-Value-relevante Aspekte ermittelbar, denn schon auf dieser Ebene können Beiträge zu einem gesellschaftlichen Mehrwert geleistet werden, wenn z. B. auf Diversität der Mitarbeiterinnen und Mitarbeiter geachtet wird oder besondere Vereinbarungen zum unternehmerischen Handeln wie Leitbilder o. Ä. vorliegen. Für Ebene 2 als

Produktionsebene sollten als Output formale und inhaltliche Leistungsmerkmale der Medienangebote ermittelt werden. Hier geht es vor allem um Vielfalt, Originalität und Qualität der Medienproduktion, die Medienunternehmen als Elemente für Public Value anbieten. Diese ebenfalls komplexe Ebene ist zum einen exklusiv zu betrachten, um zu beurteilen, welche Leistungen das originäre Programm erfüllt bzw. nicht erfüllt. Zusammen mit Ebene 1 gibt sie darüber Aufschluss, wie viel Input wie viel Output erzielt. Schließlich ist eine dritte Ebene einbezogen: Kennwerte für Publikumszuschreibungen enthalten Rückmeldungen von Mediennutzenden über Zufriedenheit mit dem Programm – und dies nicht über die Quote, sondern über Umfragen – sowie persönliche und gesellschaftliche Zuordnungen von Wichtigkeit in Bezug auf Medienangebote. Diese Dinge zu erfassen ist nicht einfach, zumal vor einem solchen Prozess bereits Probleme bestehen, über alle notwendigen Informationen zu verfügen. Hier sollten, so eine bedeutsame Forderung, die Möglichkeiten für unabhängige Prüfinstanzen ausgebaut bzw. Selbstauskünfte obligatorisch werden.

Darüber hinaus sind im Rahmen solcher Erhebungsverfahren vor allem zwei Dinge zu berücksichtigen: Da Public Value zum einen dem Wandel auf verschiedenen Ebenen unterliegt, kann ein solches System im Rahmen der Auswertung nicht fixiert sein, sondern bedarf der Abstimmung, was die ausgewiesenen Daten besagen, wie mit ihnen umzugehen ist oder was es für die Gebührenverteilung bedeutet. Zum anderen können bestimmte Urteile nur erfolgen, wenn Gegenüberstellungen, also Referenzen getätigt werden. Daraus folgt, dass öffentlich-rechtliche wie private Angebote betrachtet werden müssen.

Wichtig ist darüber hinaus die Ebene des Publikums, das als „Betroffene" von Medienangeboten agiert. Vor allem ihre Einbeziehung sollte ausgebaut werden. Ansätze dazu gibt es in diversen Ländern, ist jedoch höchstunterschiedlich und teils wenig kommuniziert (vgl. Gonser, 2010, 41 f.).

Lohnend im Sinne von Synergien wie inhaltlichem Gewinn wird es sein, die Erhebungs- und Befragungstools länderübergreifend zu nutzen und ggf. gleichzeitig einzusetzen, um auch hier Vergleiche anstellen zu können. Dies macht das Vorhaben nicht unbedingt einfacher, wenn man an die Unterschiede der Mediensysteme innerhalb Europas denkt (vgl. Hallin & Mancini, 2007). Ein Vorteil einer gemeinschaftlichen (wissenschaftlichen) Herangehensweise wäre aber eine stärkere Durchsetzungskraft gegenüber nationalen Medientendenzen. Denkbar ist hier auch, dass auf einer solchen Ebene relevante Informationen für die Erfassung von Public-Value-Kriterien einfacher einzufordern wären.

Appell zur weiteren Diskussion und Taten

Das Ende des Forschungsprojekts des Instituts für Journalismus & Medienmanagement der FHWien der WKW und die letzten Seiten dieses Buches beenden die Public-Value-Debatte natürlich nicht. Sie wird die Betroffenen auch in den nächsten Jahren – vielleicht unter anderen Begriffen – beschäftigen, die auch das Publikum stärker berühren und zum Engagement wachrufen.

Zu berücksichtigen sind sich wandelnde Medienwelten, aber zentral wird weiterhin Medienqualität sein, die demokratiepolitisch unabdingbar ist. Ausreichend diskutiert wurde bis zu dieser Stelle (dazu ebenfalls Langenbucher im Vorwort), genügend Ansatzpunkte für Zwischenaktivitäten der fortzuführenden Auseinandersetzung liegen entsprechend vor. Anläufe und Versuche dazu gibt es von den beteiligten Gruppen, aber es ist festzustellen, dass hier „noch Luft nach oben" vorhanden ist. Vorstellbar ist, dass die bislang häufig sehr national geprägten Diskussionen stärker europäisch und vor allem publikumsnah geführt werden. Es ist zu appellieren, dass sich hier Medienpraktikerinnen und -praktiker sowie Wissenschaftlerinnen und Wissenschaftler einbringen.

Literatur

Gonser, Nicole (2010). Public Value und die Rolle des Publikums – zwischen Anspruch und Wirklichkeit. In Medienjournal, 34 (2), S. 40–50.

Gundlach, Hardy (Hrsg.). (2011). Public Value in der Digital- und Internetökonomie. Köln: von Halem.

Hallin, Daniel C. & Mancini, Paolo (2007). Comparing Media Systems. Three Models of Media and Politics. Cambridge: University Press.

Karmasin, Matthias; Süssenbacher, Daniela & Gonser, Nicole (Hrsg.). (2011). Public Value: Theorie und Praxis im internationalen Vergleich. Wiesbaden: VS Verlag.

Röser, Jutta (2007). Der Domestizierungsansatz und seine Potenziale zur Analyse alltäglichen Medienhandelns. In Röser, Jutta (Hrsg.), MedienAlltag. Domestizierungsprozesse alter und neuer Medien (S. 15-30). Wiesbaden: VS Verlag.

Verzeichnis der Autorinnen und Autoren

Mag. Markus Breitenecker: *1968; Studium der Rechtswissenschaften an der Universität Wien. Geschäftsführer der SevenOne Media Austria GmbH (ProSiebenSat.1 Austria Gruppe) und PULS 4-Gründer.
Kontakt: *markus.breitenecker@sevenonemedia.at*

FH-Prof. Dr. Nicole Gonser: *1971; Institut für Journalismus & Medienmanagement der FHWien der WKW. Arbeitsschwerpunkte: Qualitätsjournalismus, Public Value, Rundfunksystem, Rundfunkgeschichte, ältere Menschen und Medien, Mediensozialisation.
Kontakt: *nicole.gonser@fh-wien.ac.at*

Dr. Katharina Kleinen-von Königslow: *1975; Wissenschaftliche Mitarbeiterin am Institut für Publizistik- und Kommunikationswissenschaft der Universität Wien. Arbeitsschwerpunkte: gesellschaftliche Integration und Fragmentation durch Mediennutzung, internationale Kommunikation, Vergleich von Mediensystemen und -kulturen.
Kontakt: *katharina.kleinen@univie.ac.at*

emer. Univ.-Prof. Dr. Wolfgang R. Langenbucher: *1938; bis 2006 Vorstand des Instituts für Publizistik und Kommunikationswissenschaft der Universität Wien.
Kontakt: *wolfgang.langenbucher@univie.ac.at*

Bakk. Phil. Albert Malli: *1965; stellvertretender Programm- und Senderchef des Hitradio Ö3.
Kontakt: *albert.malli@orf.at*

Konrad Mitschka, BA: *1969; Public-Value-Kompetenzzentrum des ORF, leitender Redakteur des Public-Value-Berichts des ORF.
Kontakt: *konrad.mitschka@orf.at*

Prof. Dr. Christoph Neuberger: *1964; Institut für Kommunikationswissenschaft und Medienforschung an der Ludwig-Maximilians-Universität München. Arbeitsschwerpunkte: Journalismus, Internet, Medienqualität, Medienwandel.
Kontakt: *neuberger@ifkw.lmu.de*

Mag. (FH) Marlies Neumüller: *1980; Institut für Journalismus & Medienmanagement der FHWien der WKW. Arbeitsschwerpunkte: Public Value, Mediensystem Österreich, Disability Studies, Diversity und Medien.
Kontakt: *marlies.neumueller@fh-wien.ac.at*

Dr. Gerhard Rettenegger: *1960; Leiter Future Lab Online ORF-Landesstudios Salzburg. Kontakt: *gerhard.rettenegger@orf.at*

Prof. Dr. Stephan Ruß-Mohl: *1950; Istituto Media e Giornalismo, Università della Svizzera italiana, Lugano/Schweiz. Arbeitsschwerpunkte: Qualitätssicherung und Qualitätsmanagement im Journalismus, Redaktionsmanagement, vergleichende Journalismusforschung, Medienjournalismus und Ökonomik des Journalismus. Kontakt: *stephan.russ-mohl@usi.ch*

Prof. Dr. Birgit Stark: *1968; Institut für Publizistik an der Johannes Gutenberg-Universität Mainz. Arbeitsschwerpunkte: Nutzungs- und Rezeptionsforschung, Methoden der Markt- und Kommunikationsforschung und vergleichende Medienforschung. Kontakt: *birgit.stark@uni-mainz.de*

Ass.-Prof. Dr. Thomas Steinmaurer: *1963; Fachbereich Kommunikationswissenschaft der Universität Salzburg. Arbeitsschwerpunkte: Medienstrukturen und Mediensysteme, Mediensystem Österreich, medialer und gesellschaftlicher Wandel, Mediatisierung, Kommunikationsgeschichte. Kontakt: *thomas.steinmaurer@sbg.ac.at*

Mag. (FH) Regula Troxler: *1985; Institut für Journalismus & Medienmanagement der FHWien der WKW. Arbeitsschwerpunkte: Public Value, Internet, Social Media, junge Mediennutzerinnen und Mediennutzer. Kontakt: *regula.troxler@fh-wien.ac.at*

The manufacturer's authorised representative in the EU is Springer
Nature Customer Service Centre GmbH, Europaplatz 3, 69115 Heidelberg,
Germany. If you have any concerns regarding our products, please
contact ProductSafety@springernature.com

Printed and bound by CPI Group (UK) Ltd, Croydon, CR0 4YY
28/04/2026
02098468-0019